STIMMEN EINES JAHRHUNDERTS 1888–1990

Deutsche Autobiographien, Tagebücher, Bilder und Briefe

Andreas Lixl-Purcell
University of North Carolina at Greensboro

Holt, Rinehart and Winston, Inc.

Fort Worth   Chicago   San Francisco   Philadelphia
Montreal   Toronto   London   Sydney   Tokyo

Publisher	Ted Buchholz
Acquisitions Editor	Jim Harmon
Project Editor	Mary K. Bridges
Production Manager	Annette Dudley Wiggins
Art & Design Supervisor	Serena L. Barnett
Text Designer	Don Fujimoto
Cover Designer	Margaret E. Unruh
Production Art	Clare and Co.

Cover art: *Improvisation 9*, by Wassily Kandinsky. Courtesy of Staatsgalerie Stuttgart, Germany and ADAGP, Art Resources, New York. Copyright © 1990 by ADAGP/ARS, NY/Staatsgalerie Stuttgart, Germany.

Library of Congress Cataloging-in-Publication Data

Stimmen eines Jahrhunderts 1888–1990: Deutsche Autobiographien, Tagebücher, Bilder und Briefe
  [herausgegeben von] Andreas Lixl-Purcell.
    p. cm.
  Introd. in English.
  Includes bibliographical references.
  ISBN 0-03-049182-7
  1. German language—Readers—Europe, German-speaking. 2. Europe, German-speaking—Civilization. 3. German language—Composition and exercises. 4. German language—Textbooks for foreign speakers—English.
  I. Lixl, Andreas, 1951–
PF3117.S77   1990
438.2'421—dc20   89–77885
                                         CIP

ISBN: 0-03-049182-7

Address for editorial correspondence: Holt, Rinehart and Winston, Inc., 301 Commerce Street, Suite 3700, Fort Worth, TX 76102

Address for orders: Holt, Rinehart and Winston, Inc., 6277 Sea Harbor Drive, Orlando, Florida 32887. 1-800-782-4479, or 1-800-433-0001 (in Florida)

PRINTED IN THE UNITED STATES OF AMERICA

  7 8 9 0 1 2 3 4 5 090 11 10 9 8 7 6 5 4

Holt, Rinehart and Winston, Inc.
The Dryden Press
Saunders College Publishing

Introduction

Autobiography as a Learning Tool

Stimmen eines Jahrhunderts 1888–1990. *Deutsche Autobiographien, Tagebücher, Bilder und Briefe* is an illustrated textbook for German conversation and composition courses above the elementary level. Its purpose is to advance oral and written proficiency in the language and to deepen the knowledge of central European cultural history over the last hundred years. **Stimmen eines Jahrhunderts 1888–1990** presents a collection of recollections by musicians, artists, writers, architects, film-makers, politicians, and critics. Each chapter offers a new perspective, a different voice, and a personal view of history. The anthology is based on autobiographical documents and historical images that illuminate a broad cultural horizon beginning with the Hohenzollern Empire and ending with the dismantling of the Berlin Wall.

With communicative and interpretative competence being the goal, **Stimmen eines Jahrhunderts 1888–1990** offers an opportunity to engage in interdisciplinary study with a specific focus upon the Liberal Arts. The textbook contains 36 German reading selections with over a hundred illustrations that allow for great flexibility in accommodating readers with varied proficiencies and interests. Placed within a historical and humanist environment, the chapters encourage interactive classroom discussions and oral presentations.

Several features are included to facilitate reading and comprehension. A "Chronology" at the beginning of each part lists the major scientific, political, social, and artistic events to help readers better understand the context of the material. Short English introductions provide background information on key figures and and outline the various developments of German cultural history. Glossaries opposite each reading lessen the average student's need for a dictionary. As a lead-in to post-reading discussions, the exercises are designed to generate classroom conversations and compositions.

Exercises entitled "Fragen", "Konversation", and "Komposition" check discrete textual items as well as global comprehension, and as such encourage students to draw their own conclusions. In order to contextualize the photographs, and to make references to illustrations pedagogically useful, short conversational "Übungen" to follow most of the catalog images. Expansion exercises such as "Kurzreferate" and "Autobiographische Berichte" invite biographical research and writing across the curriculum.

Based on the interdisciplinary and cross-cultural range of 20th-century memoir literature, the autobiographical selections offer a unique tool for the acquisition of both primary language skills and historical knowledge. The broad span of subject matter exposes the reader to an environment that presents the study of foreign cultures and traditions as an integral component of modern liberal arts education. By incorporating memories from four generations, **Stimmen eines Jahrhunderts 1888–1990** invites readers to trace their own experience and understanding of history, and to engage in critical reading, thinking, and writing.

The book is divided into six parts, each focusing on a period of modern German history.

I.   Life in the Monarchy 1888–1914
II. War, Revolution, Inflation 1914–1922
III. Memories of Weimar Germany 1923–1932
IV. Fascism, Holocaust, Exile 1933–1945
V.   Between Reconstruction and Rebellion 1946–1968
VI. Voices from East and West 1969–1990

Although the 36 chapters of **Stimmen eines Jahrhunderts 1888–1990** proceed along historical lines and thus reconstruct the changing cultural assumptions of consecutive generations, the individual chapters form autonomous pedagogical units and can be treated independently. Texts and photographs are based on published autobiographical accounts and original archive documents. The following libraries and museums have contributed materials: The *Deutsches Literaturarchiv* (FRG), the *Akademie der Künste in Berlin* (FRG), *Akademie der Künste der DDR* (GDR), the *Netherlands State Institute for War Documentation* in Amsterdam, the *Yad Vashem* Archives, the *Österreichische Nationalbibliothek,* the *Museum of Modern Art,* and the *Leo Baeck Institute* in New York.

ACKNOWLEDGEMENTS   I would like to acknowledge the instructors who reviewed **Stimmen eines Jahrhunderts 1888–1990**: Gerhart Hoffmeister, University of California, Santa Barbara; and Sara Friedrichsmeyer, University of Cincinnati. Their insightful comments and constructive criticism were indispensable in the development of this text. I am also indebted to Lori Batten for her work on the manuscript. Special thanks to my wife Amy Lixl-Purcell whose contribution greatly facilitated the preparation of this book.

Inhalt

Teil I

Blick zurück ins Kaiserreich

Europa 1888

© Amy Lixl-Purcell, 1989

CHRONOLOGY 1888–1914

SCIENCE AND TECHNOLOGY	POLITICS
1888 Eastman invented the box camera. **1891** Thomas Edison patented motion picture camera. **1893** Benz and Ford built first cars. • Diesel constructed an engine with self-ignition. **1895** Physicist Wilhelm Röntgen discovered X-rays; Nobel Prize 1901. **1897** Bell introduced the desk telephone. **1899** Subway built in Berlin. **1900** Zeppelin flew first rigid airship with four Daimler engines for 18 minutes. • Max Planck formulated the *Quantum Theory*. • Sigmund Freud published *Interpretation of Dreams*. **1901** Bacteriologist Karl Landsteiner discovered human blood groups; Nobel Prize 1930. • Ernst Ruhmer invented photographic sound film. • Wilhelm Mayback constructed new car, later called Mercedes. **1902** Electrical engineer Robert Bosch constructed first high-tension magnetic ignition for internal combustion engines; 1 million produced by 1912. **1903** Wright Brothers first in flight with airplane. • Oskar Vogt localized selective brain functions. **1904** First synthesis of the hormone Adrenalin by chemist Fritz Stolz. **1905** Albert Einstein published his *Theory of Relativity*. **1906** Walter Nernst discovered 3rd Law of Thermodynamics; Nobel Prize 1920. **1909** Beginning of large-scale chemical industry. • Ehrlich discovered antibiotic cure for syphilis. **1911** Roald Amundsen reached the South Pole. **1912** C. G. Jung formulated his *Theory of Psychoanalysis*. • Ford introduced the assembly-line factory in Detroit.	**1870–71** Franco-Prussian War. **1871** Creation of 2nd German Empire. • Wilhelm I, King of Prussia, became German Kaiser. • Otto von Bismarck appointed as German Chancellor. • Uprising of the Paris Commune. **1888** Wilhelm II became German Kaiser. **1890** Kaiser Wilhelm II dismissed Otto von Bismarck as Chancellor. **1890** German Socialist Workers' Party became the German Social Democratic Party. • Berlin Conference on Workers Protection. • *Sozialdemokrat* August Bebel, member of the Reichstag, proposed suffrage rights for women. **1868–94** Disraeli and Gladstone served as British Prime Ministers. **1897** Zurich Conference called for eight-hour working day. **1898** Spanish-American War. **1900** Completion of the parliament building (Reichstag) in Berlin. **1901** Queen Victoria died in London, succeeded by King Edward VII. **1904** New military alliances between France, England, and Russia (Entente). **1904–1905** Russo-Japanese War began. **1905** First Russian revolution. **1907** Lenin left Russia and went into exile in Germany and Switzerland. **1908** Revolution in Turkey. **1910** Japan annexed Korea. **1912–13** Balkan War. **1914** Austrian Archduke Franz Ferdinand assassinated in Sarajewo. • French socialist-pacifist leader Jaurès murdered. **1914–18** World War I. **1917** Russian Revolution. **1918** November 9. Weimar Republic.

SOCIAL HISTORY	ARTS
1871 German unification; foundation of 2nd Reich.	**1888** Gustav Mahler composed his first symphony in Leipzig. ● Naturalism in literature.
1873 New laws on standardized weights, measures and coins. ● Great German bank crash ended period of boom and economic liberalism.	**1889** Founding of Munich Secession, dedicated to "Jugendstil" art and design.
1874 Universal Postal Union established.	**1892** Foundation of Berlin Secession.
1883 Brooklyn Bridge opened. ● Orient Express made first run from Paris to Istanbul.	**1895** Käthe Kollwitz published etching series *The Uprising of the Weavers*. ● Birth of the German film industry.
1886 Statue of Liberty dedicated in New York harbor. ● Increased German emigration to U.S.	**1897** Founding of Vienna Secession.
1889 Eiffel Tower opened at the World Exposition in Paris.	**1898** Richard Strauss became conductor of the Munich Court Orchestra.
1895 Formation of the German Olympic Games Committee.	**1900** Death of Friedrich Nietzsche ● Social activist Bertha von Suttner received first Nobel Peace Prize.
1890–95 Demonstrations at Berlin University demanding women's rights to attend lectures and seminars.	**1901** Thomas Mann published *Buddenbrooks*.
1896 New Civil Code proclaimed. ● Publication of *Berliner Illustrirte Zeitung*, model for mass circulation magazines.	**1905** Founding of the Expressionist group "Die Brücke" in Dresden by painters Kirchner, Heckel, and Schmidt-Rottluff.
1900 Germany became the world's second largest industrial power, behind U.S. and ahead of Great Britain. ● Anti-Semitic movements surfaced in Russia, Austria, and Germany.	**1906** Rainer Maria Rilke published *New Poems*.
1901 Inauguration of the Pergamon Museum in Berlin. ● Baden became first state to allow women to study at universities. Bavaria followed in 1903. Wurttemberg, Saxony, Thuringia, and Prussia followed 1904–1908.	**1908** Wilhelm Worringer published *Abstraction and Empathy*.
1903 Start of German investments abroad.	**1909** Publication of the first Futurist Manifesto by F.T. Marinetti. ● Henny Porten starred in her first film.
1909 Police installed first street signs because of growing traffic.	**1910** Art magazine *Der Sturm* founded by Oskar Kokoschka and Herwarth Walden.
1910 Appearance of Halley's Comet. ● Mannikins introduced into Berlin department stores by Käthe Kruse.	**1911** "Der Blaue Reiter" founded in Munich by the Expressionist painters Kandinsky and Marc.
1912 Sinking of the "Titanic." ● Rudolf Steiner founded the Anthroposophical Society.	**1912** Arnold Schönberg composed *Pierrot Lunaire*. ● Collage and synthetic Cubism by Picasso and Braque, Paris.
1900–1914 Emergence of youth organizations such as *"Wandervogel"* and *"Pfadfinder."*	**1913** Avant-garde movements Suprematism and Constructivism began in Russia. ● Publication of *Death in Venice* by Thomas Mann.
	1914 Franz Kafka wrote *In the Penal Colony*.
	1916 Dada movement emerged in Zurich, Switzerland. ● D. W. Griffith produced the film *Birth of a Nation*.

Pablo Picasso, *Les Demoiselles d'Avignon* (1907). Oil on canvas, 8′ × 7′, 8″.
Collection: The Museum of Modern Art, New York. Acquired through the Lillie
P. Bliss Bequest.

Kapitel 1

Meine früheste Erinnerung

Ernst Ludwig Kirchner, *Brücke*. 1906. Holzschnitt, Programm für eine Ausstellung expressionistischer Maler in Dresden.

The scope of autobiographical literature is as diverse as the field of human experience. A glance at the German titles listed in Jens Jensen's *Bibliographie der Autobiographien* (Munich; New York, 1987) reveals more than 2000 works of this genre, including *Selbstzeugnisse* (personal histories), *Erinnerungen* (memoirs), *Tagebücher* (diaries), and *Briefe* (letters) published by authors from all walks of life.

The collection of short texts presented in this chapter focuses on the topic, "my earliest memories." The recollections offer personal glimpses into the childhood of six German speaking authors who grew up before or shortly after the turn of this century. Each story illuminates a unique perspective into the magical world of children and their experiences. Whether the autobiographers assume postures of remembrance, advice, inspiration, amusement, or reflection, their narratives project a fascinating universe full of beauty, sorrow, and surprise.

die Semmel   roll   **unglücklicherweise**   unfortunately

entfernt   away (from), distant
vergebens   in vain
die kleine Ausreißerin   the little runaway   die **Freudentränen**   tears of joy

ungefähr = approximately, about
schicken = to send

ein sonderbarer Gegensatz   an unusual contrast
herb, leidenschaftlich, kompromißlos   tart, impassioned, uncompromising
das **Jahrhundert**   century   Pierre-Auguste **Renoir**   (1841–1919); französischer Maler, Impressionist
Johann **Strauß**   (1825–1899); österreichischer Komponist, Walzer und Operettenmusik
die **Erscheinung**   appearance   das **Aufsehen**   sensation, stir
sich entsinnen   to remember   der **Spaß**   fun
die **Kurpromenade in Ems**   the main avenue in Ems (city)

nannten = named (nennen)
galanten = galant
vorigen = former, previous
erregte = excited, caused (erregen)
Stolz = pride
stiegen = to mount, climb (steigen)
unter = "among" (in this case)
kindliche = childlike, childish

I. Anna Altmann (1852–1870)

Wanderlust.   Als ganz kleines Mädchen wurde ich reiselustig. Damals schickte man mich zum Nachbarn, um eine Semmel zu holen. Unglücklicherweise kam ich bis ins Nachbarstädtchen N., welches ungefähr zwei Stunden von L. entfernt ist. Da ich noch nicht viel sprechen konnte, fragte man mich vergebens nach meinem Namen. Meine Eltern suchten mich einen Tag und eine Nacht, bis sie mich fanden und die kleine Ausreißerin mit Freudentränen heimbrachten. . . .

Anna Altmann, *Aus dem Leben.*

ÜBUNG ZU TEXT I

I. A.   Fragen

1. Wie alt war die kleine Ausreißerin Ihrer Meinung nach? Erklären Sie kurz Ihre Antwort.
2. Wann und wo fanden die Eltern das Kind?

II. Harry Graf Kessler (1868–1937)

Meine Großmutter.   Mémé nannten sie ihre Enkelkinder. Sie liebte dieses kindliche Wort, das in einem sonderbaren Gegensatz zu ihrer herben, leidenschaftlichen, kompromißlosen Natur stand. . . . In einer Zeit schöner Frauen, wie es die galanten siebziger und achtziger Jahre des vorigen Jahrhunderts waren, die Zeit Renoirs und der Walzer von Strauß, erregte ihre Erscheinung unter den schönsten und bekanntesten überall Aufsehen; ja ich entsinne mich, als kleiner Junge meinen Spaß daran gehabt zu haben, einen mit kindlichen Stolz gemischten Spaß, wenn die Leute auf der Kurpromenade in Ems auf Stühle und Tische stiegen, um sie vorbeigehen oder -fahren zu sehen. . . .

Harry Graf Kessler, *Gesichter und Zeiten.*

ÜBUNG ZU TEXT II

II. A.   Fragen

1. Warum war der kleine Kessler sehr stolz (*proud*) auf seine Großmutter?
2. Was machte dem kleinen Jungen oft Spaß in Ems?
3. Können Sie sich an Ihre Großeltern erinnern? Beschreiben Sie kurz eine Ihrer Erinnerungen!

die **Verwandte**   female relative

die **Ausflügler**   explorers, adventurers   **was habt ihr denn alles erlebt**   what did you see and do

ungekürzt   unabridged, unabbreviated   **ich gab ein ganzes Drama von mir**   I made up the whole story

die **Begleiterin**   companion   **Ehrlichkeit und Wahrhaftigkeit**   honesty and truthfulness, veracity

aufgestört   disturbed   **fassungslos**   perplexed, aghast, bewildered   **schrecklich**   horrible

der **Ton**   tone, pitch, sound   **aber du lügst ja**   but you are lying

genau   exact

die **Sammlung**   collection   die **Kaiserbilder**   pictures of the emperor (in candy bars)

verlockend   tempting, enticing   der **Bindfaden**   thread, string

die **Rosine**   raisin

der **Schrank**   cupboard, cabinet

verschlossen   locked   der **Bund**   (key) chain   **gewürfelt**   chequered

die **Schürze**   apron

III. Lou Andreas-Salomé (1861–1937)

Phantasie. (Es geschah) eines Sommertages, als eine um ein wenig ältere kleine Verwandte und ich von unserem Spaziergang heimkamen und gefragt wurden: „Nun ihr Ausflügler, was habt ihr denn alles erlebt?"—ich ungekürzt ein ganzes Drama von mir gab. Meine kleine Begleiterin, in ihrer kindlichen Ehrlichkeit und Wahrhaftigkeit aufgestört, starrte mich fassungslos an und warf lauten und schrecklichen Tones dazwischen: „Aber du lügst ja!"

Mir scheint, es wird wohl seitdem gewesen sein, daß ich mich bemühte, meine Aussagen genau zu machen . . .

Lou Andreas-Salomé, Lebensrückblick.

ÜBUNG ZU TEXT III

III. A. Konversation

1. Was denken Sie über die Sprache dieser autobiographischen Textstelle? Finden Sie die Beschreibung schwer verständlich, leicht, interessant, lustig? Warum, warum nicht? Erklären Sie kurz Ihre Meinung.
2. Welche Phantasiegeschichten oder Märchen hörten Sie als Kind gern? Erzählen Sie kurz!

IV. Ernst Toller (1893–1939)

Eine Sammlung. Ich sammle Kaiserbilder. Im Geschäft meiner Eltern gibt es viele verlockende Dinge, Bindfaden und Bonbons, Limonaden und Rosinen, große und kleine Nägel, aber am schönsten sind die Kaiserbilder. . . . in jeder Tafel Schokolade liegt eins. Der Schokoladenschrank ist verschlossen, der Schlüssel hängt an einem Bund, den Mutter an ihrer blaugewürfelten Umhangschürze trägt. . . .

Ernst Toller, Eine Jugend in Deutschland.

ÜBUNG ZU TEXT IV

IV. A. Fragen

1. In was für einem Geschäft arbeitete die Mutter?
2. Wo fand der junge Toller die Kaiserbilder?
3. Welchen Schlüssel trug die Mutter an ihrer Schürze?
4. Was sammelten Sie als Kind gern? Erklären Sie kurz!

tauchen   to plunge, to dip

zur Linken geht eine Treppe hinunter   on the left is a staircase going down

in selber Höhe   at the same level

er tritt ganz nahe an mich heran   he steps closely toward me

die **Zunge**   tongue

herausstrecken   to stick out

gerettet   rescued, saved

Das Admiralsbad in Berlin war eines der ersten Damenbäder in Deutschland.
(Photographie um 1911.)

V. Elias Canetti (1905–   )

Die Zunge. Meine früheste Erinnerung ist in Rot getaucht. Auf dem Arm eines Mädchens komme ich zu einer Tür heraus, der Boden vor mir ist rot, und zur Linken geht eine Treppe hinunter, die ebenso rot ist. Gegenüber von uns, in selber Höhe, öffnet sich eine Tür und ein lächelnder Mann tritt heraus, der freundlich auf mich zugeht. Er tritt ganz nahe an mich heran, bleibt stehen und sagt zu mir. „Zeig die Zunge!" Ich strecke die Zunge heraus, ...

Elias Canetti, *Die gerettete Zunge. Geschichte einer Jugend.*

ÜBUNGEN ZU TEXT V

V. A. Fragen

1. Wer trug das Kind am Arm?
2. Wer kam aus der Tür gegenüber?
3. Warum streckte das Kind die Zunge heraus?

V. B. Konversation

1. Warum ist Canettis früheste Erinnerung ganz in Rot getaucht?
2. Was ist Ihre früheste Erinnerung? Wie alt waren Sie damals? Erzählen Sie kurz!

V. C. Komposition

1. Essay: „Meine früheste Erinnerung" (kurzer Aufsatz, 100–150 Worte).

Junge Pfadfinderinnen marschieren mit Gesang, Rhythmus und Elan um 1900.

die **Kutsche** coach, carriage   **nebelhaft** foggy   das **Märchenbild** fairy tale image

der **Eindruck** impression   **sich beziehen auf** to refer, to concern   der **Einzug** procession, entrance

haftenbleiben to stick (in one's mind)

eine sich drängende Menschenmenge a pushing crowd   **quetschen** to squeeze, to mash

strahlend schön radiantly beautiful   das **Herzogpaar** duke and duchess

die **Darstellung** presentation   **eigen** own   die **Aufzählung** list

äußer- external das **Geschehnis** event, occurrence **denkwürdig** memorable das **Ereignis** event

bekenntnishaft confessional   die **Bildungs- und Entwicklungsgeschichte** educational and personal history

Dichtung und Wahrheit fiction and truth

die **Entstehungsbedingungen** conditions of development   **bevorzugen** to prefer

geordnet ordered, arranged

locker lose   der **Bericht** report   **wichtig** important

VI. Nellie H. Friedrichs (1908–   )

Die Kutsche. Ein fast nebelhaftes Märchenbild vom 3. November 1913 gehört zu meinen ersten Braunschweiger Eindrücken. Es bezieht sich auf den Einzug in die Stadt von Herzog Ernst August mit seiner jungen Frau Viktoria Luise, der Tochter des Kaisers. Haftengeblieben ist nur eine sich drängende Menschenmenge, in der ich irgendwo zwischengequetscht stand, krampfhaft die Hand meiner Mutter haltend, und dann, wie ein Traum, die von vielen weißen Pferden gezogene Kutsche mit dem strahlend schönen Herzogpaar. . . .

Nellie H. Friedrichs, *Erinnerungen aus meinem Leben in Braunschweig 1912–1937.*

ÜBUNGEN ZU TEXT VI

VI. A.   Fragen

1. Warum hielt sich das Kind krampfhaft an der Hand seiner Mutter fest?
2. Womit vergleicht die Autobiographin ihre Erinnerung an das Herzogpaar?

VI. B.   Geographie.   Sehen Sie nach im Lexikon und berichten Sie kurz über die Stadt Braunschweig in Niedersachsen.

VII. Definition aus dem Sachwörterbuch: *Autobiographie*

Autobiographie (von griechisch *autos* = selbst, *bios* = Leben, *graphein* = schreiben), literarische Darstellung des eigenen Lebens, von der Aufzählung äußerer Geschehnisse und denkwürdiger Ereignisse bis zur bekenntnishaften Bildungs- und Entwicklungsgeschichte der eigenen Person (PLATON, *7. Brief*, ROUSSEAU, *Confessions*, GOETHE, *Dichtung und Wahrheit*). Je nach den Entstehungsbedingungen bevorzugt die Autobiographie die offene Form des Tagebuchs, die geordnete Form der Memoiren, oder das lockere Format von Berichten und Erinnerungen. Wichtige Autobiographien von Dante, Petrarca, Pisan, Darwin, Thoreau, Bismarck, Gorkij, Gandhi, Yeats, Woolf, Wiesel, Canetti, de Beauvoir, Anaïs Nin, Christa Wolf.

ÜBUNG ZU TEXT VII

VII. A.   Konversation

1. Lesen Sie gern Biographien oder Autobiographien? Warum, warum nicht? Erklären Sie kurz.
2. Kennen Sie die Namen einiger Autoren oder Autobiographien im Text VII?
3. Was ist Ihre Definition für: das Tagebuch / der Brief / die Memoiren?

VII. B.   Kurzreferate

1. Sehen Sie nach im Lexikon (*Brockhaus* Lexikon, *Oxford Companion to German Literature, Sachwörterbuch der Literatur*, etc.) und berichten Sie kurz über das Thema: „Autobiographie".
2. Sehen Sie nach in der Bibliothek (*European Authors, Deutsche Biographie, Lexikon deutschsprachiger Gegenwartsliteratur, Modern German Literature*, etc.) und berichten Sie kurz (zwei Minuten) über einen Autor aus diesem Kapitel: Harry Graf Kessler, Lou Andreas-Salomé, Ernst Toller, Elias Canetti.

Marc Chagall, *Ich und das Dorf*, 1911. Oil on canvas, 6'3 5/8" × 59 5/8". Collection, The Museum of Modern Art, New York. Mrs. Simon Guggenheim Fund.

Konversation zum Bild *Drei Generationen*

1. Schätzen (*estimate*) Sie das Alter der Figuren in der Karikatur.
   Wann wurden diese drei Generationen ungefähr geboren?
2. Welche Unterschiede oder Ähnlichkeiten sehen Sie zwischen den
   einzelnen Generationen?
3. Was sehen Sie in der Eingangshalle im Hintergrund des Bildes?
4. Was zeigt diese Karikatur Ihrer Meinung nach? Erklären Sie kurz.

R. Caton Woodville, *Drei Generationen*, Holzstich, 1887. Karikatur über die
bürgerliche Großfamilie im Hohenzollern Reich. [Courtesy of Akademie der
Künste, Berlin.]

Kapitel 2

Gustav Mahler *(1860–1911)*

Briefe aus Leipzig, 1888

While working in Leipzig as a young *Kapellmeister* (conductor), Gustav Mahler composed his first symphony and directed the production of Carl Maria von Weber's unfinished opera *Drei Pintos*. Mahler's musical score included a few of his own compositions that established his reputation throughout Europe. After 1888, Mahler moved from Leipzig to Budapest (Hungary) where he directed the *Königlich Ungarische Oper*. Between 1907 and 1910, Mahler worked with the opera in Vienna, the New York Metropolitan Opera and the New York Philharmonic Orchestra.

In the first letter, addressed to his parents in Vienna, Mahler gives a glowing report about his opening night at the Leipzig Opera. The urgency of his language conveys a sense of accomplishment and pride in his musical career. The second letter, dated March 1888, was sent to his close friend and confidant Friedrich Löhr (1859–1924), an archaeologist who had studied with him at the University of Vienna. Both letters were written in Leipzig when Mahler was 27 years old.

die **Eile**   hurry   **großartig**   great, fabulous

das Haus ist ausverkauft   the (opera) house is sold out   **sich wundern**   to be surprised

der **Verdienst**   merit   **geschmälert**   diminished

die **Geschäftsrücksicht**   business consideration   **es muß verheimlicht werden**   it must be kept secret

vorderhand   for the time being

die Ballade von Kater Mansor   the ballad of the tomcat Mansor

aufführen   to perform   **je weniger ... desto mehr**   the less ... the more   die **Ehre**   honor

die **Enthüllung**   disclosure

furchtbar   awfully

die **Widmung**   dedication

der **Verleger**   publisher

Geld in der Bank anlegen   to deposit money in the bank

der **Depotschein**   bank deposit slip   **verschleudern**   to waste

die **Tantiemen**   royalties   **berechnen**   to calculate

es kommt darauf an   it depends   die **Bühne**   stage

obengenannt   mentioned above   **verfügen**   to be in charge of

dirigieren   to conduct   **ausführlich**   in detail

herzlichen Gruß   affectionately yours

Liebe Eltern!   Leipzig, Ende Januar 1888

Nur in Eile noch ein kurzer Bericht! Alles ging großartig. Der Jubel
war großartig! Heute ist das Haus wieder ausverkauft. Wundert Euch nicht,
wenn mein Verdienst in den Zeitungen etwas geschmälert wird. Aus
„Geschäftsrücksichten" muß es vorderhand verheimlicht werden, was von   5
mir ist, und was von Weber ist. Soviel kann ich Euch schon sagen, daß
zwei Lieblingsnummern, welche gerade in den Zeitungen überall erwähnt
werden (Studentenchor und die Ballade von Kater Mansor), von mir sind,
wie noch viele andere. Das muß leider alles geheim gehalten werden, bis
die Oper überall aufgeführt worden ist. Jetzt heißt es, je weniger Ehre   10
desto mehr Geld! Das kommt dann noch, wenn die Enthüllungen folgen.
Jedenfalls bin ich vom heutigen Tag an ein „berühmter" Mann.
Kapellmeister Levi von Bayreuth[1] war auch da, und gegen mich furchtbar
enthusiastisch. Er erzählte mir auch, daß Cosima Wagner[2] an ihn über
mich einen vier Seiten langen Brief geschrieben hatte.   15
   Übrigens bekam ich eine Masse Kränze, darunter einen von Direktor
Staegemann und Frau mit einer wunderbaren Widmung. Die 10 000 Mark
vom Verleger sind bereits für mich in der Reichsbank angelegt. Denkt
Euch, daß Staegemann und seine Frau das Geld durchaus nicht in meine
Hand legen wollten, sondern es selbst in die Bank trugen, und mir nur den   20
Depotschein gaben, aus Angst, ich möchte das Geld verschleudern. Nun
kommen die Tantiemen, deren Höhe man jetzt absolut nicht berechnen
kann, weil es eben darauf ankommt, auf wieviel Bühnen und wieviel Mal
die Oper aufgeführt wird. Derzeit also verfüge ich über obengenannte   25
Summe, oder vielmehr verfüge nicht, sondern habe den Depotschein
darüber. Jetzt gehe ich wieder *Pintos* dirigieren. Bis sie in Wien aufgeführt
werden, müßt Ihr dazu kommen und zuhören. Bald schreibe ich
ausführlicher.

Herzlichen Gruß von Gustav

---

[1] Kapellmeister Levi (1839–1900). Hofkapellmeister in München, erster Dirigent von Richard Wagners Oper *Parsifal* in Bayreuth.
[2] Cosima Wagner. Frau des Komponisten Richard Wagner.

wahrscheinlich probably   **dir wird darin nichts neu sein** you won't find anything new in it

übermächtig overwhelming   der **Bergstrom** mountain stream
wie mit einem Schlag all of a sudden
die **Schleuse** sluice, lock, floodgate

beiliegend enclosed
über dein Neugeborenes about your newborn baby

der **Zug** breath

sei vielmals gegrüßt sincere greetings

Gustav Mahler 1897 oder 1898 zu Beginn seiner Tätigkeit als Hofoperndirektor in Wien.

Mein lieber Fritz!   Leipzig, März 1888

So! Mein Werk ist fertig![3] Jetzt möchte ich Dich neben meinem
Klavier haben und es Dir vorspielen!

Wahrscheinlich bist Du der einzige, dem darin an mir nichts *neu* sein
wird; die andern werden sich wohl über manches wundern! Es ist so
übermächtig geworden—wie es aus mir wie ein Bergstrom hinausfuhr!   5
Heuer im Sommer sollst Du hören! Wie mit einem Schlag sind alle
Schleusen in mir geöffnet! Wie das gekommen ist, erzähle ich Dir vielleicht
einmal!

Beiliegend sende ich Dir mit Dank dein Werk zurück!

Über Dein Neugeborenes wollte ich schon so gerne Dir einige Worte   10
sagen—es ist mir so eigentümlich, Dich als Vater anzusehen!

Heute kann ich nicht! Der Frühling läßt mich nicht zu Hause! Ich
muß hinaus—und wieder einmal mit vollen Zügen Luft einziehen. Seit 6
Wochen hatte ich bloß den Schreibtisch vor mir!

Sei vielmals gegrüßt—und schreibe bald, wie es Dir und Deiner   15
Frau geht. Grüße alle Deinen!

Dein Gustav

[3] Hinweis auf Gustav Mahlers 1. Symphonie.

SOURCE: From Herta Blaukopf, ed. *Gustav Mahler Briefe* (Vienna: Zsolnay, 1982).

Anna von Mildenburg als Brünhilde
in Richard Wagners „Walküre".

ÜBUNGEN

A. Grammatik Rewrite these sentences as indicated.

1. Alles ging großartig. (*present perfect*)
2. Das Haus ist wieder ausverkauft. (*simple past*)
3. Ihr habt euch gewundert. (*present*)
4. Mein Verdienst wird etwas geschmälert. (*present perfect*)
5. Es muß verheimlicht werden. (*simple past*)
6. Die Enthüllungen folgen. (*future*)
7. Ich bin ein berühmter Mann. (*past perfect*)
8. Er erzählte von Cosima Wagner. (*past perfect*)
9. Übrigens bekam ich eine Masse Kränze. (*present perfect*)
10. Sie hatten das Geld nicht in meine Hand legen wollen. (*present*)

B. Fragen

1. Was möchte Mahler verheimlichen?
2. Was wird überall in den Zeitungen erwähnt?
3. Von wem erhielt Mahler 10 000 Mark?
4. Was möchte Mahler seinem Freund Fritz vorspielen?
5. Womit vergleicht Mahler seine Symphonie?
6. Warum bleibt Mahler im Frühling ungern zu Hause?
7. Wie finden Sie die Sprache dieser Briefe? Klar und deutlich? Einfach oder kompliziert? Erklären Sie.
8. Welche Gefühle beschreibt Mahler in seinem Brief an Fritz Löhr? Geben Sie ein Beispiel aus dem Text.

C. Konversation und Komposition

1. Was für Musik hören Sie gern? Berichten Sie kurz darüber.
2. Spielen Sie ein Instrument? Beschreiben Sie die Musik, die Sie gern spielen oder hören.
3. Beantworten Sie einen der Briefe von Gustav Mahler. (Lieber Gustav!...)

D. Kurzreferate Sehen Sie nach im Lexikon oder in der Bibliothek und berichten Sie kurz über eines der folgenden Themen:

1. Richard Wagners Opernhaus in Bayreuth
2. Carl Maria von Weber (1786–1826)
3. Cosima Wagner (1837–1930)
4. Geographie: Die Stadt Leipzig
5. Gustav Mahler (1860–1911)

Paula Modersohn-Becker, *Sitzender Mädchenakt mit Blumen*, 1907.

Kurzreferate zum Bild   Sehen Sie nach im Lexikon und berichten Sie kurz über eines der folgenden Themen:

1. Worpswede, Künstlerkolonie um 1900
2. Paula Modersohn-Becker (1876–1907)

Konversation zum Bild *Mädchenakt mit Blumen*

1. Welche Gegenstände sehen Sie auf dem Bild?
2. Beschreiben Sie die Stellung (*position*) der Gegenstände. (die Vase, die Hand, der Teller / neben, hinter, vor, unter, über)
3. Nennen Sie einige Adjektive, die Ihrer Meinung nach zu diesem *Mädchenakt mit Blumen* (*Nude Girl with Bouquet*) passen (realistisch, idealistisch, grotesk, mystisch, traurig, usw.)! Erklären Sie Ihre Meinung!

Kapitel 3

Thomas Mann *(1875–1955)*

Kindheit in Lübeck

Thomas Mann grew up as the son of prosperous parents in Lübeck, northeast of Hamburg. After attending a private elementary school and the city's *Gymnasium* (high school), Mann began to write short stories and work for the satirical magazine *Simplicissimus* in Munich. In his first novel, *Buddenbrooks*, published in 1901, he presented the reader with a world of intrigue, irony, and cold decadence centered around the moral and material decline of a wealthy middle-class family in Lübeck. The realism and symbolist qualities of his work quickly established Mann as one of Germany's best young authors. Thomas Mann received the Nobel Prize for literature in 1929 for his novel *Der Zauberberg* (The Magic Mountain). Following Hitler's rise to power in 1933, the author went into exile in France and Switzerland. In 1939, Mann and his wife Katia moved to the U.S. and resettled in Pacific Palisades, California. After World War II, both returned to Switzerland where the author died in 1955.

Mann wrote the following autobiographical sketch in 1930, at the age of 55. Looking back, he reflects on his parents' background, and his happy childhood years in Lübeck.

Fotographie von Thomas Mann aus dem Jahr 1906.

ein Urenkel Lübecker Bürger a great-grandchild of Lübeck citizens

der **Plantagenbesitzer** plantation owner   **die portugiesisch-kreolische Brasilianerin** the Portuguese-Creole Brazilian woman   **mit sieben Jahren** at the age of seven

verpflanzen to transplant, to resettle   **ausgesprochen** decidedly   **romanisch** romanic

vielbewundert much admired

hegen to protect, to shield

wachsen to grow

[handwritten notes:]
Kaufmann = merchant
Urenkel = great-grandson
Bürger = citizen
erblickt = caught sight of, saw
Jugend = youth
Schönheit = Beauty
außerordentlich = extraordinary
Knabe = boy

das **Spielzeug** toy

ein Ladentisch mit Waage a store counter with a scale

die Schubladen starrten the drawers bulged   **die Kolonialwaren** groceries

eine vollkommene Ritterrüstung a complete knight's armor   **eisenfarbene Pappe** gray cardboard

die **Turnierlanze** tournament lance   das **Schild** shield   **schweben** to float

bis in jede Einzelheit in every detail   **vorschriftsmäßig** according to instructions

eine blaue Husarenuniform a blue Hussar uniform   **nebst allem Zubehör** with all accessories

der **Schneider** tailor   **anmessen** to measure, to fit   **übrigens** (here) however

der **Bleisoldat** lead (tin) soldier   die **Leidenschaft** passion

der **Berittene** rider   **absitzen** dismount   **nur der dicke Zapfen störte** only the thick dowel (peg) was irritating   **O-Beine** bow legs

das **Schaukelpferd** rocking horse

der **Nacken** neck

taufen to name   **erhalten** to receive

zäumen to bridle   **das kindlich-rauhe Fell eines Fuchs-Ponys** the young, rough fur of a chestnut-colored pony

in ausgestopftem Zustand in a stuffed state   **die treuherzigsten Glasaugen** the most faithful glass eyes

[handwritten notes:]
besessen = possessed
wenn = if (here)
besonders = especially
deutlich = clear, distinct
Romantik = romanticism
Vergleich = comparison
vollkommen = perfect
eigens = expressly, specially
sonderliches = special
Gefallen = favor, kindness
obgleich = although
prächtige = splendid, magnificent
fast = almost
Soldaten = soldiers
eigen = own, proper
trugen = from tragen
zärtlich = tender

VATER UND MUTTER

Ich wurde geboren im Jahre 1875 in Lübeck als zweiter Sohn des Kaufmanns und Senators der freien Stadt Johann Heinrich Mann und seiner Frau Julia da Silva-Bruhns. Während mein Vater Enkel und Urenkel Lübekker Bürger war, hatte meine Mutter in Rio de Janeiro als Tochter eines deutschen Plantagenbesitzers und einer portugiesisch-kreolischen Brasi-   5
lianerin das Licht der Welt erblickt und war mit sieben Jahren nach Deutschland verpflanzt worden. Sie war von ausgesprochenem romanischen Typus, in ihrer Jugend eine vielbewunderte Schönheit und außerordentlich musikalisch. . . . Meine Kindheit war gehegt und glücklich. Wir fünf Geschwister, drei Knaben und zwei Schwestern, wuchsen auf in einem ele-   10
ganten Stadthaus, das mein Vater sich und den Seinen erbaut hatte. . . .

KINDERSPIELE

Ich habe sehr schönes Spielzeug besessen in meiner Kindheit, wenn ich davon erzählen darf: Der Kaufmannsladen, mit Ladentisch und Waage, war wundervoll, besonders, als er neu war und die Schubladen von Kolonialwaren starrten . . . . Eine vollkommene Ritterrüstung aus eisenfarbener   15
Pappe mit Visier-Helm, Turnierlanze und Schild schweben mir deutlich vor Augen; aber diese Romantik war unsolide, im Vergleich mit einer wirklichen und bis in jede Einzelheit vollkommen vorschriftsmäßigen blauen Husarenuniform nebst allem Zubehör, die mir eigens vom Schneider angemessen worden war. Übrigens fand ich kein sonderliches Gefallen an der militä-   20
rischen Maskerade, und auch mit Bleisoldaten habe ich ohne rechte Leidenschaft gespielt, obgleich ich sehr prächtige, fast fingerlange (Soldaten) mein eigen nannte, Berittene, die absitzen konnten, wobei mich nur der dicke Zapfen störte, den sie zwischen den O-Beinen trugen.
Mein Schaukelpferd aber habe ich zärtlich geliebt, und ich wünschte   25
wohl, ich könnte noch einmal den Arm um seinen Nacken legen. Es hieß Achill, ich selber taufte es so, und als ich es zum Geschenk erhielt, wollte es mir in seiner lebensvollen Größe wie ein schöner Traum erscheinen. Elegant gesattelt und gezäumt, hatte es das natürlich kindlich-rauhe Fell eines Fuchs-Ponys—es *war* wohl ein Fuchs-Pony in ausgestopftem Zustande—und die   30
treuherzigsten Glasaugen von der Welt.

wünschte = I wished, desired
legen = lay, place
ich selber = I myself
erscheinen = to appear

SOURCE: From Thomas Mann, "Lebensabriß" and "Kinderspiele". *Reden und Aufsätze*, vol. 3 of *Gesammelte Werke* (Frankfurt: S. Fischer Verlag, 1960, 1974).

ÜBUNGEN

A. Grammatik　Fill in the correct forms of the relative pronouns *der, die* or *das*.

1. Die Husarenuniform, —————— (*which*) mir angepaßt wurde, war blau.
2. Ich hatte Bleisoldaten, —————— (*which*) fast fingerlang waren.
3. Der dicke Zapfen, —————— (*which*) sie zwischen den Beinen trugen, störte mich.
4. Das Schaukelpferd, —————— (*which*) ich erhielt, war lebensgroß.
5. Mein Schaukelpferd, —————— (*which*) elegant gesattelt war, hatte ein rauhes Fell.

B. Grammatik　Fill in the missing forms (base, comparative, and superlative forms of the adverbs).

Base	Comparative	Superlative
schön	schöner	am schönsten
——————	glücklicher	——————
——————	——————	am deutlichsten
——————	——————	am prächtigsten
dick	——————	——————
——————	länger	——————
zärtlich	——————	——————
——————	——————	am treuherzigsten

C. Fragen　Answer with complete German sentences.

1. Woher stammten die Eltern von Thomas Mann?
2. Wie beschreibt der Autor seine Mutter?
3. Was für Spielzeuge hatte der kleine Thomas Mann?
4. Was machte der Schneider?
5. An welchem Spielzeug hatte Mann weniger Interesse?
6. An welches Spielzeug erinnerte sich Thomas Mann besonders gern?
7. Was für Augen hatte das Schaukelpferd?

D. Konversation und Komposition

1. Beschreiben Sie ein Spielzeug aus Ihrer Kindheit.
2. Beschreiben Sie Ihre Eltern.
3. Schlagen Sie nach im Lexikon und berichten Sie kurz über eines der folgenden Themen:

   a. Thomas Mann: Kurzbiographie
   b. Geographie: Die Stadt Lübeck

Links: *Mit dem Luftballon zum Nordpol.* Illustration in der *Berliner Illustrirten Zeitung* über eine schwedische Expedition unter der Leitung von Andreé und Ekholm, 1895. **Unten:** Otto Lilienthal in seiner „Flugmaschine", 1896. Der Erfinder des ersten deutschen Drachenfliegers stürzte im gleichen Jahr bei einem Flugversuch tödlich ab [Smithsonian Institution].

Kurzreferate zu den Abbildungen Schlagen Sie nach im Lexikon und berichten Sie kurz über einen der folgenden Erfinder und Entdecker:

1. Gottlieb Daimler (1834–1900)
2. Carl Friedrich Benz (1844–1929)
3. Ferdinand Graf Zeppelin (1838–1917)
4. Roald Amundsen (1872–1928)
5. Otto Lilienthal (1848–1896)

Kapitel 4

Julie Kaden *(1894–1970)*

Jugend in Dresden

Julie Kaden was born into a well-established family in Dresden, Saxony. She attended a preparatory school for young women and later continued her education at a *Kunstgewerbeschule*, one of Dresden's arts and crafts schools. In the following excerpt, Kaden describes her teenage years, and the etiquette and decorum that prevailed at her parents' house. She remembers the modesty imposed on her by rigid sets of social rules that governed her behavior at home and in public.

die **Erzieherin** governess **stumm wie die Ölgötzen** silent like stuffed dummies

die **Tischkante** edge of the table *mitsamt = together with*

gedruckt = pressed (drücken) leise = delicate

mit den Bestecken klappern to rattle the silverware **verstossen** to violate

die **Regel** regulation, rule **der strafende Blick** the punishing glance

eine **Frage richten** to pose a question *schlimmer = worse*

meine damalige Schüchternheit my shyness at that time *weit = far*

das Schweigen = silence

ehe before

bis weit in die Backfischzeit until my teenage years die **Annahme** assumption

tatsächlich = actual, real

gelegentlich sometimes *Kreise = circle*

hemmen to intimidate *Irgendeinem = some, any*

die **Qual** torture

zurückversetzt = restored

empfinde = I feel

Erziehung = upbringing, education

inzwischen meanwhile *die Entscheidung = the decision* *ergreifen = to choose*

meine restlose Unentschlossenheit my utter undecisiveness **vertagen** to postpone

der **Rat** counsel

Haushalt, Allgemeinbildung und Vergnügen household, liberal education, and pleasure **aufteilen** to split

aufteilen = to divide up, partition

bürgerliche Behaglichkeit middle-class comfort *die Ruhe = rest, repose, peace*

unerfahren = inexperienced

heutigen = of this day, today's

lag = liegen **schon zeitig wachgerüttelt** shaken up at an early age *Erwachsenwerden = awakening*

das **Beherrschen** control **gesellschaftliche Umgangsformen** manners, social skills

zeigen = to show, to appear

weich und schonsam soft and gentle *angefaßt = take hold of, seize*

wiegen **wie wir das bei der älteren Generation vor uns sahen** just as we observed in the older generation before us

die **Sicherheit** security *wiegten ... uns ... in Sicherheit = we lulled ourselves*

aufwärts upwards *Menschheit = mankind, into security*

begünstigen to favor *human race*

der **Gipfel** peak *erreicht = reached, attained rasendem = tearing*

fortschreitenden = progressive Erfindungen = Inventions breakneck

der **Beweis** proof

Straßenbahnen = trams

die Eroberung der Luft conquest of the skies

aufkommende = get up, rise,

schien = shined (scheinen)

liefern to supply **diese aufstrebendste aller Zeiten** this most aspiring era of all times

JUGEND IN DRESDEN, 1894–1910

Wir Kinder hatten während des Essens mitsamt der Erzieherin stumm wie die Ölgötzen dazusitzen, aufrecht, die Hände an der Tischkante, die Ellbogen an den Körper gedrückt, und leise zu essen, ohne mit den Bestecken zu klappern. Verstieß einer gegen diese Regeln, so traf ihn der strafende Blick des Fräuleins oder—was schlimmer war—meiner Mutter. Wurde eine Frage an uns gerichtet, so hatten wir selbstverständlich zu antworten, was bei meiner damaligen Schüchternheit weit schlimmer war als das Schweigen. Das Blut schoß mir in den Kopf, ich fühlte das Herz im Hals schlagen, und ehe ich mich zu meiner Antwort gesammelt hatte, war meist das Gespräch auf etwas anderes übergegangen. Kein Wunder, daß viele mich bis weit in die Backfischzeit hinein für dumm hielten in der Annahme, ich wisse nichts zu sagen, während ich doch tatsächlich nur die Antwort vor Schüchternheit nicht herausbringen konnte. Noch heute kann es mir gelegentlich in einem Kreise, in dem ich mich aus irgendeinem Grunde gehemmt fühle, genauso gehen. Ich glaube mich dann in die Kindheit zurückversetzt und empfinde die gleiche Qual wie damals.

ERZIEHUNG

(*Inzwischen ist Julie Kaden 15 Jahre alt.*) Die Entscheidung, was ich als Beruf ergreifen könne, war wegen meiner restlosen Unentschlossenheit vertagt worden. So hatten wir im Familienrate entschieden, daß ich fürs erste meine Zeit zwischen Haushalt, Allgemeinbildung und Vergnügen aufteilen sollte ...

In politischer Ruhe und bürgerlicher Behaglichkeit aufwachsend, blieben wir jungen Menschen von damals länger jung und unerfahren, als das bei der heutigen, schon zeitig wachgerüttelten Jugend möglich wäre. Unser Erwachsenwerden lag mehr im Beherrschen der gesellschaftlichen Umgangsformen und im Nachdenken und Diskutieren über theoretische Fragen, als es sich in praktischem Tun zu zeigen hatte. Vom Leben weich und schonsam angefaßt, wiegten wir uns—wie wir das bei der älteren Generation vor uns sahen—in dem Gefühl einer geträumten Sicherheit.

Es ging aufwärts mit der Menschheit—man wußte das ganz sicher— und wir Begünstigten, die wir gerade damals leben durften, standen auf einem Gipfel, wie er noch nie erreicht worden war. Die vielen in rasendem Tempo fortschreitenden technischen Erfindungen der letzten fünfzehn Jahre waren ja hierfür der beste Beweis. Das elektrische Licht, die elektrischen Straßenbahnen und das Telephon—die ersten „Automobile"—die beginnende Eroberung der Luft mit Luftschiff und „Flugmachine"—der Phonograph, das ganz neu aufkommende Grammophon und die frühesten Versuche mit dem „Kinematographen," dies alles schien uns täglich neu einen Beweis liefern zu wollen für das Glück, das wir hatten, gerade in diese aufstrebendste aller Zeiten hineingeboren zu sein.

SOURCE: From *Selbstzeugnisse zur Sozialgeschichte im Kaiserreich*, Vol. 2 of *Jüdisches Leben in Deutschland*, ed. Monika Richarz, (Stuttgart: DVA, 1979). [Courtesy of Deutsche Verlags-Anstalt, Stuttgart.]

ÜBUNGEN

A. Vokabeln   Form four compound nouns from the list below.

Example: der Ölgötze = das Öl + der Götze
die Bahn, der Tisch, der Backfisch, der Rat, die Kante, die Zeit, die Familie,
die Straße

B. Fragen

1. Wie saß Julie Kaden während des Essens?
2. Was fand Julie Kaden schlimmer als Schweigen?
3. Welche Entscheidung war wegen Julies Unentschlossenheit vertagt worden?
4. An welche Erfindungen erinnerte sich Kaden?
5. Wer traf die Entscheidung über Julies Berufsleben?
6. Was war wichtig in der Erziehung des Mädchens?
7. Worüber diskutierte sie damals gern?

C. Konversation

1. Was für ein Kind war Julie Ihrer Meinung nach?
2. Woran erinnert sich Julie gern, woran ungern?
3. Wie finden Sie die Sprache dieser Memoiren?
4. Was denken Sie über die Regeln an Julie Kadens Familientisch?
5. Wuchsen Sie in einer großen oder kleinen Familie auf?
6. Gab es bei Ihnen zu Hause viele Regeln am Familientisch?
7. Welche Berufe fanden Sie als Kind interessant?
8. Wo verbrachten Sie Ihre Kindheit und Schulzeit?
9. An welche technischen und elektronischen Erfindungen der letzten Jahre erinnern Sie sich?

D. Komposition

1. Vergleichen Sie ein Essen im Haus Julies mit einem Essen bei Ihnen zu Hause.
2. Schreiben Sie einen kurzen „Lebenslauf" (Eltern, Jugend, Schulausbildung).

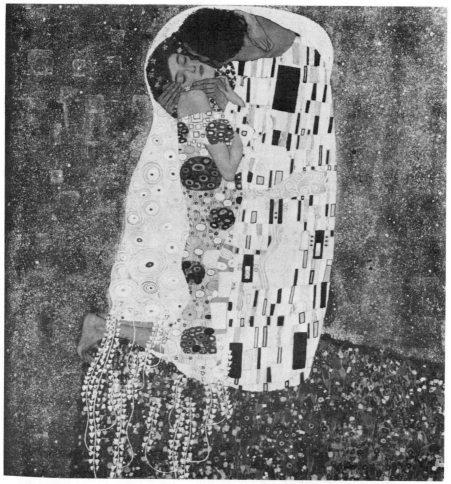

Gustav Klimt, *Der Kuß*, 1908. Österreichisches Museum, Wien.
[Bridgeman/Art Resource]. Vor einem Goldhintergrund steht auf einer
blühenden Wiese ein Liebespaar. Die Gestalten sind von goldenen Gewändern
umhüllt, die an byzantinische Mosaiken erinnern.

Kommentar zum Bild *Der Kuß*

    1. Kurzreferat über Gustav Klimt (1862–1918).
    2. Besprechen Sie die Figurenkonstellation auf dem Bild.
    3. Wie interpretieren Sie das Bild?

Kapitel 5

Arno Holz *(1863–1929)*

Erinnerung

Arno Holz was born in East Prussia. After studying in Berlin, France, and The Netherlands, Holz went to Berlin, where he worked as a free-lance writer for various literary journals. During the 1890s, Holz was known as a literary rebel and writer of shocking naturalist plays and verses. His drama *Familie Selicke* and his book of poetry entitled *Phantasus* became trademarks of modernist German literature before the turn of the century. In his works, Holz employs a scientific obsession to observe, record, and dissect nature through language. The poem "Erinnerung" takes the reader "on location" to his parents' home to share the nostalgia of one of his childhood memories, and afternoon spent on the rooftop of the house.

das **Dach**   roof

Rauch aus den Schornsteinen   smoke from the chimneys

Tauben in sonniger Luft   doves in sunny air

aus Mohdrikers Garten gackert eine Henne   in Mohdriker's (a family name) garden a hen cackles

das **Kinn**   chin

platt auf dem Bauch   flat on my stomach

ich gucke durch die Bodenluke   I gaze through the trapdoor

der **Hof**   yard, court

wegwerfen   to throw away

„**Die Sklavenjäger**"   "The Slave Hunters"

drüben   on the other side   **in Knorrs Regenrinne**   in Knorr's (a family name) trough

die **Spatzen**   sparrows   **sägen**   to saw

sich um einen Strohhalm zanken   to quarrel over a blade of straw

deutlich von der Kirche her   clearly from (the direction of) the church

regelmäßig hämmernd   hammering at regular intervals

Kupferschmied Thiel   Thiel, the coppersmith

wenn ich unten runtersehe   when I look down

grade   just, straight down   das **Blumenbrett**   shelf for flowers

ein Topf Goldlack   a pot of wallflowers   die **Levkoyen**   gillyflowers   die **Geranie**   geranium

zierlich in einem Zigarrenkistchen   orderly in a cigar box

ein Hümpelchen Reseda   a little heap of mignonette (herb flowers)

riechen   to smell

rauf   up

wie der Wind darüber weht   how the wind blows over it

ich seh' sie noch immer   I see them still

Erinnerung

Rote Dächer.
Aus den Schornsteinen, hier und da, Rauch,
Oben, hoch, in sonniger Luft, ab und zu, Tauben.
Es ist Nachmittag.
Aus Mohdrikers Garten her gackert eine Henne,   5
Die ganze Stadt riecht nach Kaffee.

Ich bin ein kleiner, achtjähriger Junge
Und liege, das Kinn in beide Fäuste,
Platt auf dem Bauch
Und gucke durch die Bodenluke.   10
Unter mir, steil, der Hof,
Hinter mir, weggeworfen, ein Buch.
Franz Hoffmann.
„Die Sklavenjäger" . . .

Wie still das ist?!   15

Nur drüben, in Knorrs Regenrinne,
Zwei Spatzen, die sich um einen Strohhalm zanken,
Ein Mann, der sägt,
Und dazwischen, deutlich von der Kirche her,
In kurzen Pausen, regelmäßig, hämmernd,   20
Der Kupferschmied Thiel.

Wenn ich unten runtersehe,
Sehe ich grade auf Mutters Blumenbrett:
Ein Topf Goldlack, zwei Töpfe Levkoyen, eine Geranie
Und mittendrin, zierlich in einem Zigarrenkistchen,   25
Ein Hümpelchen Reseda.

Wie das riecht?
Bis zu mir rauf!!
Und die Farben!
Jetzt! Wie der Wind darüber weht!   30
Die wunder, *wunder*schönen Farben!!
Ich schließe die Augen.
Ich seh sie noch immer. . . .

SOURCE: From Arno Holz, "Erinnerung," *Moderner Musenalmanach auf das Jahr 1893*, ed. Otto Julius Bierbaum (Munich: Albert, 1893).

ÜBUNGEN

A. Fragen

1. Was sah Holz, als er am Dach des Hauses lag?
2. Welche Vögel hörte und sah der Junge?
3. Was für ein Buch lag weggeworfen hinter ihm?
4. Was machte Herr Thiel, der Kupferschmied?
5. Was roch bis aufs Dach?

B. Konversation und Komposition

1. Was für Arbeiter beobachtete der Junge vom Dach aus?
2. Welche Geräusche hörte Holz am Dach?
3. Finden Sie den Ton dieses autobiographischen Gedichts sentimental, nostalgisch, pessimistisch, träumerisch, begeistert? Begründen Sie Ihre Antwort mit Hinweisen auf den Text (Stanze und Zeile)!
4. Was hörten und sahen Sie als achtjähriges Kind, wenn Sie aus dem Fenster blickten?
5. Was für Bücher lasen Sie gern als Kind? Berichten Sie kurz darüber.

C. Synopse   Fassen Sie kurz zusammen, was der Autor in diesem Gedicht erzählt. Benutzen Sie möglichst viele Vokabeln in Ihrer Beschreibung.

Franz Marc, *Kleines blaues Pferd*, 1912. [Giraudon/Art Resource] Marc
(1880–1916) war Mitglied der expressionistischen Künstltergruppe „Der Blaue
Reiter" in München.

Kurzreferate zum Bild   Schlagen Sie nach im Lexikon und berichten Sie über
eines der folgenden Themen:

1. Der Blaue Reiter (Münchner Malergruppe, 1911–14)
2. Die Brücke (Dresdner Malergruppe, 1905–13)
3. Franz Marc (1880–1916)
4. Arno Holz (1863–1929)

Kapitel 6

Anna Mosegaard *(1881–1954)*

Mein Leben als Dienstmagd 1895–1898

Anna Mosegaard grew up in an orphanage and began working as a maid when she was 14 years old. After two unhappy years on the job, she quit and found new employment in unionized tobacco factories. Mosegaard later became involved with political party activities and joined the Social Democrats (*Sozialdemokraten*). She also worked as a free lance journalist for the Stuttgart newspaper *Die Gleichheit*, where she published the following autobiographical account under the title „Die >unsittlichen< Dienstboten?" ("Immoral Servants?") in 1910. The author discusses her experiences as a young maid in middle-class homes and remembers the constant sexual harassment she faced from employers and their children. Mosegaard's text reflects on other newspaper articles published during the same year, in which local politicians had warned about the dangers of child molestation through the hands of "immoral" young women servants.

als vierzehnjähriges verwaistes Kind   as a fourteen-year-old orphan child

ein Bündelchen in der Hand a little bundle in hand   **die Habe** possessions

bergen to conceal, contain   *Gebetbuch = prayer-book Segen = blessing*

der Lohn wage

die Stadtbehörde meines Heimatortes the employment office of my hometown

der Meistbietende the highest bidder   **als Dienstmagd vermietet** hired as a maid

der Dienstherr employer,   **stattlich** imposing, distinguished

reichen = to hand, reach   *fleißig = diligent, hardworking*
Ankunft = Arrival   *ehrlich = honest*
wohlwollend = kind, benevolent   Sondern = but

ein hochangesehener Herr a highly respected gentleman

16 Lenze 16 years (lit., springs)   *volle = full*

lüstern lusting   *Kammertür = Chamberdoor*

die Einwilligung consent

die Stellung position, job   **der Mut** (here) audacity, nerve   *besaß = besitzen = to possess*

salbungsvoll emphatically   *kriegen = to get   ziehen = to grow*

der Verdienst credit   *wahrhaftig = really, truly*

der Mann war Rechtsanwalt the husband was a lawyer   *teilen = to share   dienen = to serve*

zur Aufbewahrung schmutziger Wäsche for storage of dirty laundry

das Klosett toilet   *deshalb = therefore pflegen = to attend to*

er pflegte zu gehen he used to walk   *nämlich = the same*

der Abort toilet

kein beruhigendes Gefühl not a soothing feeling
reden = to speak, talk
ekelhaft horrible   *Hauptsache = Main point*

blenden to blind

ein angeheiterter preußischer Leutnant a tipsy Prussian lieutenant

Kerze = candel
sobald = as soon as
er will vor Lachen bersten he is bursting with laughter   *kehren = to sweep, to brush*

gastfreundlich hospitable

auf gut Glück to bank on one's luck   **die Familie eines reichen Fabrikanten** a rich factory owner's family

vom Regen in die Traufe from bad to worse

der Druck äußerer Umstände the pressure of external circumstances   *nahen = to approach*

die Gnädige (die gnädige Frau) madam

der Strohwitwer straw widower (husband whose wife is absent)   **die Obhut** care, guardianship

mir ahnte nichts Gutes I was apprehensive   *Befürchtungen = Fear, Apprehension*

schamlose Liebeserklärungen shameless propositions   *eintreffen = to arrive, happen*

er wollte Gewalt brauchen he wanted to use force   *Versprechungen = Promises*

mit knapper Not entkam ich ihm I escaped him with difficulty   *Ziele = Aims, Targets*

die vielgepriesene Sittlichkeit the highly praised morals

MEIN LEBEN ALS DIENSTMAGD 1895–1898

Und da sehe ich mich wieder als vierzehnjähriges verwaistes Kind auf dem Bahnhof stehen, ein Bündelchen in der Hand, das meine ganze Habe barg. Mit ganzen 20 Pfennig Fahrgeld nach H., einem Gebetbuch und Gottes Segen schickte man mich ins Leben. Für 16 Taler Lohn im Jahr war ich von der Stadtbehörde meines Heimatortes an den Meistbietenden als Dienstmagd 5 vermietet worden. Mein Dienstherr, ein stattlicher Mann in den fünfziger Jahren, reichte mir bei meiner Ankunft wohlwollend die Hand: „Na, da bist du ja! Wenn du recht fleißig und ehrlich bist, will ich dir nicht nur ein freundlicher Dienstherr, sondern ein Vater sein.‟ So hatte seit Jahren niemand zu mir gesprochen. Ich hätte dem Mann die Hände küssen mögen. 10 Er, der hochangesehene Herr, wollte mir ein Vater sein! . . . Ja, das war, als ich 14 Jahre alt war. Als ich noch nicht volle 16 Lenze zählte, stand mein Dienstherr lüstern vor meiner Kammertür. Er, der mir hatte ein Vater sein wollen! Ich suchte mit Einwilligung meiner Heimatbehörde so schnell wie möglich eine andere Stellung, und als ich ging, besaß der Mann den Mut, 15 einem gerade anwesenden Herrn salbungsvoll zu erklären: „In Kinder-schuhen habe ich sie gekriegt, in Kinderschuhen lasse ich sie ziehen.‟ Sein Verdienst war es wahrhaftig nicht.

Ich kam nun zu einem jungen Ehepaar, der Mann war Rechtsanwalt. Das Schlafzimmer, das ich mit der Köchin teilen mußte, lag hinter der Küche 20 und diente nebenbei zur Aufbewahrung schmutziger Wäsche. Der Weg zum Klosett ging durch unseren Schlafraum. Die Tür dazu durfte deshalb nicht verschlossen werden; der Herr Rechtsanwalt pflegte nämlich jeden Abend, wenn er aus dem Klub nach Hause kam, noch einmal den Abort aufzusuchen. Für ein junges Mädchen ist es gerade kein beruhigendes Gefühl, zu wissen, 25 daß jede Nacht ein Mann durchs Schlafzimmer geht. Von der unhygienischen und ekelhaften Seite der Nachbarschaft des Klosetts will ich nicht erst reden. Doch zurück zur Hauptsache. Durch einen Lichtschein geweckt und geblen-det, öffnete ich eines Nachts die Augen und erblickte einen sehr angehei-terten königlich preußischen Leutnant mit einer Kerze in der Hand vor 30 meinem Bett. Der Herr Rechtsanwalt steht dabei und will vor Lachen ber-sten. Sobald es möglich war, kehrte ich dem „gastfreundlichen‟ Haus den Rücken und zog auf gut Glück in die Familie eines reichen Fabrikanten. Ich kam vom Regen in die Traufe. Mann und Frau führten eine ganz konven-tionelle Ehe, die nur unter dem Druck äußerer Umstände zusammenhielt. 35 Als die heiße Zeit nahte, suchte die Gnädige in einem Seebad Kühlung. Die beiden jüngsten Kinder und den Strohwitwer überließ sie meiner Obhut. Mir ahnte nichts Gutes, und meine Befürchtungen trafen ein. Im Beisein seiner Kinder machte mir der Herr schamlose „Liebeserklärungen.‟ Als alle Ver-sprechungen ihn nicht zum Ziele brachten, wollte er Gewalt brauchen, als er 40 mich eines Tages allein zu Hause antraf. Mit knapper Not entkam ich ihm und hatte für alle Zeit genug von der vielgepriesenen Sittlichkeit der „bes-seren Leute‟. Mein Brot verdiente ich mir von da an als Fabrikarbeiterin.

SOURCE: From Anna Mosegaard, „Die >unsittlichen< Dienstboten?‟ *Die Gleichheit, 1910.*

ÜBUNGEN

A. Vokabeln   Find antonyms.

fleißig _____	niemand _____
stattlich _____	die Ankunft _____
freundlich _____	ehrlich _____
schnell _____	beruhigend _____
wohlwollend _____	das Glück _____
schmutzig _____	hygienisch _____

B. Grammatik   Rewrite the following sentences in the present tense.

1. Man schickte mich hinaus ins Leben.
2. Ich war von der Heimatbehörde vermietet worden.
3. Ich zählte noch keine sechzehn Lenze.
4. So hatte niemand mit mir gesprochen.
5. Mein Dienstherr stand lüstern vor der Kammertür.
6. Er hatte mir ein Vater sein wollen.
7. Der Strohwitwer hatte zwei Kinder.
8. Die Tür durfte nicht verschlossen werden.
9. Alle Versprechungen brachten ihn nicht zum Ziel.
10. Ich zog auf gut Glück ab.

C. Fragen

1. Wie alt war Anna, als sie von der Stadtbehörde vermietet wurde?
2. Wie begrüßte der stattliche Dienstherr das Dienstmädchen?
3. Was tat der hochangesehene Herr zwei Jahre später?
4. Wo war Annas Schlafzimmer bei der Familie des Rechtsanwalts?
5. Warum hatte Anna kein beruhigendes Gefühl in der Nacht?
6. Was machte der Leutnant mit der Kerze im Haus des Rechtsanwalts?
7. Wo war die Frau des Fabrikanten im Sommer?
8. Warum wollte der Fabrikant Gewalt brauchen?
9. Wo verdiente sich Anna später ihr Brot?

D. Konversation

1. Was für ein Familienleben fand Anna im Haus des Fabrikanten?
2. Wie reagierte Anna auf diese Gefahren bei der Arbeit?
3. Welche unsittlichen Delikte erwähnt Anna Mosegaard in ihrem Bericht?

4. Was denken Sie über die Vorkommnisse in den Häusern der Dienstherrn?
5. Welche Vorteile brachte Anna die Arbeit in der Fabrik? Welche Nachteile?
6. Wann machten Sie Ihre erste Reise allein? Erzählen Sie kurz.
7. Erzählen Sie von Ihrer ersten bezahlten Arbeit als Jugendliche(r). (Wann, wo, was?)

E. Komposition

1. Kennen Sie ähnliche Berichte? Beschreiben Sie Ihre Gedanken zum Thema ,,Gewalt gegen Frauen".
2. Schreiben Sie einen Leserbrief an Anna Mosegaard. (Sehr geehrte Frau Mosegaard! . . . Liebe Anna!)

WICHTIGE DATEN DER DEUTSCHEN FRAUENRECHTSBEWEGUNG

1849 Louise Otto-Peters gibt die erste *Frauen-Zeitung* heraus. ● Emilie Wüstenfeld gründet ,,Erste Frauenhochschule."
1865 Gründung des ,,Allgemeinen deutschen Frauenvereins."
1874 Erste Anstellung von Frauen bei der Eisenbahn und im Telegraphen- und Postdienst.
1893 Erste Gymnasialkurse für Mädchen.
1905 Bertha von Suttner erhält Friedensnobelpreis.
1908 Erste Frauen als Studentinnen auf deutschen Universitäten.
1918 Volles und aktives Wahlrecht für Frauen.
1922 Erste Zulassung von Frauen als Richter, Geschworene und Schöffen.
1923 Dr. Margarethe Andronikow, erste Professorin in Deutschland (Biologie). ● Dr. Emmy Noether, Mathematikerin in Nürnberg.
1927 Mutterschutzrecht.
1957 Gleichberechtigungsgesetz im Bürgerlichen Recht (BRD).
1980 Gesetz über die Gleichbehandlung von Frauen und Männern am Arbeitsplatz (BRD).

Rechts. Helene Stöcker und der Berliner Arzt Magnus Hirschfeld zählten in Deutschland zu den Vorkämpfern für freie Sexualaufklärung. In der von Stöcker gegründeten Zeitschrift *Neue Generation* verbreitete sie wissenschaftliches Material über alle Aspekte menschlicher Sexualität.

Links. Die preußische Generalstochter Lily Braun veröffentlichte 1901 ein einflußreiches Buch zum Thema „Die Frauenfrage". Die Studie analysierte wichtige gesellschaftliche und wirtschaftliche Fragen der Frauenbewegung in Deutschland. Lily Braun gehörte neben Helene Stöcker, Minna Cauer, Bertha von Suttner, Klara Zetkin und Rosa Luxemburg zu den bekanntesten Sprecherinnen der deutschen Frauenbewegung.

Kurzreferate zu den Abbildungen   Schlagen Sie nach im Lexikon (*Deutsche Bibliographie, European Authors*, etc.) und berichten Sie über eine der folgenden Frauen:

    1. Lily Braun (1865–1916)
    2. Helene Stöcker (1869–1943)
    3. Minna Cauer (1841–1922)
    4. Klara Zetkin (1857–1933)

Kapitel 7

Kaiser Wilhelm II. *(1859–1941)*

Das neue Reich

Wilhelm II, the last German emperor, enjoyed attending formal public ceremonies and military parades. During one of his travels in 1905, the Kaiser visited the harbor city of Bremen in northern Germany, where he addressed an assembly of war veterans and recruits. The well-staged visit included a parade and the unveiling of a new monument commemorating the emperor Friedrich III, who had died in 1888 at a young age. In his address, Kaiser Wilhelm II outlined his vision for the future of the empire and emphasized the political importance of strengthening Germany's power in Europe. The following text is a transcript from his speech, delivered in the Bremen *Rathaus* on March 22, 1905.

bestehen   to consist of

das neuerschaffene Reich   the newly created empire

das **Vertrauen**   trust   **ehrliche und friedliche Nachbarn**   honest and friendly neighbors

eine Hohenzollern-Weltherrschaft   a Hohenzollern (dynasty) world rule

Politik durch das Schwert   politics based on the sword   **begründen**   to found

gegenseitiges Vertrauen   mutual trust   **streben**   to aspire

begrenzen   to limit   das **Schiff**   ship

die Decke des schönen, alten Saals   the ceiling of the beautiful old assembly-room

herabhängen   to hang down

seefahrend   seafaring   **glorreich**   glorious

die **Vorfahren**   ancestors

geschehen   to happen   **notwendig**   necessary

die **Seerüstung**   naval buildup   **drankommen**   to line up, to be next

die **Flotte**   fleet   **bebauen**   to develop

vorhanden   at hand

preußisch   Prussian

der **Stapel**   pile

die Gewähr für den Frieden   guarantee for peace

der **Gegner**   enemy   **wertvoll**   valuable

Bundesgenossen   allies

überfliegen   to scan

mit Medaillen und Kreuzen   with medals and crosses

der **Mitkämpfer**   fellow soldier   der **Mittäter**   accomplice

das **Standbild**   statue

hineinwachsen   to grow into, to fuse with

stetig   steadfast   **Streit, Haß, Zwietracht und Neid**   quarrel, hatred, conflict and envy

meiden   to avoid

sich der festen Überzeugung hingeben   to devote oneself with strong conviction

die **Mühe**   difficulty

das Salz der Erde   the salt of the earth

unsere Jugend muß lernen, zu entsagen   our youth has to learn to sacrifice

versagen   to deny   **fernhalten**   to keep away

eingeschleppt von fremden Völkern   dragged in from foreign nations

Sitte, Zucht, Ordnung und Ehrfurcht   morals, discipline, order and respect

der **Helm**   helmet   das **Garde-Regiment**   honor guard brigade   **„semper talis"**   always the same

Das Weltreich, das Ich Mir geträumt habe, soll darin bestehen, daß vor allem das neuerschaffene Deutsche Reich von allen Seiten das absoluteste Vertrauen als das eines ruhigen, ehrlichen und friedlichen Nachbarn genießen soll und daß, wenn man dereinst vielleicht von einem deutschen Weltreich oder einer Hohenzollern-Weltherrschaft in der Geschichte reden sollte, sie nicht auf Politik durch das Schwert begründet sein soll, sondern durch gegenseitiges Vertrauen der nach gleichen Zielen strebenden Nationen. Kurz ausgedrückt, wie ein großer Dichter sagt: „Außen hin begrenzt, das Innere unbegrenzt". Sie haben hingewiesen auf die Schiffe, die hier erinnerungsreich von der Decke des schönen alten Saales herabhängen. Die Zeit, in der Ich groß geworden bin, war trotz des großen Krieges[1] für unseren seefahrenden Teil der Nation keine große und glorreiche. Auch hier habe Ich die Konsequenzen gezogen dessen, was Meine Vorfahren getan haben. Im Innern war militärisch so viel geschehen, wie notwendig war. Jetzt mußte die Seerüstung drankommen. Ich danke Gott, daß Ich hier in diesem Rathause keinen Notschrei mehr auszustoßen habe, wie einst in Hamburg. Die Flotte schwimmt, und sie wird bebaut. Das Material an Menschen ist vorhanden. Der Eifer und der Geist ist derselbe wie der, der die Offiziere der preußischen Armee bei Hohenfriedhof und Königsgrätz[2] und bei Sedan[3] erfüllt hat. Und mit jedem deutschen Kriegsschiff, das den Stapel verläßt, ist eine Gewähr mehr für den Frieden auf der Erde gegeben; um soviel weniger werden unsere Gegner mit uns anzubinden suchen und umso wertvoller werden wir als Bundesgenossen sein.

Als ich an dem heutigen Tage Bremens Bürgerschaft überflogen habe, sah Ich die Alten und die Jungen nebeneinander stehen. Die Alten mit ihren Medaillen und Kreuzen, Mitkämpfer und Mittäter unter den beiden großen Herren,[4] deren Standbilder in dieser Stadt stehen. Vor ihnen die Jugend, die hineinwachsen soll in das neue Reich und seine Aufgaben. Was werden ihre Aufgaben sein? Stetig auszuharren, Streit, Haß, Zwietracht und Neid zu meiden, sich zu erfreuen an dem deutschen Vaterlande wie es ist, und nicht nach Unmöglichem streben, und sich der festen Überzeugung hinzugeben, daß unser Herrgott sich niemals so große Mühe mit unserem deutschen Vaterland und seinem Volke gegeben hätte, wenn er uns nicht noch Großes vorbehalten hätte. Wir sind das Salz der Erde. Aber wir müssen dessen auch würdig sein. Darum muß unsere Jugend lernen, zu entsagen und sich zu versagen, was nicht gut für sie ist, fernzuhalten, was eingeschleppt ist von fremden Völkern und Sitten, Zucht, Ordnung, Ehrfurcht und Religiosität zu bewahren. Dann möge über das deutsche Volk einst geschrieben werden, was auf dem Helm Meines 1. Garde-Regiments steht: „Semper talis," „Stets derselbe."

---

[1] Deutsch-französischer Krieg, 1870–71.
[2] Deutsch-österreichischer Krieg, 1866.
[3] Sedan. Deutscher Sieg gegen Frankreich, 1870.
[4] Hinweis auf Vorgänger des Kaisers, darunter Kaiser Friedrich III.
SOURCE: From Kaiser Wilhelm II, „Wir sind das Salz der Erde," *Lesebuch zur deutschen Geschichte*, ed. Bernhard Pollmann (Dortmund: Chronik, 1984), vol. 3, 67–68.

ÜBUNGEN

A. Fragen

1. Worauf gründete der Kaiser seine Politik?
2. Was hing von der Decke des alten Saales?
3. Was sagte Wilhelm über die Zukunft der deutschen Flotte?
4. Worin sah der Kaiser eine Gewähr für den Frieden?
5. Was sagte der Kaiser über die Aufgaben der Jugend?
6. Was sollte die Jugend in der Zukunft lernen?
7. Wie hieß der Spruch am Helm des 1. Garde-Regiments?

B. Konversation

1. Wovon träumte der Kaiser, als er an Deutschlands Zukunft dachte?
2. Was meinte Wilhelm II. mit dem Satz: „Wir sind das Salz der Erde"?
3. Welche Ideale erwähnte der Kaiser in seiner Rede?
4. Was denken Sie über den Inhalt dieser Rede?
5. Was denken Sie über die Sprache und das Vokabular des Kaisers?
6. Was klingt patriotisch, pazifistisch, militaristisch, mitreißend in der Rede Wilhelms? Geben Sie Beispiele aus dem Text.

C. Komposition   Stellen Sie sich vor, Sie wären Journalist und berichteten über den Besuch des Kaisers.

1. Beschreiben Sie das Rathaus, den alten Saal und die Zuhörer des Kaisers in Bremen.
2. Schreiben Sie eine Synopse der Rede Kaiser Wilhelms.

„Völker Europas wahrt Eure heiligsten Güter!" Zeichnung von H. Knackfuss nach einem Entwurf Kaiser Wilhelms II., 1895. Der Entwurf des Kaisers zeigt die christlichen Nationen Europas vereint im Widerstand gegen den asiatischen Geist in Gestalt des brennenden Buddhas. [Courtesy of Archiv für Kunst und Geschichte, Berlin]

D. Kurzreferate Schlagen Sie nach im Lexikon und berichten Sie kurz über einen der folgenden Zeitgenossen des Kaisers:

1. Arnold Schönberg (Komponist)
2. Otto von Bismarck (Politiker)
3. Rosa Luxemburg (Sozialistin)
4. Max Reinhardt (Theaterregisseur)
5. Werner von Siemens (Industrialist)
6. Friedrich Nietzsche (Philosoph)
7. Bertha von Suttner (Pazifistin)
8. Gerhart Hauptmann (Schriftsteller)
9. Kaiser Franz Joseph von Österreich-Ungarn
10. Königin Viktoria von Großbritannien
11. Kaiser Wilhelm II. (1888–1918)
12. Theodore Roosevelt (U.S. Präsident 1901–09)

Fotographie der englischen Königsfamilie, etwa 1895. Königin Viktoria (Mitte) mit ihren Kindern, Enkeln, Nichten, Neffen und Verwandten. Links unten der deutsche Kaiser Wilhelm II. (Enkel); einen Kopf darüber Zar Nikolaus II. von Rußland mit seiner deutschen Frau Alexandra. Dahinter links, in heller Uniform, der Prinz von Wales, später Eduard VII. König von England.

KÖNIGIN VIKTORIA

(Aus dem Tagebuch von August Sethe, Historiker und Journalist, geboren 1901.)

„Selten tun die großen Epochen dem Geschichteschreiber den Gefallen, daß sie pünktlich mit der runden Jahreszahl (1900) abschließen. Aber in dem ersten Jahr unseres Jahrhunderts löschte tatsächlich der Tod ein Symbol, das einem ganzen langen Zeitalter den Namen gegeben hatte. Am 22. Januar 1901 starb die Königin Viktoria von Großbritannien.

Fast 82 Jahre alt war sie geworden, und 64 davon hatte sie regiert.... Freilich hatte gegen Ende ihres Lebens das viktorianische Zeitalter schon einige unviktorianische Züge angenommen. Die Zahl der Briten wuchs, die verstohlen und manchmal auch offen bekannten, daß sie mit der Kirche nichts anzufangen wüßten. Auf der Bühne verspotteten Oscar Wilde und Bernhard Shaw die kleinen Heucheleien der viktorianischen Gesellschaft, und die Gesellschaft klatschte nach anfänglichem Zögern Beifall, weil diese Aphorismen so geistreich waren—aber auch, weil man fühlte, daß sie ins Schwarze trafen. Unter den Politikern gab es schon einige rebellische Leute, die sich Mitglieder der Labour Party nannten und davon träumten, die gesellschaftliche Ordnung zu ändern. Und in Südafrika wurde seit Jahren ein blutiger Krieg (Burenkrieg) ausgefochten, der eine lange Zeit des Friedens abgelöst hatte."

ÜBUNGEN

A. Übersetzung   Übersetzen Sie den Text „Königin Viktoria"

B. Kurzreferate   Schlagen Sie nach im Lexikon und berichten Sie kurz über eines der folgenden Themen.

1. Burenkrieg (Südafrika 1899–1902)
2. George Bernard Shaw (1856–1950)
3. Oscar Wilde (1854–1900)

Ernst Hosang, *Das Reichstagsgebäude im Bau, von der Siegessäule aus gesehen.* Holzschnitt, 1888.

Konversation zum Bild *Reichstag*

1. Was sehen Sie im Vorder- und Hintergrund des Bildes?
2. Welchen Eindruck gewinnen Sie von diesem Bild über Berlin um die Jahrhundertwende?

Kapitel 8

Franz Kafka *(1883–1924)*

Tagebuch

Franz Kafka was born in Prague, now Czechoslovakia, then part of the Austro-Hungarian monarchy. After graduation from a German *Gymnasium*, he enrolled at Prague University, where he received a law degree in 1906. However, while working for various insurance companies in the city, Kafka contracted tuberculosis and spent many weeks recuperating in a Silesian sanatorium. Despite his struggle against this illness, Kafka pursued an active career as a writer of imaginative short stories and experimental novels, among them *Der Prozeß* (The Trial, 1915), and *Die Verwandlung* (The Metamorphosis, 1916). His obsession with literature made him an avid reader with attention to minute detail. By 1910, Kafka began to record his memories, observations, thoughts, and dreams in his now famous *Tagebücher*. The following excerpt reflects the playful, yet probing and analytical, language that distinguishes all of Kafka's diary entries.

Franz Kafka im Alter von 23 Jahren, 1906. Fotografie von Atelier Jacobi. [Courtesy of Deutsches Literaturarchiv, Marbach.]

57

der Alptraum = Nightmare
sich erinnern = to remember (an + acc.)

der **Quader**   square stone   **weit ins Meer hineingebaut**   built far out into the sea

die **Landzunge**   isthmus

das **Bewußtsein meiner selbst**   my self-consciousness

kaum = scarcely   nord
erhoben = raised, lifted   sitzenden = seated
Knie = Knee

als **ich mich zufällig erhob**   when I got up accidentally

das **klar umschriebene Meer**   the clearly defined ocean

reihenweise   in rows   **verankern**   to anchor

gleichmäßig   uniformly   *drehen = to turn*

von allen Seiten ausgesetzt   exposed from all sides

in die Tiefe   down

empor = up, upwards
Wellen = wave

ein **ungeheurer fremdländischer Verkehr**   an uncanny strange commerce   **sich abwickeln**   to take place,

to unfold   das **Floß**   raft

Stämme = Stems,   wind off
riesig = huge, gigantic

die **Schnittfläche**   cross section   **je nach der Höhe der Wellen**   depending on the height of the waves

auftauchen   to appear, to surface   **der Länge nach**   lengthwise   **es wälzte sich im Wasser**   it rolled in
       the water   **zucken**   to quiver

ich **grub mich vor Behagen förmlich ein**   I dug in with pure delight

der **Spiegel**   mirror   **ansehen**   to watch   das **Gesicht**   face

allerdings   nevertheless, indeed   die **Abendbeleuchtung**   evening light   die **Lichtquelle**   source of light

eigentlich   actually   **der Flaum an den Rändern der Ohren**   fluff on the edges of the ears   **beleuchten**
       to illuminate   **bei genauer Untersuchung**   at close inspection   die **Kenntnis**   knowledge

ein **übersichtlich gebildetes Gesicht**   a lucid, clearly arranged face   *begrenztes = bound*

dringen   to force, to penetrate

übrig   remaining   **der Blick ist nicht verwüstet**   the eyes don't look devastated   *abwartenden*

die **Spur**   trace   **unglaublicherweise energisch**   incredibly energetic   *= waited*

beobachten   to observe   *Masse = mass*

ich **wollte mir Angst machen**   I wanted to scare myself

eher = sooner, earlier.

TAGEBUCH, 11. SEPTEMBER 1911

Ein Traum: Ich befand mich auf einer aus Quadern weit ins Meer hineingebauten Landzunge. Irgendjemand oder mehrere Leute waren mit mir, aber das Bewußtsein meiner selbst war so stark, daß ich von ihnen kaum mehr wußte, als daß ich zu ihnen sprach. Erinnerlich sind mir nur die erhobenen Knie eines neben mir Sitzenden. 5

Ich wußte zuerst nicht eigentlich, wo ich war, erst als ich mich einmal zufällig erhob, sah ich links und rechts hinter mir das weite, klar umschriebene Meer, mit vielen reihenweise aufgestellten, fest verankerten Kriegsschiffen. Rechts sah man New York, wir waren im Hafen von New York. Der Himmel war grau, aber gleichmäßig hell. Ich drehte mich, frei der 10 Luft von allen Seiten ausgesetzt, auf meinem Platz hin und her, um alles sehen zu können. Gegen New York zu ging der Blick ein wenig in die Tiefe, gegen das Meer zu ging er empor.

Nun bemerkte ich auch, daß das Wasser neben uns hohe Wellen schlug und ein ungeheurer fremdländischer Verkehr sich auf ihm abwickelte. In 15 Erinnerung ist mir nur, daß statt unserer Flöße lange Stämme zu einem riesigen runden Bündel zusammengeschnürt waren, das in der Fahrt immer wieder mit der Schnittfläche je nach der Höhe der Wellen mehr oder weniger auftauchte und dabei auch noch der Länge nach sich im Wasser wälzte. 20

Ich setzte mich, zog die Füße an mich, zuckte vor Vergnügen, grub mich vor Behagen förmlich in den Boden ein und sagte: Das ist ja noch interessanter als der Verkehr auf dem Pariser Boulevard.

12. Dezember 1913

Im Spiegel sah ich mich vorhin genau an und kam mir im Gesicht— allerdings nur bei Abendbeleuchtung und der Lichtquelle hinter mir, so daß 25 eigentlich nur der Flaum an den Rändern der Ohren beleuchtet war—auch bei genauer Untersuchung besser vor, als ich nach eigener Kenntnis bin. Ein klares, übersichtlich gebildetes, fast schön begrenztes Gesicht. Das Schwarz der Haare, der Brauen und der Augenhöhlen dringt wie Leben aus der übrigen abwartenden Masse. Der Blick ist gar nicht verwüstet, davon ist 30 keine Spur, er ist aber auch nicht kindlich, eher unglaublicherweise ener- gisch, aber vielleicht war er nur beobachtend, da ich mich eben beobachtete und mir Angst machen wollte.

SOURCE: From Franz Kafka, *Tagebücher 1910–1923* (New York: Schocken Books, 1949). © 1948, 1949 by Schocken Books, Inc., New York. By permission of S. Fischer Verlag, Frankfurt, FRG.

ÜBUNGEN

A. Fragen

1. Welche Stadt sah Kafka in seinem Traum?
2. Was für Schiffe sah Kafka in seinem Traum?
3. Wo sah Kafka einen ungeheuren fremdländischen Verkehr?
4. Was war noch interessanter als der Pariser Verkehr?
5. Was tat Kafka mit dem Spiegel?
6. Was war an den Rändern der Ohren beleuchtet?
7. Was sagt Kafka über sein Gesicht?
8. Was sagt Kafka über seine Augen und seinen Blick?

B. Konversation

1. Was für einen Traum hatte Franz Kafka? Erzählen Sie kurz den Inhalt.
2. Wie interpretieren Sie den Traum Kafkas? Hat er Angst, Freude, Trauer, Neugier, Vergnügen?
3. Finden Sie Kafka's Beschreibung seines Gesichts grotesk, lustig, verrückt, seltsam? Erklären Sie!

C. Komposition

1. Beschreiben Sie das Gesicht Kafkas auf der Fotographie aus dem Jahr 1906 (Seite 57).
2. Beschreiben Sie Ihr eigenes Gesicht.
3. Beschreiben Sie einen Ihrer Träume.

D. Kurzreferate Schlagen Sie nach im Lexikon und berichten Sie kurz über:

1. Franz Kafka (1883–1924)
2. Geographie: Die Stadt Prag

Oben: Karl Schmidt-Rotluff, *Mädchen bei der Toilette*, 1912. **Rechts:** Egon Schiele, *Selbstakt*, 1910.

Konversation und Komposition zu den Abbildungen

1. Beschreiben Sie kurz die Stellung der Figur im Bild *Mädchen bei der Toilette.*
2. Gefällt Ihnen dieses Bild? Warum, warum nicht?
3. Beschreiben Sie kurz Ihre Reaktion auf das Selbstporträt von Egon Schiele. Wie zeigt sich der Künstler auf dem Bild?

Kurzreferate zu den Abbildungen Schlagen Sie nach im Lexikon und berichten Sie mündlich über einen der folgenden Künstler:

1. Karl Schmidt-Rotluff (Maler)
2. Egon Schiele (Maler)

Teil II

Krieg, Revolution und Inflation

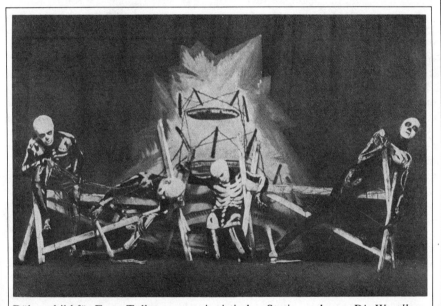

Bühnenbild für Ernst Tollers expressionistisches Stationendrama *Die Wandlung* im Berliner Theater „Die Tribüne" 1919.

CHRONOLOGY 1914–1922

SCIENCE AND TECHNOLOGY	POLITICS
1914 Britain installed naval blockade of Germany. ● Panama Canal opened to traffic. ● Canadian Grand Pacific Railway was completed. **1915** Hugo Junkers built the first fighter plane. **1916** Surgeon Ferdinand Sauerbruch constructed movable artificial limbs by integrating muscles of limb stumps. ● First Zeppelin raid on Paris. **1917** Wolfgang Kohler published experimental data on the testing of the intelligence of apes. ● C. G. Jung published *The Psychology of the Unconscious*. ● Julius Wagner, Austrian psychiatrist, employed malaria vaccination as a remedy for progressive paralysis. ● Archaeologist Robert Koldeway completed the Babylon Excavation. ● First use of mustard gas in World War I. **1918** Hugo Junkers patented a low wing monoplane and an aircraft with directly loaded wings. ● Development of rocket propulsion. ● Magnus Hirschfeld opened Institute of Sexual Science in Berlin. **1919** First all-metal aircraft "X-13" produced by Hugo Junkers. ● Alcock and Brown made first non-stop flight across the Atlantic. ● Rutherford succeeded in the first atomic transformation (nitrogen to oxygen). **1920** Gramophone records were first recorded electronically. **1921** Ernst Kretschmer published work which established a system of human types. ● Hermann Rorschach developed Rorschach test for psychodiagnostics. ● Development of synthetic gasoline from coal. ● The sub-machine gun was invented. **1922** *System of Sociology* published by Franz Oppenheimer. ● Howard Carter discovered King Tut's tomb.	**1914–18** World War I. **1915** Germans sank the Lusitania. ● Battle of the Falkland Islands between Germany and Great Britain. **1916** 335,000 German and 360,000 French soldiers died in the Battle of Verdun. ● German peace offer rejected by the Entente. **1917** Germany proclaimed unlimited submarine warfare. ● United States entered war against Germany and Austria-Hungary. ● Kaiser Wilhelm II announced electoral reform in Prussia. ● Spartacus League formed by Karl Liebknecht and Rosa Luxemburg. ● Russian Revolution. **1918** Woodrow Wilson's 14 points presented guidelines for world peace and became the basis for the Armistice. ● November Revolution in Germany. ● Wilhelm II abdicated as German Kaiser and King of Prussia. ● Weimar Republic proclaimed at Berlin. **1919** German Communist Party founded (extension of Spartacus League). ● Foundation of the Communist International in Moscow. ● Friedrich Ebert elected as first President of the Weimar Republic. ● Formation of Parliament and enactment of democratic constitution. ● Signing of peace treaty by Austria and Germany. **1920** Violent demonstrations by nationalist groups as the Treaty of Versailles entered into force. ● Uprising of right-wing military groups under Wolfgang Kapp. ● Mahatma Gandhi began pacifist movement in India. **1921** Right-wing terrorism increased. **1922** Mussolini became leader of Italy. ● German Foreign Minister Walther Rathenau was murdered by young Nazis. ● Economic treaty of Rapallo signed by Russia and Germany.

64

SOCIAL HISTORY	ARTS
1914 Austria declared war on Serbia. • Germany declared war on Russia and France. **1915** Poison gas was first used against French soldiers. **1916** Pacifist Annette Kolb published *Letters from a German-French Woman*, which called for a rejection of every form of chauvinism. • First book club founded, German National Home Library (later, German Home Library). • First Institute of Journalism at a German University founded, Leipzig. **1917** Deutsche Luftreederei founded, first German air transport company. • Waves of strikes across Germany contributed to the formation of worker's councils. • UFA film company founded. • Russian revolution. **1918** Women's suffrage. • Statutory eight-hour working day. • Large-scale unemployment of women (3 million) followed the collapse of the war economy. • First regular airline traffic between New York and Washington, D.C. • End of WWI. **1919** First regular airmail traffic in Germany. • Karl Liebknecht and Rosa Luxemburg murdered by German soldiers. • Ban on work for expectant mothers (last 12 weeks) and night work for both women and juveniles. • U.S. President Woodrow Wilson received the Nobel Peace Prize. **1920** Foundation of Mountain Rescue Service. **1921** Sacco and Vanzetti (USA) convicted of murder. • BBC, London, and KDKA, Philadelphia begin broadcasting. **1922** German currency collapsed, leading to hyperinflation. • First women appointed as judges. • Mussolini led his march on Rome. • Tango, Foxtrot, and Shimmy became popular dances.	**1914** *Werkbund* architecture exhibition and conference held in Cologne. Bruno Taut, *Glass House*; Henri van de Velde, *Model Theater*. **1915** Franz Kafka published *Metamorphosis*. • Kasimir Malevich wrote *Non-Objective World*. • Heinrich Wölfflin published *Principles of Art History*. **1916** Expressionist poet Albert Ehrenstein published *The Screaming Man*. • The newspaper *Neue Jugend* founded in Berlin, editor Wieland Herzfelde; banned in 1917 because of its total rejection of war. • Premiere of *The Son*, expressionist drama by Walter Hasenclever. • Dada formed in Zurich. **1917** Berlin Dada founded. • First performances of plays by Bertolt Brecht, Munich. **1918** Heinrich Mann published novel *The Imperial Subject* (*Der Untertan*). **1919** Premiere in Berlin of Ernst Toller's *The Transformation*. • Erwin Piscator founded Proletarian Theater. • Grosses Schauspielhaus, architect Hans Pöelzig, inaugurated. • Cologne Dada founded. • Walter Gropius founded the Bauhaus in Weimar. **1920** The German expressionist film *The Cabinet of Dr. Caligari*, directed by Robert Wiene, released. **1921** Paul Hindemith composed music for *Murder, the Hope of Women* (text by Oskar Kokoschka, 1913). • Einstein Tower constructed, architect Erich Mendelsohn. • Wittgenstein published *Tractatus*. • Alban Berg composed *Wozzeck* (text by Georg Büchner). **1922** Biography of Georg Büchner by Ludwig Marcuse published. • Bertolt Brecht awarded Kleist Prize. • First Salzburg Music Festival. • Oskar Schlemmer's *Triadic Ballet* performed in Stuttgart.

Kapitel 9

Käthe Kollwitz *(1867–1945)*

Tagebuch 1914–1916

The following diary pages were recorded during the first two years of World War I by the artist Käthe Kollwitz in Berlin. Her report illuminates the emotional turmoil of a mother whose son had been drafted to fight in the war. With great concern mixed with ambivalence, Kollwitz witnessed Peter's youthful enthusiasm, his burning patriotism, and the unconditional loyalty to his cause—the defense of his homeland. The text reflects the mother's progressive disillusionment about the course of the war and the massive destruction it caused on all sides.

hinterlassen   to leave behind

ihr Herz ist geteilt   they have split loyalties

jauchzen   to cheer   **wie eine reine schlackenlose Flamme**   like a pure ashless flame

steil = steep

Grenze = border   Schweigen = Silence

ein langgezogener metallener Klang   a drawn-out metallic sound   der **Zwischenraum**   interval

mehrfach = repeatedly   wiederholte = repeatedly
Nachricht = news

Druck und trostloses Gefühl   stress and a hopeless feeling

Zarathustra   Also sprach Zarathustra, a book by Friedrich Nietzsche

wünschen = to wish, want, desire

Jubelmassen Unter den Linden   jubilant crowds on "Unter den Linden" avenue   *Sieges- = victory*

Stimmung = mood
oberflächliche = superficial, casual

die grausamen Schlachten   the gruesome battles

das Scheußliche und Barbarische   the terrible and barbaric deeds

Braut = fiancee

der **Abschied**   farewell   *Soldaten = soldiers*
Angermünde =
benachbarten = neighboring
der **Perron**   railroad platform

der **Viehwagen**   cattle car

ausziehen   to depart   **diese heitere selbstverständliche Ruhe**   this cheerful, matter-of-fact calmness

usw.   und so weiter   **eine Dame in Trauer**   a woman in mourning

der **Stabsarzt**   military doctor, medical officer   **sachlich**   sober

vom Nabel abgeschnitten   severed from the umbilical cord

mitteilen = to communicate

TAGEBUCH, 13. AUGUST 1914

Die Männer, die in den Krieg gehen, hinterlassen meist Frau und Kinder. Ihr Herz ist geteilt. Die Jungen sind in ihrem Herzen ungeteilt. Sie geben sich mit Jauchzen, sie geben sich wie eine reine schlackenlose Flamme, die steil zum Himmel steigt.

17. AUGUST 1914

Seit zwei Tagen soll an der französischen Grenze gekämpft werden. 5
Hier bei uns Schweigen. In der Nacht wachte ich auf, weil ich einen lang-gezogenen metallenen Klang hörte, der sich in kleinen Zwischenräumen mehrfach wiederholte. Ich träumte dann weiter, da sei Nachricht, daß ein Schlachtenführer gefallen sei. Druck und trostloses Gefühl beim Aufwachen.
Sitze abends an Peters Bett; er wünschte, daß ich ihm aus *Zarathustra* 10
über den Krieg vorlese.

1. SEPTEMBER 1914

(Berlin) . . . Jubelmassen Unter den Linden, alles in Jubel- und Sieges-stimmung, als ob der Krieg beendet wäre.
Diese etwas oberflächliche Jubelstimmung, die so schlecht paßt zu den grausamen Schlachten an beiden Grenzen, zu all dem Scheußlichen und 15
Barbarischen, das man aus Ost-Preußen und Belgien hört, zieht sich über Tage hin . . .
Abends gehe ich allein nach dem Bahnhof. Der schöne alte Dom. Auf dem Bahnhof die vielen Frauen und Bräute, die ihre Männer zum letztenmal besucht hatten. Der traurige Abschied. Diesmal waren es die Soldaten, die 20
zurückblieben. Sie singen: „Wer weiß, ob wir uns wiedersehen. . .“ In Anger-münde hält der Zug. Auf dem benachbarten Perron hält ein Soldatenzug. Kavallerie. Uns gegenüber ein Viehwagen, zu den Seiten die Pferdeköpfe. In der offenen Tür ein junger Offizier oder Unteroffizer, ganz jung, rosiges Gesicht, wie alle ausziehenden Soldaten in dieser heiteren selbstverständ- 25
lichen Ruhe. Frau Meier reichte ihm Schokolade hinüber. Er sprach davon, daß sie nicht wüßten wohin, usw. . . . Dann auf der nächsten Station die Dame in Trauer mit dem alten Stabsarzt. Auch sie beide sachlich, heiter, selbstver-ständlich.

5. OKTOBER 1914

Abschiedsbrief an Peter. Als ob das Kind noch einmal vom Nabel 30
abgeschnitten wird. Das erstemal zum Leben, jetzt zum Tode. Peter ist am Telephon und teilt mit, daß er mitginge.

verladen   to load
schattenhaften = shadowy

Trupps von Infanterie und Kavallerie   infantry and cavalry troops

Dunkel, Gedränge und Geschimpfe   darkness, pushing, and cursing

aufregen = excited
Kaserne = barracks
Wirtshaus = hosthouse
Abschiednehmen = leavetaking, farewell

der **Kanonendonner**   cannon thunder   **Goeschs**   Mr. and Mrs. Goesch

reden = to speak, talk
Gefahr = danger

derselbe = the same   wieder käme = to come back
die **Erkenntnis**   recognition

Saatfrüchte sollen nicht vermahlen werden   seeds shall not be ground up

Zahl = number, figure   mitunter = now & then
weit = far, distant
dieser verbrecherische Wahnsinn   this criminal madness

12. OKTOBER 1914

Auf dem Bahnhof wird Artillerie verladen. Gegen den schwarzen Nachthimmel die schattenhaften grauen Soldaten, wie sie die Kanonen auf die Wagen bringen. Auf der Landstraße Trupps von Infanterie und Kavallerie, alles im Dunkel, Gedränge und Geschimpfe, Ruhe. Im Wald Gesang von aufgeregten Soldaten, die in die Kaserne zurückgehen. Im Wirtshaus vaterländische Gesänge und vor dem Bahnhof Abschiednehmen. Weinen. 35

Er hat die Nummer 115.

24. OKTOBER 1914

Die erste Nachricht von Peter. Er schreibt, sie hören schon Kanonendonner. Goeschs kommen am Abend und bleiben über Nacht. Heinrich redet und ich denke an Peter. Wo ist er? Friert er? Hungert er? Ist er in Gefahr? 40

30. OKTOBER 1914

„Ihr Sohn ist gefallen."

6. FEBRUAR 1915

Immer derselbe Traum: er wäre noch da, es wäre noch eine Möglichkeit, daß er lebte und wiederkäme, und dann noch im Traum die Erkenntnis, er ist tot. 45

„Saatfrüchte sollen nicht vermahlen werden." (*Siehe Abbildung*).

WEIHNACHTEN 1915

Das Tannenbäumchen, das der Hans dem Peter gebracht hat, habe ich auf seinen Holztisch gestellt. Der steht an der Wand unter dem Van Gogh. . . 50

6. OKTOBER 1916

Auf französischer und englischer Seite sollen 190.000 Tote und Verwundete sein. Die Zahl der unseren hört man nicht. Mitunter bin auch ich so weit, daß ich im Krieg nur den verbrecherischen Wahnsinn sehe. Aber wenn ich dann an Peter denke, so fühle ich auch wieder das andere. Wer nicht das

hingeben   to surrender

die **Einführung**   introduction   die **Dienstpflicht**   compulsory service
freiwillig und freudig   voluntary and joyful

die **Umstände**   circumstances   *aufeinander = one after another*
das **Urteil**   judgement

die **Idee der Vaterlandsliebe**   the notion of patriotism

die **Folge**   result   **das Rasen gegeneinander**   the rage against each other
die Jugend ist betrogen worden   youth has been betrayed

nie wird das alles klarwerden   that will never become clear
die **Frömmigkeit**   piety

schützen = to protect

erlebt hat, was wir erlebt haben, und mit uns alle die, die vor einem Jahr ihre   55
Kinder hingaben, der kann in dem Krieg nur das Negative sehen. Wir müssen
mehr.

11. OKTOBER 1916

Einen Aufsatz aus der englischen *Nation* gelesen. Es wird da von der
englischen Jugend gesprochen, die lange vor Einführung der Dienstpflicht
freiwillig und freudig in den Krieg ging... Wie ist das? Nicht nur bei uns geht   60
die Jugend freiwillig und freudig in den Krieg, sondern bei allen Nationen.
Menschen, die unter anderen Umständen verstehende Freunde wären, gehen
als Feinde aufeinander los. Ist wirklich die Jugend ohne Urteil? Geht sie
immer los, sobald man sie aufruft? Ohne näheres Hinsehen? Geht sie los,
weil sie eben will, weil es ihr im Blut liegt, und nimmt unbesehen hin, was man   65
ihr an Kriegsgründen sagt? Will die Jugend überhaupt den Krieg?... Peter,
Erich, Richard, alle stellten ihr Leben unter die Idee der Vaterlandsliebe.
Dasselbe taten die englischen, die russischen, die französischen Jünglinge.
Die Folge war das Rasen gegeneinander, die Verarmung Europas am Aller-
schönsten. Ist also die Jugend in all diesen Ländern betrogen worden? Hat   70
man ihre Fähigkeit zur Hingabe benutzt, um den Krieg zustande zu bringen?
Wo sind die Schuldigen? Gibt es die? Sind alles Betrogene? Ist es ein
Massenwahnsinn gewesen? Und wann und wie wird das Aufwachen sein?
Nie wird das alles klarwerden. Wahr ist nur, daß die Jungen, unser
Peter, vor zwei Jahren mit Frömmigkeit in den Krieg gingen, und daß sie es   75
wahrmachten, für Deutschland sterben zu wollen. Sie starben—fast alle.
Starben in Deutschland und bei Deutschlands Feinden, Millionen.

SOURCE: From Käthe Kollwitz, *Bekenntnisse* (Frankfurt: Röderberg, 1982). [Courtesy of Dr. Arne A. Kollwitz, Berlin.]

ÜBUNGEN

A. Fragen

1. Womit verglich Kollwitz den Enthusiasmus der Jugend?
2. Aus welchem Buch sollte Kollwitz ihrem Sohn etwas vorlesen?
3. Was paßte schlecht zu den grausamen Schlachten in Ost-Preußen und Belgien?
4. Was hörte Kollwitz in ihrem Traum am 17. August?
5. Was sah Kollwitz am Weg zum Bahnhof?
6. Was nannte Kollwitz einen verbrecherischen Wahnsinn?
7. In welcher englischen Zeitung fand Kollwitz einen interessanten Aufsatz?
8. Was taten englische, französische und russische Jünglinge?

B. Konversation und Komposition

1. Worin sah Kollwitz die Ursache für das Massensterben in Europa?
2. Welche Szenen beschreibt Kollwitz am Bahnhof?
3. Mit welchen Farben beschreibt Kollwitz die Soldaten, den Bahnhof und den Himmel?
4. Welche Tagebucheintragung spricht Ihrer Meinung nach am deutlichsten über die Gefühle der Mutter? Zitieren (*quote*) Sie aus dem Text.

C. Kurzreferate   Schlagen Sie nach im Lexikon und berichten Sie kurz über eines der folgenden Themen:

1. Kriegsausbruch, August 1914
2. Käthe Kollwitz (1867–1945)

Käthe Kollwitz. *Saatfrüchte sollen nicht vermahlen werden* oder, *Mutter beschirmt ihre Kinder*. Lithographie, 1942.

Konversation und Komposition zu den Abbildungen

1. Welche Themen und Motive behandeln diese Lithographien? Was wird gezeigt?
2. Komposition: Vergleichen Sie die Figurengruppen in den beiden Lithographien.

Käthe Kollwitz, *Hungernde Kinder*. Plakat „zur Unterstützung und Wohlfahrt verarmter Kinder und Bettler zur Zeit der Inflation." Lithographie, 1923.

Auf einer Seite aus dem Tagebuch von Kollwitz aus dem Jahr 1922 findet sich folgende Notiz: „In solchen Augenblicken, wenn ich mich mitarbeiten weiß in einer internationalen Gemeinschaft gegen Krieg, hab ich ein warmes, durchströmendes und befriedigendes Gefühl. Freilich, reine Kunst in dem Sinne wie zum Beispiel die Schmidt-Rottluffsche (*expressionistischer Maler*) ist meine nicht. Aber Kunst doch. Jeder arbeitet, wie er kann. Ich bin einverstanden damit, daß meine Kunst Zwecke hat. Ich will wirken in dieser Zeit, in der die Menschen so ratlos und hilfsbedürftig sind."

Kapitel 10

Walter Roy *(1895–1915)*

Briefe von der Front

Walter Roy, a young medical student from the University of Jena near Weimar, joined the German army early in the war. He fell on April 24, 1915 during the storming of enemy positions near Les Eparges, France. Like many soldiers on both sides of the front, Walter Roy frequently wrote home to keep in touch with family and friends. Here we read two of his letters, one addressed to a close friend, the other to his parents in Weimar. He speaks of the war and of what he values in life.

dieser freie, sonnige, wonnevolle Sommer   this free, sunny, blissful summer

die **Begeisterung**   fascination, enthusiasm

Natur, Poesie, Musik, Licht und Freude   nature, poetry, music, light, and joy

brausende Jugendlust   roaring joy of youth

kalter, grausamer, bitterer Ernst   cold, cruel, bitter sternness   **stürmischer Winter, Tod und Not**   stormy
winter, death and misery

süße Erinnerungsstimmungen   sweet remembrances

begeistert   enthusiastic   **sich erheben**   to rise

Liebe für das deutsche Vaterland   love for the German fatherland

die **Rosenwolke**   rosy cloud

wehmütig   sad, melancholic

schwärmen und andächtig sein   to adore and be pious

das **Elend**   misery

die **Pflicht**   duty   **in Anspruch nehmen**   to engross

aufleben   to bloom, to prosper   **stürmen**   to storm

selbst dazu fehlt die Zeit   even for that there is no time

rauskommen   to get out, to emerge

für unser Deutschtum   for our German way of life

begleiten   to accompany

BRIEF AN DEN FREUND, 14. NOVEMBER 1914

Ach, wie ist das alles so plötzlich anders geworden. Erst dieser freie, sonnige, wonnevolle Sommer, goldene Freude, freies Leben, Begeisterung für Natur, Poesie, Musik, Licht und Freude, Freundschaft und Liebe, brausende Jugendlust; ach, wie war dieser Sommer so schön, und nun kalter, grausamer, bitterer Ernst, kalter, stürmischer Winter, Tod und Not. 5 Und alles ist plötzlich vorbei. Was ich geliebt und gelebt, ist mir wie ein Traum, sind Stimmungen, süße Erinnerungsstimmungen. Wahrheit ist jetzt nur eines: Krieg! Und das einzige, was noch begeistert und erhebt, ist die Liebe für das deutsche Vaterland und der Wunsch, für Kaiser und Reich zu leiden, zu kämpfen und alles einzusetzen. Alles andere ist 10 zurückgedrängt, ist ein Träumen, wie eine ferne Rosenwolke am Abendhimmel. Wenn ich während des Marsches die Schönheiten der Natur, die herbstlichen Stimmungen sah, so ging es mir wohl wie wehmütig und traurig durch den Sinn: Ich möchte Euch nachträumen, Euch lieben, besingen können, schwärmen und andächtig sein, aber ich habe jetzt keine 15 Zeit für Euch; der Kriegsgedanke, der Gedanke an das große Elend und die Begeisterung für unsere heiligste Pflicht nimmt mich ganz in Anspruch. Lenau,[1] Goethe,[2] Eichendorff,[3] Schwind[4] und Feuerbach,[5] Beethoven, Wagner, Puccini[6] und Mozart—wie sehne ich mich nach ihnen; doch ich hätte jetzt nicht den wahren Genuß an ihnen, ich könnte doch nicht recht 20 in ihnen aufleben, jetzt.—Gedanken stürmen auf mich ein, so viele, so heftig; aber ich kann sie nicht denken, selbst dazu fehlt die Ruhe, die Zeit.—Ich glaube manchmal, ich bin etwas wunderlich geworden. Aber wenn ich nun endlich, endlich rauskäme—es wird wohl im Dezember sein—und ich dürfte mein Leben so lassen für unser Deutschtum, für 25 meinen Kaiser, für mein Vaterland!—Ich habe ein Leben gelebt, zwar kurz dann, aber so schön, so golden, so voll Licht und Wärme, daß ich als Glücklicher sterben würde, wenn's nur auf mich allein dabei ankäme. Und dieses Leben voll Licht und Sonne danke ich den lieben Menschen, die mich mit ihren Gedanken begleiten und zu denen auch Du gehörst. 30

Dein Walter

---

[1] Lenau, Nikolaus (1802–50). Österreichischer Lyriker.
[2] Goethe, Johann Wolfgang von (1749–1832). Dichter der deutschen Klassik.
[3] Eichendorff, Joseph Freiherr von (1788–1857). Lyriker der Romantik.
[4] Schwind, Moritz (1804–71). Romantischer Maler und Zeichner.
[5] Feuerbach, Anselm (1829–80). Deutscher Maler.
[6] Puccini, Giacomo (1858–1924). Italienischer Opernkomponist.

es ist ein Abschiedsbrief it's a farewell letter

gefallen für meinen Kaiser fallen for my emperor

ein leuchtender, lockender Frühling a shining, enticing spring season

das **Geheimnis** secret

freudig, dankbar und glücklich joyful, thankful and happy

der **Gruß** greeting

bis zum letzten Augenblick until the last moment

treu faithful

gnädig merciful

in inniger Liebe with love and affection

Deutsche Maschinengewehr-Kompanie im Ersten Weltkrieg beim Einsatz an der Westfront.

BRIEF AN DIE ELTERN, 24. APRIL 1915

Ihr meine Lieben!

Hoffentlich wird Euch kein treuer Kamerad diesen Brief senden
brauchen, denn es ist ein Abschiedsbrief. Solltet Ihr ihn in Händen halten,
so wisset denn: ich bin gefallen für meinen Kaiser, für mein Vaterland und   35
für Euch alle. Es gilt jetzt einen schweren Kampf und es ist leuchtender,
lockender Frühling. Ich habe Euch nichts weiter zu sagen, denn ich habe
keine Geheimnisse gehabt. Und wie ich Euch danke für das, was lhr alle
drei mir im Leben Gutes getan habt, wie ich Euch allen für den
Sonnenschein und das Glück danke, in dem ich lebte, wißt lhr. Freudig,   40
dankbar und glücklich werde ich sterben, wenn es sein muß! Dieses aber
soll noch ein Gruß der heiligsten Liebe sein für Euch alle und für alle, die
mich liebten. Ich trage diesen letzten Gruß bei mir bis zum letzten
Augenblick. Dann sei er durch treue Kameraden Euch gesandt und mein
Geist wird bei Euch sein. Der gnädige große Gott behüte und segne Euch   45
und mein deutsches Vaterland! In inniger Liebe,

Euer treuer Walter

SOURCE: From Walter Roy, "Briefe," *Kriegsbriefe gefallener Soldaten*, ed. Philipp Witkop (Munich:
Langen, 1928). [Courtesy of Albert Langen, Georg Müller Verlag in der F. A. Herbig Verlagsbuchhandlung,
Munich, FRG.]

ÜBUNGEN

A. Wortschatz   Find antonyms.

der Sommer	der Winter	das Leben	_____
der Friede	_____	_____	traurig
_____	kalt	_____	grausam
_____	bitter	der Abend	_____
wahr	_____	so wenige	so _____
das Licht	_____	_____	der Unglückliche
_____	schwer	_____	das Böse
_____	allein	die Ruhe	_____

B. Fragen

1. Wie beschrieb Walter Roy den Sommer vor dem Krieg?
2. Was machte Walter aus Liebe für das deutsche Vaterland?
3. Was sah und woran dachte Walter während des Marsches an die Front?
4. Woran erinnerte sich Walter gern?
5. Wann glaubte Walter, daß der Krieg zu Ende ist?
6. Warum schrieb Walter den Brief an seine Eltern?

7. Wie beschrieb Walter den Frühling?
8. Wofür bedankte sich Walter bei seinen Eltern?
9. Wie wollte Walter sterben, wenn es sein mußte?
10. Was wollte Walter bis zum letzten Augenblick bei sich tragen?

C. Konversation

1. Was für Ideale motivierten Roy, im Krieg zu kämpfen?
2. Warum schrieb Roy an die Eltern, daß er freudig, dankbar und glücklich sterben wird?
3. Wer sollte den Abschiedsbrief nach seinem Tod an Roys Eltern schicken?
4. Zitieren (*quote*) Sie zwei Textstellen, die Ihrer Meinung nach am deutlichsten die Lage beschreiben.

D. Komposition

1. Beantworten Sie den ersten Brief von Walter Roy. (Lieber Kollege Walter Roy! . . .)
2. Schreiben Sie kurze Synopsen (Zusammenfassungen) der beiden Briefe Roys. Verwenden Sie möglichst viele Vokabeln.

Deutscher Soldatenfriedhof mit 5000 Gräbern nahe Sailly sur Lys in Frankreich. Fotografie vom 12. Oktober 1918. [Courtesy of the Imperial War Museum, London.]

SOLDATEN UND VERLUSTE IM ERSTEN WELTKRIEG 1914–1918

Länder	Soldaten	Gefallene	Verwundete	Gefangene	Verluste in %
Mittelmächte[1]					
Deutschland	11 000 000	1 773 700	4 216 058	1 152 800	64,9%
Österreich-Ungarn	7 800 000	1 200 000	3 620 000	2 200 000	90,0%
Türkei	2 850 000	325 000	400 000	250 000	34,2%
Bulgarien	1 200 000	87 500	152 390	27 029	22,2%
Mittelmächte	22 850 000	3 386 200	8 388 448	3 629 829	67,4%
Alliierte					
Rußland	12 000 000	1 700 000	4 950 000	2 500 000	76,3%
Frankreich	8 410 000	1 357 800	4 266 000	530 000	73,3%
GB/Commonwealth	8 904 467	908 371	2 090 212	191 652	35,8%
Italien	5 615 000	650 000	947 000	600 000	39,1%
USA	5 355 000	126 000	234 300	4 500	8,2%
Japan	800 000	300	907	unbekannt	0,2%
Rumänien	750 000	335 706	120 000	80 000	71,4%
Serbien	707 343	45 000	133 148	152 958	46,8%
Belgien	267 000	13 716	41 586	34 659	31,9%
Griechenland	230 000	5 000	21 000	1 000	11,7%
Portugal	100 000	7 222	13 751	12 318	33,3%
Montenegro	50 000	3 000	10 000	7 000	40,0%
Alliierte	42 188 810	5 152 115	12 831 004	4 121 090	52,3%
Summe	**65 380 810**	**8 533 315**	**21 210 452**	**7 750 919**	**57,7%**

ÜBUNG

1. Nennen Sie die Zahl der Soldaten, die im Ersten Weltkrieg auf beiden Seiten kämpften.
2. Nennen Sie die Zahl der verwundeten Soldaten auf beiden Seiten.
3. Wieviele Soldaten starben im Ersten Weltkrieg?
4. Welche Soldatenfriedhöfe oder Kriegsdenkmäler (*war memorials*) kennen Sie? Erzählen Sie.

---

[1] Mittelmächte: Central Powers, the coalition against the Allies.

Der letzte Mann. Kriegspostkarte zum Gedächtnis an den „Heldentod deutscher
Matrosen" in der Seeschlacht gegen England bei den Falkland Inseln (Malvidas) 1915
im Süd-Atlantik.

Torpedo. Deutsche Kriegspostkarte. Illustration zum deutschen Torpedoangriff auf
das britische Luxusschiff „Lusitania" Anfang Mai 1915, bei dem 1198 Passagiere
ertranken.

Konversation zur Abbildung oben

1. Was hält der „letzte Mann" in der Hand?
2. Worauf stützt sich der deutsche Matrose?
3. Was für ein Kriegsschiff sieht man im Hintergrund des Bildes?
4. Wie interpretieren Sie den Titel „Der letzte Mann"?
5. Wer hätte Ihrer Meinung nach 1915 eine solche Postkarte gekauft? Erklären Sie kurz.

Konversation zur Abbildung unten

1. Wohin zielt (*aims*) das Torpedo?
2. Aus welcher Perspektive sieht der Betrachter das Torpedo?
3. Was für eine Gestalt schwebt über dem Torpedo? Beschreiben Sie die Details der Figur!
4. Was signalisiert Ihrer Meinung nach diese Gestalt?
5. Wer hätte sich Ihrer Meinung nach 1915 diese Postkarte gekauft?

Junge Wiener Aristokratinnen als freiwillige Schwestern im Dienst des Roten Kreuzes während des Ersten Weltkriegs, 1915.

Fotographie einer Straßendemonstration 1919 in Berlin. Kriegsveteranen fordern eine Erhöhung ihrer monatlichen Unterstützung, damals weniger als 70 Mark.

Kapitel 11

Christiane von Hofmannsthal *(1902–1987)*

Wiener Tagebuch

Christiane von Hofmannsthal, daughter of the noted Austrian playwright Hugo von Hofmannsthal, grew up in Vienna during the decade before the war. As an active participant in family and social affairs, Christiane von Hofmannsthal developed a keen eye for observing the cultural and historical events that shaped her future. Despite the war, food shortages, fears, and emergencies, Hofmannsthal maintained her humanist outlook and a political sense of awareness. In the diary pages below, written between 1918 and 1919, Hofmannsthal described the last days of the war, the end of the monarchy, the formation of the first Republic, and her assignments at school.

abdanken   to abdicate

die Republik wurde ausgerufen   the Republic was proclaimed   der **Vorwurf**   accusation

verbrecherisch   criminal   die **Schwäche**   weakness

gescheit   intelligent, educated

vollständig besiegt   completely defeated

ein bissl   ein bißchen   a little bit

herrschend   ruling   die **Besetzung**   occupation

die **Kulturvölker**   civilized nations

unerhörte Barbaren und Feinde   outrageous barbarians and enemies   **schildern**   to describe

feindlich   hostile

der **Bolschewismus**   Bolshevism

vorschlagen   to suggest

entweder ... oder   either ... or   **feierlich**   festive   **großartig**   grandiose

ungeschickt   clumsy   **sich bemühen**   to strive

gräßlich   terrible, awful   **sich hüten**   to guard against   **ein Backfischtagebuch**   a teenager's diary

vermeiden   to avoid   **aufrichtig**   sincere, honest

übrigens   by the way   **als Charakter sehr zuwider**   a repulsive character

so schrecklich ehrgeizig und eingebildet   incredibly ambitious and vain

Kaiser Karl hat abgedankt   Emperor Karl has abdicated

der **Anstand**   decency

abtreten   to step aside   **nicht ganz zwei Jahre**   not quite two years   **regieren**   to rule

opfern   to sacrifice

WIEN, 9. NOVEMBER 1918

Revolution in ganz Deutschland, besonders in Bayern ... [1]

10. NOVEMBER 1918

Kaiser Wilhelm[2] und der Kronprinz haben abgedankt, in Berlin wurde die Republik ausgerufen! Ich mach mir immer Vorwürfe, daß Wilhelm mir einmal gefallen hat. Diese verbrecherische Schwäche! Aber mit 13 Jahren zu einer Zeit, wo gescheitere Leute blind waren, kann man noch nichts von Politik verstehen. Ich wundere mich so, daß wir, die wir doch vollständig besiegt sind und es auch offen eingestehen, gar nicht ein bissl traurig sind. Ich hatte mir besiegt sein so schrecklich vorgestellt und nun gibt es so viele andere Sachen, die viel ärger sind, daß wir gar nicht daran denken. ... 5

Ein Volk führt keinen Krieg, das tun nur die herrschenden Parteien. 10 Hier freut man sich direkt auf eine eventuelle Besetzung durch Engländer und Franzosen, die doch Kulturvölker sind, und die man uns 4 Jahre lang als unerhörte Barbaren und Feinde geschildert hat. Es gibt keine Völker, die sich feindlich sind. Und wir werden hoffentlich die wahre Demokratie bekommen, ohne Kriege und auch ohne Bolschewismus. Denn das ist nicht Demokratie, wenn, wie gestern vorgeschlagen wurde, die Palais zu Arbeiterwohnungen gemacht werden. 15

Ich hab jetzt während meiner Krankheit die Memoiren der Maria Bashkirtseff[3] gelesen. Französisch ist doch die einzige Sprache, in der man so was schreiben kann. Auf Deutsch klingt alles entweder feierlich und großartig, 20 oder wieder ungeschickt. Ich werd mich bemühen, besser zu schreiben, der Anfang ist gräßlich. Hüten muß man sich vor Allem, daß ein Backfischtagebuch draus wird, das möchte ich vermeiden. Dagegen soll man aufrichtig sein, wie M. Bashkirtseff, die mir übrigens als Charakter sehr zuwider ist, so schrecklich ehrgeizig und eingebildet. 25

12. NOVEMBER

Kaiser Karl[4] hat abgedankt, er ist der einzige von Allen, der mir leid tut, er hat immer nur Gutes gewollt, doch ihm fehlten das Genie und die Ratgeber. Er ist auch der einzige, der mit einem gewissen Anstand, so ziemlich von selbst abgetreten ist. Er hat nicht ganz 2 Jahre regiert, und hat seine Jugend und Frische geopfert. Viktor Adler[5] ist tot, am selben Tag wo er 30

---

[1] Revolution. Im November 1918 kam es unter anderem in Berlin, Bremen, Kiel, München und Wien zu Massendemonstrationen und revolutionären Aufständen gegen Monarchie und Krieg.
[2] Wilhelm II. (1859–1941). Letzter deutscher Kaiser, dankte 1918 ab.
[3] *Die Memoiren der Maria Bashkirtseff:* Vgl. Hugo von Hofmannsthals Essay ,,Das Tagebuch eines jungen Mädchens" von 1893 (Reden und Aufsätze I. S. 160–162).
[4] Karl I. (1887–1922). Letzter österreichischer Kaiser, dankte 1918 ab.
[5] Viktor Adler (1852–1918). Führender Politiker der österreichischen Sozialdemokraten.

das **Lebensziel** life's goal   die **Republik Deutschösterreich** First Austrian Republic

öffentlich vom Parlament verkündet pronounced publicly by the government

die **Fahne** flag   **hissen** to hoist, to raise   **eine dumme Schießerei und Panik** an idiotic
    shooting and panic **umkommen** to die

die **Wache** guard   **es ist nichts geschehen** nothing happened

fleißig industrious

Stenographie und Maschinenschreiben shorthand and typing

ungebildet uneducated

tant mieux (Fr) so much the better

der **Volkswehrsoldat** militia soldier   **unlängst** recently

das **Handmaschinengewehr** submachinegun

die **Ladung** ammunition   **schäbig** shabby   der **Zivilist** civilian

der **Kramuri** stuff

der **Gebrauch** use

riesig hugely   **nämlich** namely, that is (to say)

Schrecker der **Schreck** fright, fear

trotz Revolution tanzt sie wieder despite the revolution she is dancing again

das erreicht hat, was sein Lebensziel war, die „freie Republik Deutschösterreich". Der Name ist nicht schön, dafür wird es die Sache aber mit Gottes
Hilfe werden. Von heute ab gehören wir auch zum deutschen Reich, was
sonst weiß Gott nicht unser Wunsch gewesen wäre, aber so wird es vielleicht gut.   35

13. NOVEMBER

Gestern ist in Wien die Republik öffentlich vom Parlament verkündet
und die rote Fahne gehißt worden. Dabei kam es zu einer dummen Schießerei
und Panik. Daß doch noch immer Menschen umkommen müssen! Papa ist
heute Wache gestanden; es ist natürlich gar nichts geschehen und er kam um
6 Uhr ganz gut nach Hause.

15. NOVEMBER

Heute hab ich nichts gelernt, das ist dumm. Aber sonst muß ich fleißig
sein, bis jetzt war es aber nicht ordentlich. Ich werde Stenographie und
Maschinenschreiben lernen, für den Papa; dann muß ich Lateinstunden
nehmen und lesen, viel lesen, ich bin so schrecklich ungebildet noch, aber
werde es nicht bleiben. Gilbert Murrays *Ancient Greek Literature* gefällt mir   45
sehr gut, aber es ist schwer, *tant mieux.* . . .

17. NOVEMBER

Gestern erzählte mir ein Volkswehrsoldat, daß er unlängst auf einem
Bahnhof einen Soldaten gesehen habe, der ein Handmaschinengewehr mit 6
Magazinen Ladung zum Verkauf anbot. Ein schäbiger Zivilist kam her, fragte
„was kost der Kramuri, da hast 20 Gulden" und das Geschäft war abgeschlos-
sen, der glückliche Käufer ging mit seinem Einkauf stolz nach Haus. Das ist   50
die Charakteristik unserer Zeit. Ob der Herr wohl Gebrauch davon machen
wird? Bei uns wird von nichts wie von Politik gesprochen. Wenn doch der
Krieg schon 20 Jahre hinter uns wäre!
Papa ist sehr nervös aber weiß so viel von allem, was jetzt vorgeht, daß
es riesig interessant ist. Ich hab so ein Interesse für Politik, nämlich für alles   55
was geschieht, geschehen ist und geschehen wird. Aber jetzt haben alle einen
Schrecker gekriegt, daß wir ihnen unter der Hand verhungern, so daß wir
doch hoffentlich was zu essen kriegen. Gretl[6] ist wieder in Wien und trotz
Revolution tanzt sie wieder und trotz Revolution schauen wir ihr zu.

---

[6]Gretl (1885–1970). Grete Wiesenthal, Wiener Tänzerin.

der hätte sich so was nie gedacht   he never would have expected that

eine merkwürdige Analogie   a peculiar analogy
unterliegen   to be defeated
der **Siegende**   victor

fabelhaft   fabulous
fortreisen   to travel away
ganz gleich wohin   it doesn't matter where
ganz fremde Orte und Menschen   totally unfamiliar places and people
Schweden   Sweden
immerfort   constantly

zum ersten Mal seit vorigem Jahr   for the first time since last year

blöd   idiotic, stupid   das **Rufezeichen**   exclamation mark

21. NOVEMBER

Heute vor zwei Jahren ist der Kaiser Franz Josef[7] gestorben. Der hätte   60
sich so was nie gedacht. Mir fiel heute bei der griechischen Geschichte die
merkwürdige Analogie zwischen dem Ende des Peloponnesischen Krieges
und 1918 auf. Nur kämpfte damals die unterliegende Partei für die Demokratie, heute die Siegende. Daß es uns nicht gegönnt war, für die wahre
Sache zu kämpfen, ist wohl eine der traurigsten Sachen an diesem Krieg. Daß   65
wir jetzt sagen müssen, es ist ein Glück, daß Deutschland nicht gesiegt hat.

26. NOVEMBER

Bei uns ist fabelhafter Winter; ich war heute im tiefen Schnee aus, dabei
scheint die Sonne. Ich möcht schon so schrecklich gern weit, weit fortreisen,
ganz gleich wohin, nur fort, fort. Es muß doch herrlich sein, ganz fremde
Orte und Menschen zu sehen! Ich hab im geheimen Hoffnungen, daß ich   70
nächstes Jahr zur Ottonie[8] komme; an Schweden will ich ja gar nicht denken,
das heißt, ich denke natürlich immerfort daran, aber es wird wohl so bald
nichts werden.

30. NOVEMBER

Ich lese jetzt Ovid, *Metamorphoses*. Es gefällt mir sehr gut! Gestern in
der Schule, das erste Mal seit vorigem Jahr! Sie waren alle sehr nett zu mir!   75
Heut bin ich blöd, ich mache nach jedem Satz ein Rufezeichen . . .

---

[7] Franz Joseph I. (1830–1916). Österreichischer Kaiser seit 1848; starb während des Krieges 1916.
[8] Ottonie Gräfin Degenfeld (1882–1970). Enge Freundin der Familie. Vgl. Hugo von Hofmannsthal, Ottonie
Gräfin Degenfeld, *Briefwechsel*. (Frankfurt: Fischer, 1986).
SOURCE: From Christiane von Hofmannsthal, *Tagebuch 1918–1919*. See the new German edition of
C. v. H., *Tagebücher*, ed. Wolfgang Mertz (Frankfurt: Fischer, 1990). [Courtesy of Dr. Maya Rauch and
S. Fischer Verlag, Frankfurt.]

ÜBUNGEN

A. Fragen

1. Was geschah, nachdem Kaiser Wilhelm 1918 in Berlin abdankte?
2. Worüber machte sich Christiane 1918 immer Vorwürfe?
3. Worauf freute man sich 1918 in Wien?
4. Welches Buch las Christiane während ihrer Krankheit?
5. Wie beschrieb Christiane die deutsche Sprache?
6. Was war das Lebensziel von Viktor Adler?
7. Welchen Namen fand Christiane nicht schön?
8. Warum wurde 1918 in Wien die rote Fahne gehißt?
9. Wer kaufte das Handmaschinengewehr?
10. Wofür interessierte sich Christiane plötzlich 1918?
11. Was schrieb sie über Hunger und Essen?
12. Wer kämpfte im Peloponnesischen Krieg für die Demokratie?
13. Was für geheime Hoffnungen hatte Christiane für die Zukunft?

B. Konversation und Komposition

1. Wie beschreibt Christiane Engländer und Franzosen in ihrem Tagebuch? Zitieren Sie aus dem Text!
2. Wie denkt Christiane über das Ende der Monarchie und die Ausrufung der Republik 1918?
3. Was wünscht sich Christiane von der Zukunft?
4. Was für Bücher liest sie gern? Was denken Sie über ihre Leseliste?

C. Kurzreferate   Schlagen Sie nach im Lexikon und berichten Sie kurz mündlich oder schriftlich über eines der folgenden Themen.

1. Kaiser Karl I. (1887–1922), letzter österreichischer Kaiser, 1916–1918.
2. Gründung der Republik Deutschösterreich, 1918.
3. Frauenbewegung und Frauenwahlrecht (*Women's suffrage*), 1918
4. Revolution in Deutschland (1918–1919).
5. Schweiz. Geschichte 1918–1919.

Die Krankheiten Europas.

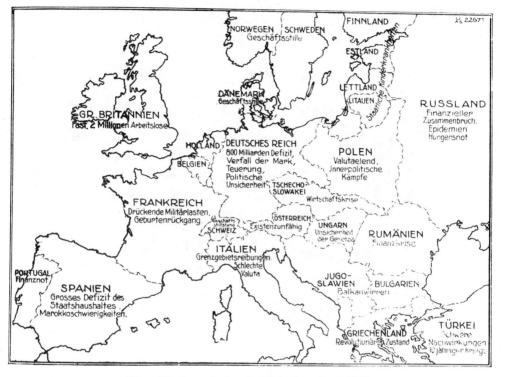

Die politische und wirtschaftliche Lage Ende 1922.

Karikatur in der *Illustrirten Zeitung*. „Die Krankheiten Europas. Die politische und wirtschaftliche Lage Ende 1922.“

Aufruf zur ersten Wahl der Weimarer Republik am 19. Januar 1919. Das Plakat wirbt für die Beteiligung aller Deutschen an der neuen parlamentarischen Demokratie mit Reichspräsidenten und Nationalversammlung.

Konversation zur Karikatur   *Die Krankheiten Europas* (Seite 95)

    1. Welche europäischen Länder zeigen die meisten Krankheiten?
    2. Wie zeichnet die Karikatur die Lage Österreichs? Deutschlands?
    3. Wo herrschten 1922 Hunger und Epidemien?
    4. Wo gab es 1922 einen Rückgang an Geburten (*decreasing birthrate*)?
    5. Welche Staaten hatten „Kinderkrankheiten"?

Konversation zur Abbildung   *Aufruf zur ersten Wahl*

    1. Was begrüßen die Arbeiter, Bauern und Soldaten auf dem Plakat?
    2. Was sehen Sie im Hintergrund des Bildes?
    3. Finden Sie dieses Wahlplakat wirkungsvoll (*effective*)? Warum? Warum nicht?

Kapitel 12

George Grosz *(1893–1959)*

Berlin 1919

George Grosz, self-proclaimed Dadaist, agitator, and Bohemian, was a brilliant cartoonist who often satirized his countryman and their chaotic politics. His cartoons more than once brought the artist into conflict with the law. George Grosz emigrated from Germany before Hitler's rise to power, resettled in the United States, and later moved back to Germany. In his autobiography, entitled *A little Yes and a big No* (1946), Grosz examined the social tensions and political conflicts which surfaced during Germany's postwar revolution (1918–19), inflation (1922–23), and the formative years of the Weimar Republic.

in jenem Jahr 1919   in the (that) year 1919   **unbeleuchtete Straßen**   unlit streets

sich ducken   to duck down   **hohe Torbögen**   high archways   die **Portierloge**   doorman's apartment

dicht = tight, compact; adv.   *drinnen = inside, within*
aushielten = to endure, bear (aushalten)   *Dächer = roofs (Dach)*
Menschen und Tauben   people and pigeons   *schossen = shot (schießen)*

die Größenverhältnisse   the proportions   sich **verschieben**   to move

einer dieser Dachschützen   one of these snipers on the roof   *fassen = to seize*

der **Wachtmeister**   policeman   *zeigten = to show, point out*

die **Patrone**   cartridge   *Gewehre = guns*   *Vetter = cousin*

der später entlassen wurde   who was later dismissed   *abzahlen = pay off*

ob ich nicht jemand wüßte   whether I knew of someone

tadellos erhaltene Gewehre   perfectly preserved rifles   *geölte = greased, oiled*

die **Parabellum**   pistol   *feine = fine*   *nagelneue = brand-new*

alle sogenannten sittlichen Bande   all so-called moral ties   **eine Welle des Lasters**   a wave of vice

der Shimmy war die große Mode   the Shimmy (dance) was the big fashion

Im Nu = in no time
verschwinden   to disappear   **sie verwandelten sich über Nacht**   they transformed themselves overnight
anstatt = instead of (+gen.)   *Geigers = fiddles*   *saßen = pret. sitzen*

krampfhaft grinsende Banjoisten   stiffly smiling banjo players

Heißa   "Hurrah!"   *fing = caught, captured (fangen)*

die **Leiche**   corpse   *Sarg = coffin*

eine der feineren Kleinkunstbühnen   one of the better cabaret stages

erfahren   to learn, to experience
draußen = outside   *marschieren = to march*

weißbehemdete Männer   men dressed in white shirts   *in einem fort: uninterruptedly*

erwachen   to awake   **Juda**   Jews   **verrecken**   to bite the dust

in vieren marschierend   marching four in a row

nachher lagen dann immer welche herum   afterwards there were always bodies lying around

zertrümmerte Schienbeine   smashed shinbones   *eingehauenen = cut open (einhauen)*

gelegentlich   occasional   **Bauchschüsse**   gunshot wounds in the stomach

die Stadt war voller Gerüchte   the city was full of rumors

die **Schlucht**   canyon   das **Wahrzeichen**   sight

die **Stahlrute**   steel rod

munkeln   to mutter   **geheime Übungen**   secret (military) exercises

die **Schirmspitze**   umbrella tip

der Urwald der Meinungsverschiedenheiten   the jungle of opposing views

die Klärung der Situation   the solution to the situation   *seinerseits = for his part*

BERLIN 1919

In jenem Jahre 1919 gingen wir die unbeleuchten Straßen Berlins entlang und duckten uns in den hohen Torbögen dicht an die kleinen Portierlogen—denn vor lauter Angst, weil sie es drinnen nicht mehr aushielten, gingen die Leute damals auf die Dächer hinauf und schossen nach Menschen und Tauben. Die Größenverhältnisse hatten sich verschoben. Als man einmal einen dieser Dachschützen zu fassen bekam und ihm den am Arm verwundeten Mann zeigte, da sagte er: „Herr Wachtmeister, ich dachte, das war eine große Taube!"

Überall konnte man Patronen und Gewehre kaufen. Mein Vetter, der etwas später vom Militär entlassen wurde, brachte mir eines Tages ein komplettes Maschinengewehr. Ich könne es ruhig abzahlen, meinte er, und ob ich nicht jemand wüßte, der an zwei anderen Maschinengewehren und an einer kleinen Feldkanone interessiert sei.... Er brachte mir später noch sechs tadellos erhaltene und geölte Mausergewehre—Modell 98, mit dem wir als Soldaten schossen,—und eine feine, nagelneue Parabellum mit Einsteckgriff kaufte ich auch von ihm. Eine tolle Zeit!

Alle sogenannten sittlichen Bande waren aufgelöst. Eine Welle des Lasters, der Pornographie und Prostitution lief durch das ganze Land... Der Shimmy war die große Mode. Ein paar junge Amerikaner, die gestern noch für eine amerikanische Regimentsmusik gespielt hatten, kamen nach Berlin, und im Nu verschwanden alle Wiener Salonkapellen und verwandelten sich über Nacht in Jazzbands. Anstatt des ersten und zweiten Geigers saßen jetzt krampfhaft grinsende Banjoisten und Saxophonbläser. Man war fröhlich, kolossal fröhlich. Heißa, der Krieg war vorbei!

Langsam fing die Inflationszeit an: „Geliebte Leiche tanzt um den Sarg, und der Dollar steht dreihundertsiebzig Mark," sang ein dicker Komiker in einer der feineren Kleinkunstbühnen, während man Champagner trank und nur hin und wieder zur Telephonzelle ging, um zu erfahren, wie der Dollar und das Pfund standen...

Draußen marschierte eine Gruppe weißbehemdeter Männer, die sangen in einem fort: „Deutschland erwache! Juda verrecke!" Dahinter kam eine andere Gruppe, auch militärisch in vieren marschierend, die schrie rhythmisch im Chor: „Heil Moskau! Heil Moskau!" Nachher lagen dann immer welche herum mit eingehauenen Köpfen, zertrümmerten Schienbeinen und gelegentlich Bauchschüssen...

Die Stadt war dunkel, kalt und voller Gerüchte. Ihre Straßen wurden wilde Schluchten voll Totschlag und Kokainhandel; ihre neuen Wahrzeichen (wurden) die Stahlrute und das blutige, abgebrochene Stuhlbein. Man wußte nichts und munkelte von geheimen Übungen der Schwarzen Reichswehr und der Roten Armee. Wütende „Patriotinnen" gingen mit Schirmspitzen auf meinen Freund Wieland (Herzefelde) los, der sich in den Urwald der Meinungsverschiedenheiten begab, um seinerseits zur Klärung der Situation

beitragen to contribute
ein böser Volkshaufen a mean mob

dösen to doze, to take a nap
schütteln to shake
alles Unheimliche und Ekelhafte everything uncanny and disgusting

Gebündelte Geldscheine dienen deutschen Kindern als Spielzeug nach der Inflation, 1924.

beizutragen. Ein Sipo (Sicherheitspolizist) rettete ihn von der Lynchsjustiz des bösen Volkshaufens... Wir verbargen uns, schliefen nicht zu Hause, wo man uns kannte, und warteten auf ein besseres Morgen.   45

An allen Ecken saßen echte und unechte Kriegsinvaliden. Die einen dösten vor sich hin, bis ein Passant kam; dann verdrehten sie den Kopf und fingen an, sich krampfhaft zu schütteln. Schüttler nannte man die: „Sieh mal Mutter, da sitzt wieder so ein komischer Schüttler!" Längst hatte man sich an alles Unheimliche und Ekelhafte gewöhnt.   50

SOURCE: From George Grosz, *Ein kleines Ja und ein großes Nein. Sein Leben von ihm selbst erzählt* (Hamburg: Rowohlt, 1955).

ÜBUNGEN

A. Fragen

1. Warum duckte sich Grosz oft beim Gehen auf der Straße?
2. Wo saßen die Schützen?
3. Welches Geschäft machte Groß mit seinem Vetter?
4. Wann gab es viel Pornographie und Prostitution?
5. Woher kam der Shimmy Tanz?
6. Wer verwandelte sich über Nacht in Jazzbands?
7. Warum lagen in den Straßen oft Verwundete?
8. Womit vergleicht Grosz die Straßen Berlins?
9. Womit vergleicht Grosz die vielen politischen Meinungen?
10. Wovor rettete ein Sipo (*security police*) seinen Freund Wieland?
11. Was machten die „unechten" Kriegsinvaliden?

B. Konversation und Komposition

1. Finden Sie den Text ironisch und sarkastisch? Warum? Warum nicht? Erklären Sie.
2. Welche historischen Fakten und Details der Nachkriegsjahre erwähnt Grosz im Text?
3. Wer kämpfte gegen anti-semitische Gruppen in den Straßen?
4. Vergleichen Sie den Text von Grosz mit dem Inhalt seiner Zeichnung „Cafe." Wie sah Grosz seine Zeitgenossen (*contemporaries*)?

George Grosz, *Cafe*. Tusche, 1919. [Courtesy of Fogg Art Museum, Harvard University.]

Konversation zur Abbildung *Cafe*

1. Nennen Sie einige Adjektive, die zu den einzelnen Figuren passen.
2. Was kommt Ihrer Meinung nach in diesem Bild zum Ausdruck? Erklären Sie kurz.

Kurzreferate zu den Abbildungen

Sehen Sie nach in der Bibliothek (European Authors, Deutsche Biographie, Lexikon deutschsprachiger Gegenwartsliteratur).

1. George Grosz (1893–1959)
2. Dada Berlin (1918–22)
3. Hugo Ball, Dadaist (1886–1927)
4. Cabaret Voltaire, Zürich (1916–17)
5. Max Beckmann, Maler (1884–1950)

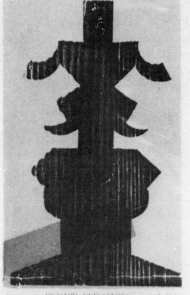

Oben rechts. Titelseite der Zeitung
Der Dada, No. 1., herausgegeben
von Raoul Hausmann 1919 in
Berlin.

Rechts. Hugo Ball, „Verse ohne
Worte in kubistischem Kostüm."
Hugo Ball im Cabaret Voltaire
seine Lautgedichte rezitierend,
Zürich, 1916. Fotograf unbekannt.

Oben links. Hans Arp, *Holzschnitt*.

DADA IM CABARET VOLTAIRE

(Aus dem Tagebuch von Hugo Ball, 23. Juni 1916.)

Ich habe eine neue Gattung von Versen erfunden, „Verse ohne Worte" oder Lautgedichte... Die ersten dieser Verse habe ich heute abend vorgelesen. Ich hatte mir dazu ein eigenes Kostüm konstruiert. Meine Beine standen in einem Säulenrund aus blau-glänzendem Karton, der mir schlank bis zur Hüfte reichte, so daß ich bis dahin wie ein Obelisk aussah. Darüber trug ich einen riesigen, aus Pappe geschnittenen Mantelkragen, der innen mit Scharlach und außen mit Gold beklebt, am Halse derart zusammengehalten war, daß ich ihn durch ein Heben und Senken der Ellbogen flügelartig bewegen konnte. Dazu einen zylinderartigen, hohen, weiß und blau gestreiften Schamanenhut.... *(Siehe Abbildung S. 103.)*

Alle waren neugierig. Also ließ ich mich, da ich als Säule nicht gehen konnte, in der Verfinsterung auf das Podest tragen und begann langsam und feierlich:

Gadji beri bimba
glandridi lauli lonni cadori
gadjama bim beri glassala
glandridi glassala tuffm i zimbrabim
blassa galassasa tuffm i zimbrabim...

Wie sollte ich's aber zu Ende führen? Da bemerkte ich, daß meine Stimme, der kein anderer Weg mehr blieb, die uralte Kadenz der priesterlichen Lamentation annahm, jenen Stil des Meßgesangs, wie er durch die katholischen Kirchen des Morgen- und Abendlandes wehklagt.

Ich weiß nicht, was mir diese Musik eingab. Aber ich begann, meine Vokalreihen rezitativartig im Kirchenstile zu singen und versuchte es, nicht nur ernst zu bleiben, sondern mir auch den Ernst zu erzwingen...

SOURCE: Hugo Ball, *Die Flucht aus der Zeit* (Leipzig: Duncker Humbolt, 1927).

VOKABELN

die **Gattung**   genre, species
das **Morgen-und Abendland**   Orient and Occident
der **Meßgesang**   religious chant
das **Podest**   pedestal
das **Säulenrund**   cylinder
der **Scharlach**   scarlet red
der **Schamanenhut**   shaman's (sorcerer's) hat

Übung

A. Synopse Schreiben Sie eine kurze Zusammenfassung des Berichts von Hugo Ball.

Kurzreferate zu den Abbildungen

1. Kurt Schwitters (1887–1948)
2. Inflation in Deutschland (1922–23)
3. Richard Strauss, Komponist (1864–1949)

Kurt Schwitters, „Merzbild" Nr. 25.

Deutsches Inflationsgeld. Ein U.S. Dollar war 1922 mehr als vier Billionen Mark wert. (4.200.000.000 M).

„Elektrokution." Karikatur auf Richard Strauss und seine Oper „Elektra". Der Komponist gehörte zur Avant-Garde moderner Musiker, deren krasse und laute Dissonanzen viele Zuhörer schockierten. [Courtesy of Walter Laqueur, *Weimar: A Cultural History*.]

Kapitel 13

Klaus Mann *(1906–1949)*

Der Wendepunkt

After World War I with its over 10 million uniformed and civilian victims, Germany's aborted revolution, and several years of unemployment and inflation, a nervous frenzy and desperate search for amusement swept the country during the early years of the Weimar Republic. The autobiography of Klaus Mann, son of Thomas Mann (see Kapitel 3), casts a critical eye on these new trends, and describes how economic inflation went hand in hand with individual opportunism, social corruption, and indulgence. He remembers the sudden popularity of Jazz bars, cabarets, and exotic new forms of entertainment that marked the turning point of postwar popular culture.

Der neunzehnjährige Klaus Mann. Photographie, 1925.

die **Kolossal-Orgie** colossal orgy   die **Zerstörung** destruction

genießen to enjoy   **zweifelhaft** dubious

die **Ausschweifung** excess   **der makabre Jux** the macabre joke

atembeklemmend suffocating   die **Lustbarkeit** pleasure   die **Fuge** crack

die **Umwertung aller Werte** transvaluation of all values   *einst = once   Statt dessen = instead of that*

die **Entwertung** devaluation   *Wertes = worth, values*

entgöttert profane

sich verflüchtigen to dissolve   die **Ziffern** digits, numbers

siebeneinhalb Milliarden seven and a half billion

der **Witz** joke   **totlachen** to die of laughter

Barockmöbel für ein Butterbrot Baroque furniture for a piece of bread and butter

die **Schulden** debts   die **Rechnung** bill, check

sich beklagen to complain   **es ist zum Piepen** it's a gas   **es ist zum Schießen** it's a thrill

der **Ulk** hoax

vernünftig reasonable

die **Wirkung** impact   *reinigende = clean, pure*

der **Schwindel** swindle

die Schieber tanzen Foxtrott swindlers are dancing the fox trot

der **Spielverderber** spoil-sport

unterernährt undernourished   **geil** lustful

vergnügungssüchtig pleasure-seeking   **torkeln** to totter   **taumeln** to stagger

die **Manie** mania, craze   **idée fixe** (Fr.) here, obsession

die Börse hüpft the stock market is jumping   **wackeln** to shake   der **Reichstag** parliament

die **Kapriole** escapade   der **Kriegsgewinnler** war profiteer   *vollführt = carry out, execute*

der **Studienrat** senior teacher   die **Glieder** limbs   **grausig** ferocious

der **Walzer** waltz

der schicke Veitstanz the chic "St. Vitus' dance"   **Angst, Gier, Panik und Entsetzen** fear, greed, panic and horror   **Zoll** inch   **eckige Erhabenheit** angular stateliness

weihevoll solemn   **mit Musik von Bach** with music by (Johann Sebastian) Bach

1922

Die Kolossal-Orgie des Hasses und der Zerstörung ist vorüber! Genießen wir die zweifelhaften Amüsements des sogenannten Friedens! Nach der blutigen Ausschweifung des Krieges kam der makabre Jux der Inflation! Welch atembeklemmende Lustbarkeit, die Welt aus den Fugen gehen zu sehen! Haben einsame Denker einst von einer „Umwertung aller 5 Werte"[1] geträumt? Statt dessen erlebten wir nun die totale Entwertung des einzigen Wertes, an den eine entgötterte Epoche wahrhaft geglaubt hatte, des *Geldes*. Das Geld verflüchtigte sich, löste sich auf in astronomische Ziffern. Siebeneinhalb Milliarden deutsche Reichsmark für einen amerikanischen Dollar. Neun Milliarden! Eine Billion! Was für ein Witz! Zum Totlachen... 10

Amerikanische Touristen kaufen Barockmöbel für ein Butterbrot, ein echter Dürer[2] ist für zwei Flaschen Whisky zu haben. Die Herren Krupp und Stinnes[3] werden ihre Schulden los: der kleine Mann zahlt die Rechnung. Wer beklagt sich da? Wer protestiert? Das Ganze ist zum Piepen, zum Schießen ist's, der größte Ulk der sogenannten Weltgeschichte! Hat jemand geglaubt, 15 nach dem Krieg wird die Menschheit etwas vernünftiger und brüderlicher werden? War irgendein Deutscher naiv genug, sich eine reinigende Wirkung von der Revolution zu erwarten? Als ob wir überhaupt jemals eine Revolution gehabt hätten! Alles Schwindel! Alles Illusion!

Die Schieber tanzen Foxtrott in den Palace-Hotels! Machen wir doch 20 mit! Schließlich will man auch kein Spielverderber sein...

Millionen von unterernährten, korrumpierten, verzweifelt geilen, wütend vergnügungssüchtigen Männern und Frauen torkeln und taumeln dahin im Jazz-Delirium. Der Tanz wird zur Manie, zur *idée fixe*, zum Kult. Die Börse hüpft, die Minister wackeln, der Reichstag vollführt Kapriolen. 25 Kriegskrüppel und Kriegsgewinnler, Filmstars und Prostituierte, pensionierte Monarchen und pensionierte Studienräte—alles wirft die Glieder in grausiger Euphorie....

Man tanzt Foxtrott, Shimmy, Tango, den altertümlichen Walzer und den schicken Veitstanz. Man tanzt Hunger und Hysterie, Angst und Gier, 30 Panik und Entsetzen. Mary Wigman[4]—jeder Zoll eckige Erhabenheit, jede Geste eine dynamische Explosion—tanzt Weihevolles, mit Musik von Bach. (*Siehe Abbildung S. 111.*)

[1] Umwertung aller Werte. Anspielung auf ein Buch von Friedrich Nietzsche.
[2] Dürer, Albrecht. Deutscher Renaissance Maler zur Zeit Martin Luthers.
[3] Die Herren Krupp und Stinnes. Vertreter der deutschen Rüstungs- und Stahlindustrie.
[4] Mary Wigman. Tänzerin (1886–1973). Theatertanz, Tanzpantomime.

SOURCE: From Klaus Mann, *Der Wendepunkt. Ein Lebensbericht* (Frankfurt: Fischer, 1952). © 1989 edition Spangenberg, Munich.

ÜBUNGEN

A. Verben   Fill in the principal parts.

Infinitive	3rd. Person Singular	Simple Past	Past Participle
bringen	bringt	brachte	gebracht
träumen	träumt	_____	geträumt
erleben	_____	_____	erlebt
erwachen	_____	_____	ist erwacht
sich auflösen	_____	löste sich auf	_____
_____	beklagt sich	_____	_____
protestieren	_____	_____	protestiert
werden	_____	_____	_____
taumeln	_____	_____	getaumelt
werfen	wirft	_____	geworfen

B. Grammatik   Rewrite in the passive voice.

Example: Er tanzte einen schicken Tango. (*simple past*)
         Ein schicker Tango wurde von ihm getanzt.

   1. Amerikanische Touristen kauften alte Barockmöbel. (*simple past*)
   2. Der kleine Mann zahlt die Rechnung. (*present*)
   3. Die Schieber tanzen Foxtrott. (*present*)
   4. Er wirft die Beine in die Luft. (*present*)
   5. Sie hat Musik von Bach gespielt. (*present perfect*)

C. Konversation und Komposition

   1. Was für historische Fakten erwähnt Klaus Mann in seinem autobiographischen Bericht?
   2. Welche persönlichen Meinungen und Gefühle kommen im Text zum Ausdruck? (Trauer? Bitterkeit? usw.)
   3. Wie interpretieren Sie Sprache und Ton dieses autobiographischen Berichts?
   4. Zitieren Sie zwei Textstellen, die Ihrer Meinung nach die Zeit um 1922 am besten beschreiben. Warum finden Sie diese Stellen wichtig?
   5. Synopse: Schreiben Sie eine kurze Zusammenfassung des Textes.

Mary Wigman, „Tanz der dunklen Königin".

Kurzreferate zur Abbildung

1. Mary Wigman (Tänzerin, 1886–1973)
2. Josephine Baker (Tänzerin, 1906–1975)
3. Foxtrott, Shimmy, Tango (neue Modetänze)

Teil III

Erinnerungen an die Weimarer Republik

Sie tragen die Buchstaben der Firma — aber wer trägt den Geist?!

„Republik." Karikatur von Thomas Theodor Heine 1927 in der Zeitschrift *Simplicissimus*.

CHRONOLOGY 1923–1932

SCIENCE AND TECHNOLOGY	POLITICS

SCIENCE AND TECHNOLOGY

1923 Karl von Frisch published *The Language of Bees.* ● Adolf Windaus discovered the constitution of cholesterol; Nobel Prize 1928.

1924 Paleo-climatology initiated by Alfred Wegener and Wladimir Koppen. ● Invention of concrete stressed skin construction.

1925 Development of quantum mechanics by Werner Heisenberg. ● The Ernst Leitz company marketed the Leica camera; miniature photography began. ● Release of first electrical recording.

1926 Erwin Schrödinger established wave mechanics. ● Macro-molecular chemistry founded with research of Hermann Staudinger. ● Synthetic rubber developed by IG Farben.

1927 Marketing of synthetic petrol "Leuna" produced from brown coal. ● Charles Lindbergh crossed the Atlantic with the airplane "Spirit of St. Louis."

1928 Pflümer developed magnetic music tape. ● Kohl and Hunefeld crossed the Atlantic in a Junkers aircraft in 35 hours. ● The RAK 2, a rocket-propelled car, reached the speed of 130 miles per hour. ● First synthesizing of sex hormones.

1929 Karl Mannheim's successful demonstration of the diagnostic use of a catheter in heart surgery (on himself). ● Hermann Knaus's published research presented a new method of contraception, the rhythm method. ● First television transmission in Berlin. ● Electrification of Berlin railway.

1930 Tombaugh discovered the planet Pluto. ● Ernst Schmidt constructed jet power unit for aircrafts.

1931 High-speed railcar produced (140 miles per hour). ● Chadwick discovered neutron particles.

POLITICS

1923 Soviet states combined to form the USSR. ● Nazi putsch failed in Munich. ● French and Belgian troops occupied the Ruhr and German coal mines in the region; struggle ended through mediation of Gustav Stresemann, German Chancellor and Foreign Minister. ● Hyperinflation and climax of currency devaluation. ● Monetary stabilization achieved through Rentenmark.

1924 Announcement of Dawes plan to regulate Germany's reparation payments. ● Death of Lenin.

1925 Treaty of Locarno. ● President Friedrich Ebert died; Paul von Hindenburg succeeded him as President.

1926 Germany became a member of the League of Nations. ● Mussolini abolished opposition in Italy.

1927 The Justice Palace in Vienna destroyed by arson.

1930 Economic crisis, increase of unemployment. ● Nazis became second largest party in the parliament (Reichstag); government passed emergency laws. ● France constructed the Maginot Line along the Rhine for protection against Germany.

1931 Great Britain abandoned the gold standard.

1932 Climax of economic crisis. ● Paul von Hindenburg elected for second term as President. ● Nazis won Reichstag elections. ● Reichstag dissolved over political deadlock. ● Failure of the Geneva Disarmament Conference. ● Chancellor Brüning resigned in June.

1933 President Paul von Hindenburg appointed Adolf Hilter as new German Chancellor.

SOCIAL HISTORY	ARTS
1923 First transmission of German national radio. • Long distance self-dialing became available. • Society for the Friends of Children established social welfare for children. • First birth control clinic opened, New York. • Tokyo earthquake; 100,000 people died. **1924** Berlin's Tempelhof Airport opened. **1925** Adolf Hitler published *Mein Kampf.* **1926** Radio telephone service available on trains. • Merger of air transport firms created Deutsche Lufthansa AG. **1927** Germany enters the International Court in The Hague. • Compulsory insurance introduced. • Pregnant women given job security. • First public photo-telegraph with regular transmission, Berlin-Vienna. • Society for Space Travel founded at Breslau. **1928** First scheduled television broadcasts, USA. • First use of telex via post office cables. • Brazil went bankrupt from its own overproduction of coffee. **1929** U.S. stock market crash, world economic crisis. • Production of first German sound film, *Melodie des Herzens.* **1931** Albert Schweitzer published *From My Life and Thoughts*, Nobel Peace Prize 1952. • Severe economic crisis; banks and stock exchanges closed. **1932** First section of Autobahn opened between Cologne and Bonn. • Youth Hostel Organization expanded to 2,000 hostels with 4.2 million overnight stays annually. F. D. Roosevelt elected with promise of "New Deal." • Olympic Games in Los Angeles. • Communist revolts in Spain. • First Autobahn constructed between Bonn and Cologne.	**1923** Neue Sachlichkeit, realist movement in German visual arts and theater until 1930s. • Fritz Lang's film, *Nibelungen*, released. • Arnold Schönberg wrote *Five Pieces for Piano, Opus 23*, first work based on 12 tone system. **1924** *The Magic Mountain* published by Thomas Mann. • André Breton published the first *Surrealist Manifesto.* **1925** Bauhaus moved from Weimar to Dessau. • Berlin Opera reopened under Bruno Walter. **1926** Franz Kafka published *The Castle.* • The UFA film *Faust* premiered, director F.W. Murnau. **1927** *Mahagonny*, by Bertolt Brecht and Kurt Weill, was performed. **1928** Cultural critic Walter Benjamin published *The Origin of German Tragedy.* • Premiere of Bertolt Brecht's *Three Penny Opera.* • Surrealists Luis Buñuel and Salvador Dali released film *Un Chien Andalou.* • Walter Gropius, Lazlo Moholy-Nagy, and Bayer leave the Bauhaus; Gropius succeeded by Hannes Mayer as director. **1929** *All Quiet on the Western Front* by Erich Maria Remarque published despite nationalist protests. **1930** Mies van der Rohe became director of the Bauhaus. • Herman Hesse published *Narziß und Goldmund*, Nobel Prize 1946. • Film *The Blue Angel* released. • Ernst Barlach sculpted figures for the alcoves of St. Catherine's Church, Lübeck. **1931** Munich Festival of New Music, compositions by Orff, Egk, and Fortner. **1932** Fritz Lang's film *"M"* premiered. • Empire State Building opened in New York. • "Socialist Realism" named the official art style of the USSR. • Bauhaus closed by regional Nazi government.

Kapitel 14

Paul Wegener *(1874–1948)*

Die Zukunft des Films

The actor Paul Wegener belonged to a small group of German film pioneers who recognized the immense potential of this medium and began to experiment with new forms of cinema. In contrast to earlier developments towards burlesque entertainment, innovative stunts, or mere silent theater, Paul Wegener, Kurt Pinthus, Else Lasker-Schüler, Fritz Lang, Leopold Jeßner, G. W. Pabst, and others turned to folk legends and popular tales for cinema adaptations. Wegener produced a number of such films during the first quarter of this century, including silent masterworks like *Der Student von Prag* (1913) and *Der Golem* (1920).

During a conference of film professionals held by the German *Filmliga* in 1920, Wegener presented his ideas about the future of the medium. The text below is the transcript of this speech.

die **Eisenbahn** train
verkehren to travel   die **Postkutsche** mail coach

Landauer, Droschken horse-drawn carriages   das **Trägheitsgesetz** law of least resistance
die **Erfindung** discovery   **anhaften** to cling to   **es dauert immer eine ganze Weile** it always takes
a long time

das **Wandelbild** motion picture
die **ungeheure Bedeutung** the immense importance

man fand nicht gleich die Gesetze one didn't discover the rules right away

die **Kenner** specialists   die **Flugzeugbranche** aviation industry   **versichern** to assure
in der ersten Zeit during the first years   **der Tummelplatz von Schwindlern** the playground of swindlers
selbstverständlich obvious

sich stürzen auf to grab   der **Abenteurer** adventurer   die **Art** sort, type

eine der größten Erfindungen der Menschheit one of the greatest inventions of humankind
die **Zukunftsmöglichkeit** future prospects   **ausnützen** to take advantage of

kurbeln to shoot (a film)

die **Verkaufsware** commercial product   **dämmern** to dawn

das **Publikum** audience
eingehen auf to take issue with   **eindringen** to enter
meine Ideen wurden mißverstanden my ideas were misunderstood

der **Maßstab** standard, rule

ernsthaft serious

abtun to dismiss
zuwider opposed to   der **Oberlehrerdünkel** intellectual arrogance
die höheren Stände higher classes

Wenn Sie heute in Nürnberg in das Staatsmuseum gehen, so steht da die erste Eisenbahn, die in den dreißiger Jahren des 19. Jahrhunderts zwischen Nürnberg und Fürth verkehrte. Da sehen die Wagen aus wie Postkutschen. Als die ersten Automobile über die Straßen fuhren, sahen sie aus wie Landauer, wie simple Droschken. Das ist das „Trägheitsgesetz," das immer jeder 5 neuen Erfindung anhaftet, und es dauert immer eine ganze Weile, bis ein neuer Gedanke, eine neue große Erfindung die ihr geeignete Form gefunden hat. So ist es auch mit dem Kino!

Als das Wandelbild zum ersten Mal gezeigt wurde, ahnte natürlich kein Mensch, welch ungeheure Bedeutung diese Erfindung gewinnen könnte und 10 würde. Infolgedessen war es zunächst ‚imitativ' dem Theater, illustrierten Romanen und ähnlichem. Man fand nicht gleich die Gesetze, denen das Wandelbild unterworfen ist und deren Erkundung und Beherrschung erst mit den letzten Jahren beginnt.

Außerdem, wenn heute eine neue Erfindung bekannt wird, so sind es 15 nicht die besten Elemente, die zunächst an diese Erfindung herangehen. Mir haben Kenner und Führer der Flugzeugbranche versichert, daß das Flugzeug in der ersten Zeit der Tummelplatz von allen möglichen Schwindlern war. Es ist ganz selbstverständlich, daß zunächst diejenigen „Elemente" über eine nicht ausgeprobte Erfindung herfallen, die es in ihrem Berufe zu nichts 20 gebracht haben, die man früher nach Amerika schickte, um ein unbekanntes Glück dort zu finden. Immer stürzen sich Abenteurer aller Art auf die neuen Entdeckungen und Erfindungen. So ist es auch in den ersten Jahren im Kino gewesen. Infolgedessen wurde dieses Instrument, eine der größten Erfindungen der Menschheit, dessen Zukunftsmöglichkeiten noch in keiner 25 Weise ausgenutzt sind, zunächst ein Tummelplatz für Leute, die damit nichts anzufangen wußten. Es kam zunächst nur darauf an, irgendeinen Stoff zu kurbeln, möglichst billig zu kurbeln und möglichst teuer zu verkaufen. Daß mit diesem Instrument auch etwas geleistet werden könnte, jenseits einer Verkaufsware, dieser Gedanke dämmerte erst später auf. Als ich vor acht 30 Jahren zum ersten Mal für diesen Gedanken in Wort und Schrift eintrat, habe ich mich gewundert, wie wenig die Presse und das Publikum auf meine Ideen eingingen, wie sehr meine Ideen mißverstanden oder ignoriert wurden.

Und nun komme ich auf den Hauptpunkt meiner Darlegungen: Es kommt darauf an, beim Publikum und bei der Presse, bei dem gebildeten 35 Publikum und bei der gebildeten Presse, das Interesse für dieses Instrument so wachzurufen, daß sie die Films interessiert verfolgen, daß sie versuchen, in die Technik dieser Art einzudringen und ... Maßstäbe (zu) schaffen. Wir haben heute im Kino noch keine Maßstäbe. Wir haben erst seit sehr kurzer Zeit eine ernsthafte Filmkritik. Wir haben auch erst seit sehr kurzer Zeit 40 wirklich ernsthafte Filmleistungen, die etwas mehr als Verkaufsware sein wollen. Es ist so eine Art gerade des deutschen Publikums (!), eine Sache, von der man nichts versteht, von vornherein abzutun, wenn sie einem irgendwie zuwider ist. Es ist so eine Art, so ein gewißer „Oberlehrerdünkel," der im Deutschen vielleicht mehr als in jeder anderen Nation steckt. Wenn 45 man heute einen Menschen, einen gebildeten Menschen höherer Stände

der **Gebildete** educated person

die **Kolportage** dime novel

der **Schund** trash

eine der schlimmsten Erscheinungen one of the worst manifestations

die **Lebenslüge** misrepresentation of life

der **Vorwurf** accusation

der **Stand** social rank

allgemein common, general   die **Völkervergiftung** poisoning of nations

verbreiten to spread

wie in einem Roman like a novel

der **Zivildiener** servant

der brave Arbeiter mit Schlapphut the good worker with a floppy hat

die **Ballonmütze** derby hat   **so wird schematisiert** such are the stereotypes

naturnah realistic

das **Gesetz** law   die **Vereinstätigkeit** civic activities

wie ein breiter Schlammstrom like a huge mudslide

ich kümmere mich nicht darum I don't concern myself with that

die **Schauspielerei** playacting

das **Gesamtkunstwerk** total work of art

die **Entwicklung** development

die **Begabung** talent

der **Naturbildkünstler** visual artist

lösbar solvable   der **Kunstfaktor** artistic aspect

das **Objektiv** lens   der **Photograph** photographer

der **Zauber** magic

trifft, so wird er von vornherein sagen: „Ja, Kino ist eben *keine* Kunst, das Kino ist nichts für einen Gebildeten, es ist etwas für—Dienstmädchen, ein Ersatz für Kolportage usw." Wenn man ihn dann aber fragt, „Was für Filme haben Sie eigentlich gesehen?" dann heißt es: „Ja, in solche Häuser gehe ich natürlich gar nicht hinein."

Damit kommen wir nicht weiter. Ich weiß, wieviel Schund früher im Film gemacht wurde und weiß, wieviel Schund heute noch gemacht wird. Ich weiß aber auch, wie unendlich viel ehrliche Arbeit heute gerade in der deutschen Industrie auf den Film verwendet wird. . . .

Eine der schlimmsten Erscheinungen der schlechten Filme besteht in dem, was ich die „Lebenslüge" nenne. Ganz abgesehen von den ewigen moralischen Vorwürfen, die dem Film gemacht werden—es ist nicht ganz so schlimm immer—ist diese Lebenslüge das Schlimmste! Heute, wo wir doch daran arbeiten, daß die Stände untereinander und die Berufe untereinander sich besser verstehen lernen, wo wir daran arbeiten, daß die Völker in dieser furchtbaren allgemeinen Völkervergiftung sich wieder näher kommen, heute ist gerade das Kino außerordentlich gefährlich, wenn es fortfährt, diese Lebenslügen über alles mögliche zu verbreiten. Wie sieht man das Leben in diesen Filmen?—Doch nur wie in einem der „beliebten" Romane! Wie tritt ein Graf auf? Er raucht dauernd Zigaretten, hat immer einen Zivildiener hinter sich und trinkt Sekt! Der brave Arbeiter erscheint mit dem Schlapphut, der schlechte Arbeiter mit der Ballonmütze. So wird schematisiert, typisiert, und, da der Film so unmittelbar wirkt, weil er sich so naturnah bewegt, schleichen diese Dinge ins Volk. Was durch Gesetze und langjährige Vereinstätigkeit aus der Kolportageliteratur mit Mühe und Not entfernt worden ist, drängt sich wieder wie ein breiter Schlammstrom durch oberflächliche und schlechte Films in die Massen. Und jeder Gebildete, der heute einfach erklärt: „Das Kino interessiert mich nicht, ich kümmere mich nicht darum!" macht sich an dieser Volksvergiftung mitschuldig. . . .

Der Film ist weder Drama, noch Roman, noch Bild, noch photographierte Schauspielerei, sondern er ist dies alles zusammen! Er ist ein neues Gesamtkunstwerk, dessen Möglichkeiten und Feinheiten heute noch nicht im entferntesten ausgekostet und zur Entwicklung gebracht worden sind. Es sind hier ganz neue Begabungen zu erwarten. Der große Filmschriftsteller fehlt uns noch. Der Romanschriftsteller ist ganz aufs Psychologische eingestellt, der Naturbildkünstler auf das Naturbildliche. Plastische Phantasiebegabungen, die diese Dinge in sich vereinigen, werden für den Film Werke schaffen, die durch die Kamera lösbar sind. Denn der wesentlich neue Kunstfaktor, der in dieser Kunst dazukommt, ist das Objektiv des Photographen, die Kamera mit ihrem Zauber und mit ihren eigenen Gesetzen und ihrer eigenen Welt. Und die Filmstoffe müssen aus den Möglichkeiten der Kamera heraus entwickelt werden.

SOURCE: From Paul Wegener, *Die Zukunft des Films. Vortrag 1920 in der Filmliga Berlin.* [Courtesy of Deutsches Literaturarchiv, Marbach am Neckar.]

ÜBUNGEN

A. Verben Fill in the principal parts.

Infinitive	Simple Past	Past Participle
versichern	_____	versichert
_____	haftete an	_____
wachrufen	rief wach	_____
_____	_____	verfolgt
_____	drang ein	ist eingedrungen
_____	_____	hat abgetan
_____	steckte	_____
_____	verwendete	_____
_____	verbreitete	_____

B. Prepositions Fill in the blanks.

1. Sie gehen heute _____ (*in*) Nürnberg _____ (*in*) das Staatsmuseum.
2. Die ersten Automobile fuhren _____ (*on, over*) die Straßen.
3. Die Erkundung und Beherrschung beginnt erst _____ (*within, in*) den letzten Jahren.
4. Manche Leute haben es _____ _____ (*in their*) Berufen zu nichts gebracht.
5. Man schickte sie früher _____ (*to*) Amerika.
6. Man muß das Interesse _____ (*for*) dieses Instrument wachrufen.

C. Fragen

1. Womit vergleicht Wegener die technische Entwicklung des Films?
2. Was imitierten die frühen Filme?
3. Was hatte Wegener über Schwindler in der Flugzeugbranche gehört?
4. Wann begann Wegener zum ersten Mal, sich für den Film einzusetzen?
5. Wie dachte das „gebildete" deutsche Publikum über die Kunst des Kinos?
6. Wie wurden Arbeiter und Aristokraten damals im Film dargestellt?
7. Was sagte Wegener über den Zauber der Filmkamera?

D. Komposition

1. Synopse. Schreiben Sie eine Zusammenfassung der Argumente in Paul Wegeners Vortrag.
2. Beschreiben Sie einen Ihrer Lieblingsfilme.

Graf Dracula stirbt.
Expressionistischer
Vampirfilm *Nosferatu*
von F. W. Murnau,
1922.

Konversation zu den Abbildungen

1. Sehen Sie gern Stummfilme? Warum? Warum nicht?
2. Welche Vampir- oder Gruselfilme kennen Sie? Erzählen Sie kurz.
3. Sehen Sie gern science-fiction Filme? Warum? Warum nicht?
4. Beschreiben Sie einige Details der Stadt „Metropolis" auf dem Film-
   plakat. (Seite 124)

Paul Wegener in seinem
Film *Der Golem, wie er
auf die Welt kam*, 1920.
Der Film erzählt die
jüdische Legende von
Rabbi Loew, der mit
magischen Kräften eine
Gestalt aus Ton (*clay*)
zum Leben erweckt.

Die Stadt der Zukunft. Szenenbild aus dem Film *Metropolis* von Fritz Lang, 1925.

Kurzreferate zu den Abbildungen

1. Fritz Lang (Filmregisseur)
2. F. W. Murnau (Filmregisseur)

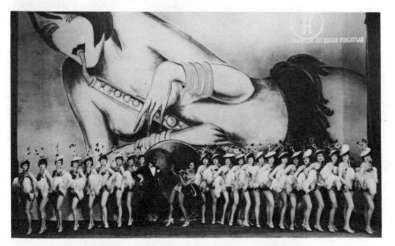

Revue „Wann und Wo?" 1927 im Berliner Admiralspalast.

Oben links Asta Nielsen und
Rudolf Forster in der
Verfilmung von Frank
Wedekinds Drama *Erdgeist*,
1923. **Oben rechts** Asta
Nielsen. Holzschnitt. **Rechts**
Henny Porten als „Monica
Vogelsang", 1919.

Kurzreferate zu den Abbildungen

1. Henny Porten (Filmstar)
2. Asta Nielsen (Filmstar)

Kapitel 15

Heinrich Kelb *(1913–   )*

Erinnerungen an die Schule

The following report was written in 1927 by a fourteen-year-old high school student. Heinrich Kelb grew up in a working-class family in Hamburg, where he attended various public and vocational schools and later earned his livelihood as a carpenter. His recollections take the reader back to the years of his childhood and a world filled with pranks, adventures, and surprises.

die **Volksschule Dehnhaide**   Dehnhaide elementary school

ordentlich   regularly
verprügeln   to beat   der **Streich**   prank
vergessen   to forget   der **Allerwerteste**   rear end

glitschen   to slide   das **Zeugnis**   report card   **verlaufen**   to proceed   **im Allgemeinen**   on average
genügen   to suffice
ein Blick meines Vaters   a glance from my father

er mußte sich quälen   he had to suffer
schließen   to close
Ischias   sciatica   **behandeln**   to treat   **Krebs**   cancer
kurz vor Weihnachten   shortly before Christmas

die **Besinnung**   consciousness
es stellt sich heraus   it turns out
das **Geschwür**   ulcer
chloroformieren   to anesthetize   **aufwachen**   to wake up   **jedoch**   however
die **Verwandten**   relatives   die **Beerdigung**   funeral
die **Geschwister**   siblings

die **Tischlerei**   wood shop
eine Metallwerkstatt und eine Nähstube   metal shop and sewing room   der **Zeichensaal**   drawing room
der **Singsaal**   music hall   der **Physiksaal**   physics room   der **Lichtbildraum**   slide room
das **Treibhaus**   green house   die **Turnhalle**   gymnasium   **noch ein Streich**   another prank
ausführen   to perform
es läutete   the bell rang   der **Stundenplan**   class schedule
der **Unterricht**   instruction
erscheinen   to appear
die **Kappe**   cap   **anmalen**   to paint   die **Buntstifte**   crayons   das **Gesicht**   face
der **Besen**   broom   **reiten**   to ride
auf einmal ging die Tür auf   suddenly the door opened
der **Zustand**   situation   **der gelbe Onkel**   teacher's rod
sechs aufgezählt   six blows   **wohlverdient**   well deserved   die **Partie**   punishment
auf und abrutschen   to slide up and down   der **Hintern**   rear end
wehtun   to hurt

der **Stock**   stick, rod   **schlagen**   to beat
jedes Jahr eine große Reise   a big trip every year   **dauern**   to last
ich schämte mich zuerst   at first I felt ashamed

Im Jahre 1919 kam ich in die Volksschule Dehnhaide. In dieser Schule war ich drei Jahre, also bis 1922. Mein Fräulein hieß Oppermann. Das einzige, was ich noch von dieser Schule weiß, ist, daß wir ordentlich verprügelt wurden. Hatten wir einen Streich gemacht, oder hatten wir etwas vergessen, so bekamen wir drei auf unseren Allerwertesten gezählt. Der meiste Spaß war, daß wir im Winter immer die ganze Dehnhaide hinauf glitschen konnten. Mein Zeugnis verlief im Allgemeinen gut; hatte ich einmal ein schlechtes mit nach Hause bekommen, so genügte ein Blick meines Vaters, und am nächsten Mal wurde es wieder besser.

Eines Tages wurde mein Vater ins Krankenhaus gebracht, es war 1920. Er mußte sich lange quälen, bis er am 7. November 1921 auf immer die Augen schloß. Mein Vater war $1\frac{3}{4}$ Jahr im Krankenhaus, er wurde auf Ischias behandelt, in Wirklichkeit hatte er Krebs. Meine Mutter und wir Kinder gingen jeden Sonntag zum Krankenhaus. Eines Tages, kurz vor Weihnachten, kam ein Herr vom Krankenhaus; er bestellte, daß meine Mutter zum Vater kommen sollte, es war nachmittags um 5 Uhr. Mein Vater lag schon seit 9 Uhr ohne Besinnung, er war operiert, denn mein Vater klagte über Schmerzen im Rücken. Es stellte sich heraus, daß er ein dickes Geschwür hatte und dieses sofort geöffnet werden mußte. Nun wurde er chloroformiert und geschnitten, er wachte jedoch nicht wieder auf. Unsere ganze Familie, Bekannte und Verwandte zogen mit zur Beerdigung, nur ich und meine beiden kleineren Geschwister durften nicht mit.

Im Jahre 1921 kam ich in die neueröffnete Volksschule Ahrensburger-straße. Dieses war eine große und schöne Schule; es sind eine Tischlerei, eine Metallwerkstatt, eine Nähstube, ein Zeichen- und ein Singsaal, zwei Physik-säle, ein Lichtbildraum, ein Treibhaus und eine schöne große Turnhalle in dieser Schule. Ich kam zu dem Lehrer Jacobs. Nun will ich noch einen Streich erzählen, den ich bei diesem Lehrer ausgeführt hatte.

Es läutete, die Stunde sollte beginnen. Auf dem Stundenplan stand Geographie, bei einer anderen Lehrerin, die noch nicht zum Unterricht erschienen war. Ein Junge und ich konnten nicht mehr stillsitzen. Ich setzte eine schwarze Kappe auf und malte mit Buntstiften mein Gesicht an. Dann holte ich einen Besen, setzte mich darauf und so ritten wir durch die Klasse. Auf einmal ging die Tür auf und unser Lehrer kam herein. Als er uns in diesem Zustand sah, wurde er böse, holte den gelben Onkel und wir bekamen jeder sechs aufgezählt. Nun hatten wir unsere wohlverdiente Partie abgeholt, wir gingen an den Platz und rutschten immer auf und ab, denn unser Hintern tat bös weh. Diesen Streich habe ich nicht wieder vergessen. . . .

In dieser Klasse, also bei Herrn Jacobs, waren nur Knaben, in anderen Klassen der Schule gingen Knaben und Mädchen in eine Klasse. Nun kam ich im Jahre 1924 zu einem anderen Lehrer, und zwar zu Herrn Weiß. Ich freute mich, denn ich hatte gehört, daß der neue Lehrer nicht mit dem Stock schlägt und jedes Jahr eine große Reise macht, diese dauerte ungefähr vierzehn Tage. Ich schämte mich zuerst, als ich mit Knaben und Mädchen in eine Klasse gehen mußte, doch hieran gewöhnte ich mich bald, und später freute ich mich sogar, daß ich in diese Klasse gekommen bin.

sparen   to save money

mit dem Dampfer nach Helgoland   on the steamboat to Helgoland (island)

übel zu Mute sein   to be in bad shape   **brechen**   to throw up

es ging weiter nach Sylt   our next stop was Sylt island

verleben   to spend

ich hatte Mandelentzündung   I had tonsillitis   das **Klassenbuch**   yearbook

die **Zeichnung**   drawing   der **Aufsatz**   essay

zusammenbinden   to bind together

Notquartier einer obdachlosen (*homeless*) Familie in Berlin, 1924.

Gleich im ersten Jahr fingen wir schon an zu sparen für die erste Reise, sie sollte nach der Insel Sylt gehen. Erst fuhren wir mit dem Dampfer „Kehrwieder" nach Helgoland. Gleich hinter Cuxhaven wurde uns schon ganz übel zu Mute, und bald fingen wir schon an zu brechen. Auf Helgoland 50 blieben wir einen Tag, dann ging es schon wieder weiter nach Sylt. Auf dieser Insel verlebten wir unseren Rest der ganzen Reise, und zwar blieben wir im Lager Puan Klent. Ich war sechs Tage krank und mußte die ganze Zeit in einem Zimmer liegen, kein Kind durfte an mich herankommen, denn ich hatte Mandelentzündung. Nach dieser Reise wurde ein Klassenbuch 55 gemacht, jedes Kind gab einige Zeichnungen oder Aufsätze ab, diese wurden dann zu einem Buch zusammengebunden. . . .

SOURCE: From Heinrich Kelb, "Meine Kindheit" *Proletarische Lebensläufe. Autobiographische Dokumente zur Entstehung der Zweiten Kultur in Deutschland*, ed. Wolfgang Emmerich, vol. 2 (Reinbek: Rowohlt, 1975).

ÜBUNGEN

A. Fragen

1. Wie bestrafte Fräulein Oppermann die Streiche ihrer Schüler?
2. Wie beschrieb Kelb seine Schulzeugnisse?
3. Woran starb der Vater des Autors?
4. Wer durfte nicht mit zur Beerdigung?
5. Was fand Kelb schön in der Volksschule Ahrensburgerstraße?
6. Was machte Kelb mit dem Besen in der Klasse?
7. Warum schämte sich Kelb, als er zuerst in die gemischte Klasse kam?
8. Welche Städte und Inseln besuchte Kelb auf der Klassenreise?

B. Konversation und Komposition

1. Warum führten Kelb und ein anderer Junge den Streich mit dem Hexenbesen (*witch's broom*) auf?
2. Was gefiel Kelb in der neuen Klasse von Herrn Weiß?
3. Was denken Sie über die Erziehungsmethoden in den Volksschulen dieser Zeit?
4. Warum fühlten sich Kelb und seine Freunde übel auf dem Schiff „Kehrwieder"?
5. Was machte die Klasse nach der Reise durch die Nordsee?
6. Autobiographischer Essay: „Erinnerungen an die Schulzeit."

C. Kurzreferate

1. Geographie: Cuxhaven
2. Geographie: Helgoland
3. Geographie: Sylt

Ernst Aufseher, „Charleston". Illustration aus der Zeitschrift *Der Querschnitt*, 1927.

Otto Dix, „Der Streichholzverkäufer", 1925.

Kurzreferate zu den Abbildungen

1. Otto Dix (1891–1969)
2. Kunst der Neuen Sachlichkeit (New Objectivity, 1925–30)

Kapitel 16

Maria Gaberschek *(1914–   )*

Kindheit am Land

Maria Gaberschek was born on the southern side of the Tyrolean Alps, now part of Italy, where she grew up in a family with thirteen children. After attending the bilingual German-Italian school in the village of Pflersch, Gaberschek found work as a household maid and later as a waitress. She married in 1939, resettled in northern Tyrol with her husband, and raised three children during World War II. Gaberschek's autobiographical report about her childhood was recorded as part of an oral history project organized by the *Kinderweltmuseum* (children's museum) in Walchen Castle, Austria, in 1983.

der **Schneider** tailor   die **Landwirtschaft** farm

ein Bergknappenhaus a mountain miner's house

hauptsächlich primarily   die **Schlösser** castles
der **Handel** trade, business
so saßen wir stundenlang we sat for hours in this way   **was wir trieben** what we were up to
die **Stallung** stable
die **Baumrinde** bark   **Tschurtscheln waren unsere Kühe** chestnuts were our cows

Fangen und Verstecken spielen to play hide and seek
Räuber und Schandi cops and robbers

als ich einmal Schläge bekam when I got a spanking one time

die **Ziege** goat
zur Sammelstelle bringen to bring to the collecting point (milk depot)
der **Ziegenhirte** goatherd   **ein ausgeschulter Bub** boy finished with school
der **Beruf** profession

es war Hochwasser there was flooding   der **Gletscher** glacier   der **Bach** brook

reißend torrential   die **Leiche** corpse

wir hatten eine Stunde Schulweg we had an hour's trip to school

gestrickte Wollstrümpfe knit wool stockings   der **Loden** coarse wool   die **Joppe** jacket
der **Kittel** skirt

die **Abteilung** section

bis zur Impfung until the vaccination   **von da an war alles vorbei** from then on everything came to an end
die **Gelbsucht** jaundice   **fesseln** to confine

der **Griffel** chalk
das **Heft** notebook

Mein Vater war Schneider, die Mutter bearbeitete eine kleine Landwirtschaft. Ich hatte zwei liebe Brüder, Max, 1911 geboren und Karl, 1912.

Unser Haus war früher einmal ein Bergknappenhaus.

Als mein Vater in den Krieg* zog, war ich vierzehn Tage alt.

Unser Spiel war hauptsächlich das Sprechen. Karl sprach über Schlös- 5
ser, die er bauen wollte, und Max über den Handel. Ich hörte immer zu und
so saßen wir stundenlang, bis Mutter nachschaute, was wir die ganze Zeit
trieben. Wenn wir draußen spielten, bauten wir Stallungen und Häuser aus
Baumrinde, Tschurtscheln waren unsere Kühe und wir hatten viel zu tun.

Manchmal mußten Max und Karl der Mutter helfen, mit mir war noch 10
nicht viel anzufangen.

Sehr oft wurde auch Fangen und Verstecken gespielt. Als wir größer
wurden, spielten wir Räuber und Schandi.

Als mein Vater vom Krieg heimkam, war ich fünfeinhalb Jahre alt. Ich
konnte lange nicht verstehen, warum dieser Mann „Vater" hieß und bei uns 15
blieb. Erst als ich einmal von ihm Schläge bekam, liebte ich ihn und verstand,
daß er unser Vater war.

Nach dem Krieg sind noch sechs Kinder zur Welt gekommen. Die
Kinder machten der Mutter viel Freude. Sie halfen ihr, wo sie konnten.

Unsere Ziegen wurden in der Früh auf den Berg gebracht. Wir mußten 20
die Ziegen in der Früh zur Sammelstelle bringen und am Abend abholen. Als
Ziegenhirte wurde immer ein ausgeschulter Bub gewählt, der zu schwach zum
Arbeiten war und zu schwach, um einen Beruf zu erlernen. Eines Tages, es
war Zeit die Ziegen zu holen, ging mein Bruder Anton mit der kleinen
Schwester zur Sammelstelle. Sie hatten einen Ball mit. Als sie zur Sammel- 25
stelle kamen, waren die Ziegen noch nicht da. So spielten sie Ball. Es war
Hochwasser vom Gletscher. Der Ball fiel in den Bach, und Anton wollte ihn
herausholen. Die Leute hörten seine kleine Schwester weinen und rufen. Das
Wasser war so reißend und tief, so daß seine Leiche nicht mehr gefunden
wurde. 30

Mein erstes Schuljahr war am Anfang sehr gut. Wir hatten eine Stunde
Schulweg, das Mittagessen nahmen wir mit. Meine beiden Brüder hatten von
Großmutter gestrickte Wollstrümpfe an, eine Lodenhose und Lodenjoppe;
ich trug ebenfalls Wollstrümpfe, einen Lodenkittel und Mantel, die uns Vater
geschneidert hatte, da er ja Schneider war. 35

Um sechs Uhr früh mußten wir aufstehen und um halb sieben gingen wir
fort. Um halb acht war die Schulmesse, um acht begann die Schule.

Wir hatten einen sehr netten Lehrer. Die Schule war in fünf Abteilungen geteilt. Der Lehrer hatte alle Abteilungen. Ich konnte schon mit der
zweiten Abteilung mitmachen. Bis zur Impfung—von da an war mit mir alles 40
vorbei. Ich wurde krank, bekam Gelbsucht und war ans Bett gefesselt. Als ich
wieder zur Schule kam, war unser Lehrer fort und ein italienischer Lehrer
war eingesetzt worden. Vorher hatten wir nur Tafel und Griffel, nun gab es
Hefte, Bleistifte, Tinte und Feder. Die gute Ordnung war vorbei. Wir waren
82 Kinder. Meine Brüder sind gute Schüler geworden, ich konnte leider 45
nicht mehr gut lernen.

auf Almen und Wiesen   on Alpine pastures and fields
Beeren und Pilze   berries and mushrooms

mit viel Sorgfalt und Liebe   with much care and love
aufgeschlossen   extroverted
schätzen   to value

das **Feld**   field
der **Wald**   forest   das **Gebirge**   mountains   **taleinwärts**   up the valley
das **Bergdorf**   mountain village   der **Trifukamm**   mountain range

die **Puppe**   doll
der **gemauerte Ofen**   tiled stove

Pflersch wurde zum Grenzland   Pflersch (city) became part of the border region   **verziehen**   to move away

melken   to milk

das **Gericht**   dish, course

das **Brennholz**   fire wood   der **Prügel**   round piece of wood   das **Staberl**   thin stick

rasch   quickly
die **Hacke**   axe   **retten**   to save   **es hat seinen Finger gekostet**   it cost him his finger

die **Binde**   bandage   das **Eiklar**   egg white
loben   to praise

Zuerst gingen wir mit Vater, dann später allein auf die Almen und Wiesen. Dabei sammelten wir Beeren und Pilze. Die Pilze wurden manchmal verkauft, die Beeren zum Kochen verwendet. Wir hatten großen Spaß daran, viel heimzubringen.

Unser liebes Mütterlein war das ganze Jahr zu Hause und betreute alles mit viel Sorgfalt und Liebe. Für sie galt ihr Leben nur der Familie und Gott. Dennoch war unsere Mutter sehr aufgeschlossen, daß wir uns oft wunderten. Alle, die sie kannten, liebten und schätzten sie, auch unser Vater. Obwohl er manchmal hart zu ihr war, wußte er, wie gut und edel sie doch war.

Unser Haus lag an der Straße, beiderseits etwas Feld, dann der Bach, und es ging aufwärts zum Wald und zum Gebirge. Taleinwärts war es nicht anders. Ein Wasserfall, ein Bergdorf, dann ging es zum Trifukamm, zur Magdeburger Hütte, zum Gletscher.

Die Nachbarskinder gingen auch zur Schule. Sie hatten eine Tochter, die hatte eine Puppe aus Porzellan mit echten blonden Haaren. Diese Puppe hatte den schönsten Platz in der Stube auf dem gemauerten Ofen. Ich saß auf diesem Ofen und spielte und spielte. Die Puppe hatte so hübsche Kleidchen, alles hatte so seine Ordnung. Ich versuchte, alles wieder zu ordnen, es gelang mir aber nicht, ohne daß es das Mädchen bemerkt hätte, daß ich mit seinen Sachen gespielt hatte.

Pflersch wurde zum Grenzland und die Nachbarsleute verzogen: Es hat mir so leid getan, nicht nur wegen der Puppe, sondern wegen des Gefühls, die Leute würden zu uns gehören. Ich sah sie nie wieder. Die warme Stube, die netten Menschen und auch die Puppe blieben mir unvergeßlich.

Einmal im Jahr kam uns die Tante aus der Schweiz besuchen. Sie hatte zwei Mädchen und einen Sohn. Das ganze Jahr freuten wir uns schon auf die Tante, auch unsere Mutter. Die Tante brachte uns Schokolade, Kleidungsstücke und etwas Spielzeug. Als ihre Kinder sahen, wie die Milch gemolken wurde, mochten sie die Milch nicht mehr. So machte meine Mutter ein gutes Schokoladegericht aus der Schokolade, die die Tante mitgebracht hatte, und die Kinder mochten die Milch wieder. Mit diesen Kindern spielten wir Fangen und Verstecken. Es gefiel ihnen, im Freien herumzulaufen.

Wir suchten aus dem Brennholz einen runden Prügel und ein Staberl und begannen das Spiel mit den Schweinchen. Wir spielten auf der Straße, das runde Prügerl war ein Schweinchen. Karl hatte das schönste, es rollte besser. Mit den Stäbchen brachten wir das Schweinchen zum Rollen. Wir hatten großen Spaß an diesem Spiel. Ich wollte einmal das Schweinchen von meinem Bruder, aber er gab es mir nicht. Mutter holte uns zum Essen. Karl ging gleich mit der Mutter, wir holten rasch das runde Holz. Als gerade die Hacke angesetzt war, kam Karl und wollte es noch retten—aber es hat seinen Finger gekostet. Das Schweinchen war entzwei, sein Finger am Boden. Mutter nahm den Finger, steckte ihn vorsichtig auf Karls Hand, gab eine Binde drauf mit etwas Eiklar, das kühlend sein sollte. Wir gingen alle zum Arzt, eine Stunde Fußweg. Doktor Schadelbaum lobte unsere Mutter sehr,

das **Mißgeschick**   mishap, accident

Wassily und Hans Luckhardt, *Siedlungsprojekt*, 1929.

ihre Handlung war klug und gut. Der Finger heilte schön zusammen. Wir liebten einander sehr und keiner war böse. Es war einmal ein Mißgeschick.

* Erster Weltkrieg, 1914–18.

SOURCE: From *Häuslerkindheit. Autobiographische Erzählungen*, ed. Thérése Weber (Vienna: Böhlau, 1984), pp. 179–82. [Courtesy of Böhlau Verlag, Vienna.]

ÜBUNGEN

A. Wortschatz   Find antonyms for the following vocabulary items.

klein	kühl	innen
viel	am Abend	weinen
enden	gesund	das letzte Schuljahr
die Unordnung	der Haß	abwärts
klug	gut	böse

B. Verben   Rewrite the sentences as indicated.

1. Unser liebes Mütterlein ist das ganze Jahr zu Hause. (*simple past*)
2. Die Nachbarskinder sind auch zur Schule gegangen. (*present*)
3. Er wußte, wie gut und edel sie war. (*present*)
4. Der Ball war in den Bach gefallen. (*present perfect*)
5. Anton will ihn herausholen. (*simple past*)
6. Wir sammelten Beeren und Pilze. (*present perfect*)
7. Meine Mutter machte ein gutes Schokoladegericht. (*future*)
8. Mutter nahm den Finger und steckte ihn vorsichtig auf Karls Hand. (*present*)
9. Wir liebten einander sehr. (*present perfect*)

C. Fragen

1. Welchen Beruf hatte Marias Vater?
2. Womit spielten die Kinder zu Hause?
3. Wann begann Maria, ihren Vater zu lieben?
4. Was machte die Mutter den ganzen Tag?
5. Wie geschah der Unfall mit Anton?
6. Was machte Maria morgens an einem Schultag?
7. Wieviele Klassen gab es in der Schule?
8. Wo saß Maria, als sie mit der Porzellanpuppe spielte?
9. Warum machte die Mutter ein gutes Schokoladegericht?
10. Warum wollte Karl sein Spielschweinchen retten?

D. Konversation

1. Beschreiben Sie kurz Marias Familienleben.
2. Seit wann war Maria eine schlechte Schülerin?
3. Interpretieren Sie die Sprache und den Inhalt dieser autobiographischen Erzählung!

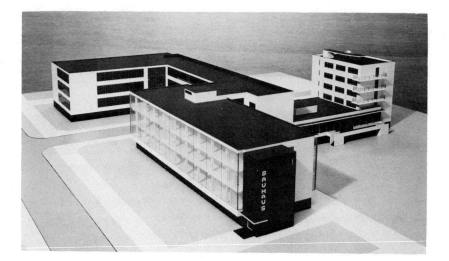

Walter Gropius. *Entwurf des Bauhaus-Gebäudes in Dessau (Architectural Design of . . .)* 1925. In einem Artikel in der *Wochenschrift für Politik, Kunst und Wissenschaft Die Weltbühne,* wurde 1927 „Das Bauhaus in Dessau" wie folgt beschrieben: „Ein paar rote Balkontüren und rote Glasfenster teilen die Flächen [*planes, walls*] (des Hauses) auf, sonst ist das Ganze kahl und glatt und ordnet sich auf keine Weise dem Begriff Haus unter . . . . Der Wille zur Sauberkeit, Klarheit und Großzügigkeit (*open-mindedness*) hat hier einen Sieg errungen . . . . Ein Haus des reinen Zwecks. Man arbeitet „konstruktiv", nicht wie früher mit der Tendenz, eine möglichst individuelle Reichhaltigkeit (*diversity*) des optischen Eindrucks zu erzielen, und *dieses Konstruktive ergibt doch wieder optisch Befriedigendes (satisfactory).* Überhaupt zeigt sich hier deutlicher als je, wie das Praktische wirklich zugleich das Schöne ist." –Rudolf Arnheim.

Kleidungsreklame (*clothing
advertisement*) einem Modeheft des
Lette-Hauses, 1929. „Der Geist der
neuen Mode entspricht dem Geist
der neuen Architektur."

DER GEIST
DER NEUEN
MODE

ENTSPRICHT DEM GEIST
DER NEUEN ARCHITEKTUR

Konversation zu den Abbildungen

1. Worin besteht Ihrer Meinung nach der „Geist" dieser neuen Mode
   und Architektur?
2. Kennen Sie Gebäude in Ihrer Stadt oder auf Ihrem Campus, deren
   Architektur diesen Modellen ähnlich ist? Beschreiben Sie eines dieser
   Gebäude!

Kurzreferate zu den Abbildungen

Sehen Sie nach im Lexikon und berichten Sie kurz über eines der folgenden
Themen:

1. Bauhaus in Weimar und Dessau (Hochschule für Bau und Gestaltung, 1919–32)
2. Walter Gropius (Bauhauslehrer)
3. Oskar Schlemmer (Bauhauslehrer)
4. Johannes Itten (Bauhauslehrer)
5. Ladislaus Moholy-Nagy (Bauhauslehrer)

Oskar Schlemmer, *Bauhaus Stiege* (*Bauhaus Stairway*), 1932. Oil on canvas, $63\frac{7}{8} \times 45''$ (162.3 × 114.3 cm). Collection, The Museum of Modern Art, New York. Gift of Philip Johnson.

Heinrich Hoerle, *Genickfalten* (*neck wrinkles*), 1925. Titelblatt der Weimarer Wochenschrift für Politik, Literatur und Kunst „Die Aktion". Der Text unter dem Titelbild: „Skizze für ein Denkmal, das sowohl für Herrn Ebert wie für Herrn Hindenburg und die deutsche Bourgeoisie überhaupt paßt. Da die Genickfalten das Typische darstellen, sieht das Denkmal von vorn und von hinten betrachtet egal aus."

Kurzreferate

1. Friedrich Ebert (erster Reichspräsident der Weimarer Republik 1919–25).
2. Paul von Hindenburg (letzter Reichspräsident der Weimarer Republik 1925–34).

Kapitel 17

Ernst Toller *(1893–1939)*

Das Versagen des Pazifismus in Deutschland

Ernst Toller's speeches, plays, films, and autobiographical essays offer rare insights into Weimar Germany's social climate toward the end of the Republic. As a soldier who experienced the brutalities of World War I, as a politician who defended the revolution in 1918, as a Jew who witnessed the rise of anti-Semitism, and as a writer in support of humanist causes, Toller clearly understood the equations that led to Germany's decline. Undermined by widespread unemployment, social unrest, and the rising tide of nationalism, the future of the first Republic seemed doomed by 1932. Hitler's victory at the polls came at a time of great political polarization, when young voters turned fascist and democratic parties lost support among Germany's middle-class electorate. Like many other artists and intellectuals, Toller was expelled from Nazi Germany in 1933. He fled to Great Britain and later moved to the United States, where he died in exile in 1939. While on a speaking tour in Canada and the U.S., Toller gave the following speech, which addressed the ominous failure of the Republic to capture the imagination of its youth.

das **Versagen**   failure   **verschiedenartige Tendenzen**   different tendencies
der **Einfluß**   influence
das **Schlachthaus**   slaughter house
zwecklos   pointless
die **Pflicht**   duty
ein strafwürdiges Verbrechen   criminal offense
menschliche Sehnsucht   human longing

der seelische Vorgang   emotional process
der **Selbstbetrug**   self-deception

sichtbar   visible

als Landesverräter geächtet   ostracized as a traitor
verfemen   to outlaw   **aufs Spiel setzen**   to risk
sich bekennen   to declare oneself for

kampferisch   aggressive
erfassen   to seize, to grasp
die   **Wortmünze**   slogan
die **Tat**   action   das **Wesen**   essence
die **Aufgabe**   problem, assignment
die **Verantwortlichen**   the responsible ones
sich anpassen   to adapt
angeekelt   disgusted
Valet   goodbye
sich zunutze machen   to take advantage of

die **Übermacht**   dominance   der **Siegerstaat**   victorious nation
der **Völkerbund**   League of Nations

die **Machtverhältnisse**   power relationships
verewigen   to perpetuate
die **Reaktion**   political reactionaries   das **Feld überlassen**   to surrender

die **Hoffnungslosigkeit**   hopelessness
ewig   eternal

die **Wehrhaftigkeit**   fitness to fight   das **Bekenntnis**   commitment

neigen   to incline   die **Romantik**   romanticism
bedingungslos   unconditional

In Deutschland haben die verschiedenartigen Tendenzen des Pazifismus einmal entscheidenden Einfluß auf die deutsche Jugend ausgeübt. Als in den Jahren 1914–1918 Europa sich in ein Schlachthaus verwandelte, als Millionen von Menschenleben sinnlos, zwecklos, nutzlos geopfert wurden, als der kriegerische Mord heilige nationale Pflicht war und der pazifistische Gedanke ein strafwürdiges Verbrechen, da sammelte sich in dem magischen Wort „Frieden" die tiefste und menschlichste Sehnsucht der aktiven deutschen Jugend.

Ich will diesen seelischen Vorgang nicht entwerten, wenn ich sage, daß diese Sehnsucht zum Selbstbetrug führte. Die grausame Wirklichkeit bedrängte diese Jugend so sehr, daß sie glaubte, eine Welt in der der kriegerische Mord nicht sichtbar lebte, bedeutete die Überwindung des kriegerischen Mordgedankens überhaupt. Dieser Glaube war eine heroische Illusion. Denn für den Frieden kämpfen, hieß vom Staat als Landesverräter geächtet, von den Freunden verfemt werden, hieß Freiheit und Leben aufs Spiel setzen. Es war die beste deutsche Jugend, die im Kriege zum Frieden sich bekannte. . . .

Warum konnte damals der Pazifismus die deutsche Jugend gewinnen? Weil er kämpferisch war, weil er Rebellion war, weil die Jugend den Sinn dieser Rebellion erfaßte. Aber die Jugend versagte, als nach dem Kriegsende Friede alltägliche Wortmünze wurde und seine Magie verlor.

Man rief nach der Tat, aber man wußte nichts vom Wesen der Tat, nichts über den Kreis der eigenen Aufgaben, nichts über den Gegner und seine Mittel. Die Verantwortlichen, die mit dem Kriege fertig wurden, wurden auch mit dem Frieden fertig. Sie paßten ihn so gründlich ihren Interessen an, daß viele junge Menschen sich angeekelt abwandten und resigniert aller Politik Valet sagten.

Das machten sich die Feinde des Friedens zunutze. Die besten deutschen Pazifisten wurden ermordet: Karl Liebknecht, Rosa Luxemburg, Gustav Landauer, Kurt Eisner, Leo Jogiches, Eugen Leviné, Hugo Haase, Hans Paasche, Karl Gareis. Sie alle mußten im Frieden für den Frieden sterben. Friede hieß jetzt Krieg gegen die Rechte des eigenen Volkes. Frieden in Europa hieß: Die Übermacht der Siegerstaaten über die besiegten Länder. Der Völkerbund, für den die besten Geister Europas seit Jahrhunderten gekämpft hatten, was war aus ihm geworden? Eine Staatenorganisation, die die Machtverhältnisse von 1918 innerhalb und außerhalb Europas verewigen sollte. Trotzdem hatte die Jugend kein Recht zu resignieren.

Sie durfte der Reaktion nicht das Feld überlassen. Sie hätte mutig erkennen müssen, warum der Friedensgedanke nicht siegen konnte.

Die Reaktion bediente sich dieser Hoffnungslosigkeit der Jugend. Weil die Friedensidee 1918 nicht siegte, sagte sie, der ewige Friede sei ein Traum und nicht einmal ein schöner. Die pazifistische Idee sei feminin und eines Mannes unwürdig. Eines Mannes würdig sei der Gedanke der Wehrhaftigkeit, das Bekenntnis zum Krieg, der militärische Geist.

Für solche Tendenzen war der Boden in Deutschland gut vorbereitet. Kaum ein anderes Land neigt so zu militärischer Romantik. In keinem anderen Land sehen wir eine so gefährliche Neigung zum bedingungslosen

der **Gehorsam**   obedience   die **Preisgabe**   sacrifice

unterscheiden   to differentiate
der **Kadavergehorsam**   slavish obedience   die **Einordnung**   integration   die **Cliquenversippung**   gang loyalty

die **Beherrschung**   control
der **Hochmut**   arrogance   **herabsehen**   to despise   **vergiften**   to poison
der **Aberglaube**   superstition   die **Auserwähltheit**   selectness, elite quality
die republikanische Regierung   federal government

die **Selbstverwaltung**   self-government   **einschränken**   to curtail
der **Kulturbolschewismus**   cultural Bolshevism   **beschimpfen**   to revile (as)

freie Bahn dem Tüchtigen   make way for efficiency
der **Spott**   ridicule   die **Verhöhnung**   mockery
bewähren   to prove oneself
absehbar   foreseeable
· **stempeln gehen**   to go on welfare   die **Unterstützung**   relief, support
zum Sterben zu viel   too much for starvation   **knurren**   to rumble
entscheiden   to differentiate
predigen   to preach   **verlachen**   to laugh at   das **Landsknechtideal**   mercenary ideal
fragwürdig   questionable
gerecht   just
der **Sinn**   purpose
nirgends   nowhere   **Verherrlichung der Friedensidee**   glorification of the pacifist idea

der **Rundfunk**   radio

Gehorsam, zum Opfer des Intellekts und zur Preisgabe, ja zur Verachtung der Vernunft.

Das deutsche Volk hat nie seine Geschichte in Freiheit bestimmt. Es war seit Jahrhunderten Objekt des Staates, nie verantwortliches Subjekt des Staates. Von wo sollte der deutschen Jugend, die nach dem Krieg aufwuchs, Verständnis für die Friedensidee kommen?

Von der Schule?

Da regierten die alten Lehrer, die nicht zu unterscheiden wußten zwischen Kadavergehorsam und freiwilliger Einordnung, zwischen Cliquenversippung und Solidarität, zwischen Bataillonsdisziplin und männlicher Beherrschung. Da regierten die alten Nationalisten, die auf die Welt und auf die anderen Völker mit Hochmut herabsahen und den vergiftenden Aberglauben von der Auserwähltheit des deutschen Volkes lehrten.

Was tat die republikanische Regierung?

Anstatt jenen Pädagogen zu helfen, die die Jugend im Sinne des Völkerfriedens erziehen wollten, bereitete sie ihnen Schwierigkeiten über Schwierigkeiten und verjagte sie von den Schulen. Das jugendliche Streben nach Selbstverwaltung wurde mehr und mehr eingeschränkt und „Kulturbolschewismus" beschimpft.

Die Jugend will an Menschen, Ordnungen und Gesetze glauben. Die Menschen, Ordnungen und Gesetze, die sie sah, mußten sie enttäuschen. Die Jugend braucht Glauben, braucht Hoffnung, braucht Symbole, braucht Taten—die Jugend braucht Wirklichkeiten.

Wie sah die Welt der Wirklichkeit aus, in der sie lebte? Millionen waren arbeitslos geworden. Das Schlagwort „Freie Bahn dem Tüchtigen" klang wie Spott und Verhöhnung. Zweieinhalb Millionen junger Menschen in Deutschland konnten sich weder in einer Arbeit bewähren, noch konnten sie in absehbarer Zeit darauf hoffen. Das einzige, was der junge Mensch lernte, war „stempeln". Die Unterstützung war zum Sterben zu viel und zum Leben zu wenig. Wem der Magen knurrt, und wer nicht weiß, wo er morgen schlafen soll, der ist nicht fähig zwischen Wert und Unwert zu entscheiden. Wer dieser Jugend Pazifismus predigte, der wurde verlacht. Die Mehrheit zog das Landsknechtideal dem für sie fragwürdig gewordenen Ideal einer helleren und gerechteren Zukunft vor, denn Landsknecht sein hieß für sie der Gegenwart einen Sinn geben, und wenn dieser Sinn auch nur eine Uniform war.

Nirgends in der deutschen Republik fand die Jugend die Verherrlichung der Friedensidee. Nicht in den Schulen, nicht in den Zeitungen, nicht im Rundfunk. . . .

SOURCE: From Ernst Toller, "Das Versagen des Pazifismus in Deutschland," *Kritische Schriften, Reden und Reportagen,* vol. 1 of *Toller. Gesammelte Werke* (Munich: Hanser, 1978).

ÜBUNGEN

A. Fragen

1. Wann hatte der Pazifismus entscheidenden Einfluß auf die deutsche Jugend?
2. Wie behandelte man Pazifisten im Krieg?
3. Wann verlor die Friedensidee ihre Magie?
4. Warum wandten sich viele junge Menschen angeekelt von der Politik ab?
5. Warum klang das Schlagwort „Freie Bahn dem Tüchtigen" wie Spott und Verhöhnung?

B. Konversation

1. Wie dachte die Jugend gegen Ende der Republik über den Friedensgedanken?
2. Wo konnte man nationalistische Reden über die „Auserwähltheit des deutschen Volkes" hören?
3. Was meint Toller Ihrer Meinung nach mit dem Begriff „militärische Romantik" oder „Landsknechtideal"?
4. Worin sah Toller die größten Fehler des Weimarer Systems?
5. Lesen und erklären Sie zwei Stellen aus dem Text, die Ihrer Meinung nach wichtige Argumente enthalten.

C. Komposition

1. Synopse: Stellen Sie sich vor, Sie wären Journalist und berichteten über Ernst Tollers Rede! Schreiben Sie eine kurze Zusammenfassung der Rede für eine deutsche Zeitung (150 Worte).

D. Kurzreferate   Schlagen Sie nach im Lexikon und berichten Sie über eines der folgenden Themen:

1. Wandervogel (*youth movement*)
2. Finanzkrise 1929 (*Black Friday*)
3. Völkerbund (*League of Nations*)
4. Wahlen in Deutschland 1930–33

Links Gerd Arntz, *Fabrik*, 1927. Maschinen und Menschen am Fließband. **Rechts** Gerd Arntz, *Wahldrehscheibe*, 1932.

Konversation und Komposition zu den Abbildungen

1. Beschreiben Sie die einzelnen Szenen in Arntz' *Fabrik* (1927).
2. Beschreiben Sie einige der Figurengruppen auf der *Wahldrehscheibe* (1932).
3. Was demonstrieren Ihrer Meinung nach die beiden Abbildungen?

TEIL IV

Faschismus, Exil, Holocaust

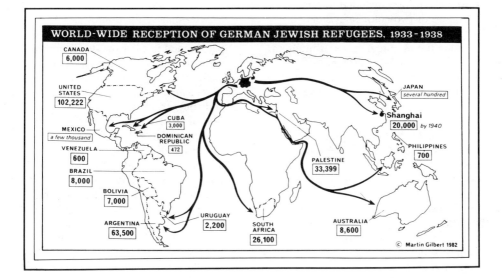

Emigration aus Nazi Deutschland. [Map courtesy of Martin Gilbert, *Atlas of the Holocaust*. Steimatzky, 1982.]

CHRONOLOGY 1933–1945

SCIENCE AND TECHNOLOGY	POLITICS
1933 "Plexiglass" marketed by Rohm and Haas Company of Darmstadt.	**1933** Appointment of Adolf Hitler as Chancellor. • The Nazi Party proclaimed by law as the only legal political party in Germany. • Withdrawal of Germany from the League of Nations.
1934 Tadeus Reichstein synthetically produced Vitamin C. • Marie Curie produced synthetic radioactivity.	**1935** Saar region annexed to Germany. • Public work programs and military rearmament eliminate unemployment. • German army entered the Rhineland.
1935 Hans Spemann awarded the Nobel Prize for Medicine for development of embryonal micro-surgery.	**1937** Germany and Japan signed a political and military treaty.
1936 National Socialists boycott all Nobel Prizes. German prize winners are forced to decline.	**1938** Annexation of Austria to the Third Reich. • Germany annexed part of Czechoslovakia.
1937 Chemist Paul Schlack developed the synthetic fiber "Perlon." • The Berlin Radio Exhibition included the presentation of two-color television.	**1939** German occupation of Czechoslovakia. • Soviet-German pact signed in Moscow. • Germany invaded Poland; Britain and France declared war on Germany.
1938 Straßmann and Hahn succeeded in splitting the atomic nucleus of uranium and thorium by bombardment.	**1940** German army occupied Denmark and southern Norway. • German invasion of the Netherlands, Belgium, and France began. • French army surrendered.
1939 The Agfa photographic process used for the first time in negative-positive process. • HE 176, the Heinkel rocket aircraft, was tested at Peenemünde. • Beginning of radio-astronomy; rapid development of radar technology.	**1941** Germany invaded Yugoslavia and Greece. • Germany attacked USSR. • Japanese attacked Pearl Harbor. • Germany and Italy declared war on the U.S.A. • Churchill met Stalin in Moscow • Nazi conference in Wannsee near Berlin drew up plan to murder eleven million European Jews. • Goering appointed Heydrich to carry out the Holocaust.
1940 McMillian and Seaborg discovered plutonium. • Whinfield and Dickson invent Dacron.	**1943** Revolt in Italy; Mussolini deposed. • Rome occupied by German army.
1942 BMW and Junkers developed turbine jet engines for fighter planes. • Fermi produced first nuclear energy generator.	**1944** German deportation of Hungarian Jews to Auschwitz. • Allied invasion of Normandy.
1943 Computers Colossus 1 and Harvard Mark 1 completed.	**1945** Yalta Conference with Stalin, Churchill, and Roosevelt. • Foundation of the United Nations. • Hitler committed suicide. • Germany surrendered unconditionally; end of the Third Reich.
1944 German scientists forced to emigrate to the U.S. participated in research toward the atom bomb. • Germans dropped first V-1 rocket on London.	
1945 First test explosion of the atomic bomb. • A-bomb dropped on Hiroshima, Japan, August 6. • Vitamin A was synthesized.	

SOCIAL HISTORY / HOLOCAUST	ARTS
1933 Establishment of the first concentration camp of Nazi Germany, Dachau. • Massive public book burning of "opposition" and Jewish books. **1934** Ferdinand Porsche submitted the "Volkswagen" plan to the Reich. • Hitler ordered the "Night of the Long Knives," a murderous purge of SA storm troopers. **1935** Anti-Jewish legislation passed at Nuremberg. • Inauguration of regular television programs in Berlin. **1936** 11th Olympic Games held in Berlin. **1937** Buchenwald concentration camp opened. **1938** "Kristallnacht" pogrom, Anti-Jewish riots in Germany and Austria. Some 30,000 Jews arrested, 191 synagogues destroyed, 7,500 shops looted. • Confiscation of all Jewish property. **1939** Jewish ghettos established in occupied Poland. **1940** First underground resistance activities by Zionist youth movements in Poland. **1941** Growth of resistance to National Socialism. • Massacre of 19,000 Odessa Jews. • Formation of an anti-Nazi underground youth movement in France. **1942** Start of systematic deportations of all Jews. • Anne Frank began her diary in Amsterdam. • Extermination camps built in Sobibor, Auschwitz, Majdanek, and Treblinka. **1943** White Rose resistance movement discovered in Munich, leaders executed. • Armed resistance and revolt in the Warsaw Ghetto. • Revolt in Treblinka. **1944** Failed attempt by Colonel Stauffenberg to assassinate Hitler; over 5,000 military and civilian people executed as conspirators. **1945** End of World War II.	**1933** Former Bauhaus teacher Josef Albers emigrated to the U.S.A and began teaching at Black Mountain College, North Carolina. Massive wave of emigration. **1934** President Roosevelt's WPA Federal Art Project began. • Hindemith composed *Mathias the Painter*, an opera about Mathias Grunewald. • Leni Riefenstahl produced Nazi film *Triumph of the Will*. **1935** Carl Orff set *Carmina Burana* to music. • Walter Gropius published *The New Architecture and the Bauhaus*. **1936** International Surrealist Exhibition held in London. • Hitler condemned modernism with the Degenerate Art Exhibition in Munich. • Painters Kokoschka, Feininger, and Beckman forced to emigrate. **1937** *Constructivist Manifesto*, London, published by Naum Gabo and Ben Nicholson. • Nazis confiscated over 600 works by expressionist painter Ludwig Kirchner. • Architect Alvar Aalto constructed the Finnish Pavilion for the Paris World Exposition. • Pablo Picasso painted *Guernica*, a political mural about the Spanish Civil War. **1938** Leni Riefenstahl's film *Olympia* released. **1940** Hemingway published *For Whom the Bell Tolls*. • Reinhard and Hofmeister designed Rockefeller Center, New York. • Lascaux cave paintings discovered. **1943** Existentialist Jean-Paul Sartre published *Being and Nothingness*. • Dadaist Kurt Schwitter's Hannover Merzbau bombed by the Allies. **1944–46** • Mies van der Rohe's Alumni Memorial Hall constructed at the Illinois Institute of Technology.

Kapitel 18

Adolf Hitler *(1889–1945)*

Propaganda

Before and after Hitler's rise to power in 1933, his National
Socialist Party engaged in fierce political campaigns based on
an ideology of anticapitalism, anti-Semitism, anticommun-
ism, and German expansionism. The party's condemnation
of modern democratic principles culminated in the burning
of the German *Reichstag* (parliament) in Berlin, the prohibi-
tion of all other parties, the abolition of civil rights for
minorities (Nuremberg Racial Laws, 1935), followed by
mass-scale imprisonment of Jews, communists, socialists, pa-
cifists, homosexuals, gypsies, Slavs, and Jehovah's Witnes-
ses, and, finally, the Nazi Holocaust with the murder of more
than six million victims. Hitler first outlined the principles of
his political agenda in an autobiographical manifesto entitled
Mein Kampf, written in prison after his defeated coup
attempt in 1923. The book was supposed to explain his
campaign tactics, including the roles of mass manipulation
and Nazi propaganda. In the excerpt below, Hitler comments on the ineffective use of political propaganda during
World War I and the failure of early Nazi attempts to win the
support of the masses.

unternehmen to undertake   **es war unzulänglich und falsch** it was inefficient and wrong

geradezu actually

anstiften to incite

ungenügend unsatisfactory

das Ergebnis einer Prüfung the result of an examination

Mittel oder Zweck a means or an end

demgemäß accordingly

die **Unterstützung** support

zweckmäßig angepaßt purposefully adapted

die allgemeinen Bedürfnisse the common needs

hat volkstümlich zu sein must have a common touch   das **Niveau** level

die **Aufnahmefähigkeit** learning ability

sich richten an to address, to be directed at **die rein geistige Höhe** the purely intellectual level

erfassen to grasp

in den Wirkungsbereich ziehen to pull into the sphere of influence

hohe geistige Voraussetzungen high intellectual assumptions

Gab es bei uns überhaupt eine Propaganda?

Leider kann ich darauf nur mit Nein antworten. Alles, was in dieser Richtung wirklich unternommen wurde, war so unzulänglich und falsch von Anfang an, daß es zum mindesten nichts nützte, manchmal aber geradezu Schaden anstiftete. 5

In der Form ungenügend, im Wesen psychologisch falsch: dies mußte das Ergebnis einer aufmerksamen Prüfung der deutschen Kriegspropaganda sein.

Schon über die erste Frage scheint man sich nicht ganz klar geworden zu sein, nämlich: Ist die Propaganda Mittel oder Zweck? 10

Sie ist ein Mittel und muß demgemäß beurteilt werden vom Gesichtspunkt des Zweckes aus. Ihre Form wird mithin der Unterstützung des Zieles, dem sie dient, zweckmäßig angepaßt sein müssen. Es ist auch klar, daß die Bedeutung des Zieles eine verschiedene sein kann vom Standpunkte des allgemeinen Bedürfnisses aus, und daß damit auch die Propaganda in 15 ihrem inneren Wert verschieden bestimmt wird.

Jede Propaganda hat volkstümlich zu sein und ihr geistiges Niveau einzustellen nach der Aufnahmefähigkeit des Beschränktesten unter denen, an die sie sich zu richten gedenkt. Damit wird ihre rein geistige Höhe umso tiefer zu stellen sein, je größer die zu erfassende Masse der Menschen sein 20 soll. Handelt es sich aber, wie bei der Propaganda für die Durchhaltung eines Krieges, darum, ein ganzes Volk in ihren Wirkungsbereich zu ziehen, so kann die Vorsicht bei der Vermeidung zu hoher geistiger Voraussetzungen gar nicht groß genug sein.

SOURCE: From Adolf Hitler, *Mein Kampf* (Munich: Eher, 1925).

ÜBUNGEN

A. Grammatik Rewrite the following sentences as indicated.

1. Zu hohes geistiges Niveau muß vermieden werden. (*active voice, present perfect; start with* „Man hat . . . ")
2. Die Propaganda wird dem Ziel angepaßt. (*active voice, present perfect; start with* „Man hat . . . ")
3. In dieser Richtung wurde wirklich viel unternommen. (*active voice, simple past; start with* „Man . . . ")
4. Man hat Propaganda einfach bestimmt. (*passive voice, simple past*)

B. Fragen

1. Was sagte Hitler über die deutsche Kriegspropaganda während des ersten Weltkriegs?

2. Was sah Hitler als das Ziel aller Propaganda?
3. Wann ist seiner Meinung nach Propaganda am wirksamsten?
4. Welche Propagandakriterien betont der Text?

C. Konversation

1. Wie denkt Hitler über das geistige Niveau des Volkes?
2. Wie kann Propaganda im Krieg die Unterstützung der Massen gewinnen?
3. Finden Sie die Grundsätze dieser Propaganda undemokratisch, volkstümlich, faschistisch, logisch, unlogisch, klar, usw.? Warum, warum nicht?

Am geistigen und seelischen Wiederaufstieg unseres Volkes hat das deutsche Buch einen wesentlichen Anteil. Die Weltanschauung und der Tatwille des Nationalsozialismus haben das deutsche Landvolk vor Aufgaben gestellt, die es nicht ausschließlich aus seiner praktischen Erfahrung heraus meistern kann. Hier ist ihm das Buch zu einem unentbehrlichen Berater und Helfer geworden. Wenn die Buchwoche im vergangenen Jahre bereits gezeigt hat, daß auch das Landvolk lebhaften Anteil am Schrifttum unseres Volkes nimmt, so wird die Woche des Deutschen Buches 1936 beweisen, daß die Verbindung zwischen Buch und Bauer noch enger geworden ist.

R. Walther Darré
Reichsleiter der NSDAP.   —   Reichsminister und Reichsbauernführer

„Blut und Boden. Bauer und Buch". Nazi-Illustration zur *Woche des Deutschen Buches* 1936.

Deutsch-jüdische Emigranten in Amsterdam um 1941. Das Ehepaar wurde nach der Verhaftung von der SS photographiert.

Anti-Nazi Humor, 1931.
Hitler und „Das Firmenschild
vor den Proleten und vor den
zahlungsfähigen Kreisen".
Karikatur aus der Zeitschrift
Der wahre Jacob.

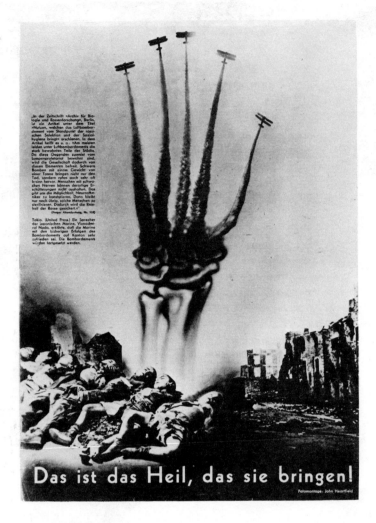

Anti-Nazi Illustration, 1938. „Das ist das Heil, das sie bringen!" Fotomontage von John Heartfield in der Exilzeitschrift *Volksillustrierte*, Juni 1938.

Konversation zu den Abbildungen

1. Erklären Sie den „Humor" dieser anti-Nazi Karikatur 1931 aus der Zeitschrift *Der wahre Jacob*. (Seite 159)
2. Wie interpretieren Sie die Fotomontage von John Heartfield?
3. Kurzreferat: John Heartfield (1891–1968)

Kapitel 19

Bertolt Brecht *(1898–1956)*

An die Nachgeborenen

Brecht, one of modern Germany's most accomplished authors, wrote the following autobiographical poem in 1940 in Denmark, seven years after his escape from Nazi rule. Looking back at his experiences in Germany and in exile, Brecht acknowledges that he is among the few lucky ones who, despite close encounters with death and destruction, were saved again and again by a kind turn of history. Brecht's memories were written with a purpose in mind. Dedicated to posthumous generations, the poem reminds the reader to learn from the lessons of the past in order to avoid its tragedies. Brecht draws up a critical inventory of his survival, but also illuminates his hopes for a future with a human face.

finster dark

arglos unsuspecting   **töricht** dumb, silly   die **Stirn** forehead

die **Unempfindlichkeit** insensitivity

furchtbar awful   die **Nachricht** message, news

ein Gespräch über Bäume a conversation about trees   das **Verbrechen** crime

Schweigen über so viele Untaten silence about so many crimes   **einschließen** to include

erreichbar reachable

verdienen to earn   der **Unterhalt** (financial) support

der **Zufall** accident

berechtigen to justify   **mich sattessen** to eat my fill

zufällig bin ich verschont I am spared by accident

entreißen to grab

der **Verdurstende** person dying of thirst

der Streit der Welt struggle of the world

ohne Gewalt auskommen to survive without violence

vergelten to reward

erfüllen to fulfill

gelten to pass for, to be considered

herrschen to rule

der **Aufruhr** revolt

sich empören to rebel

die **Schlacht** battle

AN DIE NACHGEBORENEN

I
Wirklich, ich lebe in finsteren Zeiten!
Das arglose Wort ist töricht. Eine glatte Stirn
Deutet auf Unempfindlichkeit hin. Der Lachende
Hat die furchtbare Nachricht
Nur noch nicht empfangen.   5

Was sind das für Zeiten, wo
Ein Gespräch über Bäume fast ein Verbrechen ist
Weil es ein Schweigen über so viele Untaten einschließt!
Der dort ruhig über die Straße geht
Ist wohl nicht mehr erreichbar für seine Freunde   10
Die in Not sind?

Es ist wahr: ich verdiene noch meinen Unterhalt.
Aber glaubt mir: das ist nur ein Zufall. Nichts
Von dem, was ich tue, berechtigt mich dazu, mich sattzuessen.
Zufällig bin ich verschont. (Wenn mein Glück aussetzt, bin ich verloren.)   15

Man sagt mir: Iß und trink du! Sei froh, daß du hast!
Aber wie kann ich essen und trinken, wenn
Ich dem Hungernden entreiße, was ich esse, und
Mein Glas Wasser einem Verdurstenden fehlt?
Und doch esse und trinke ich.   20

Ich wäre gern auch weise.
In den alten Büchern steht, was weise ist:
Sich aus dem Streit der Welt halten und die kurze Zeit
Ohne Furcht verbringen.
Auch ohne Gewalt auskommen   25
Böses mit Gutem vergelten
Seine Wünsche nicht erfüllen, sondern vergessen
Gilt für weise.
Alles das kann ich nicht:
Wirklich, ich lebe in finsteren Zeiten!   30

II
In die Städte kam ich zur Zeit der Unordnung
Als da Hunger herrschte.
Unter die Menschen kam ich zur Zeit des Aufruhrs
Und ich empörte mich mit ihnen.
So verging meine Zeit   35
Die auf Erden mir gegeben war.

Mein Essen aß ich zwischen den Schlachten
Schlafen legte ich mich unter die Mörder

der Liebe pflegte ich achtlos   I made love carelessly

der **Sumpf**   swamp
die Sprache verriet mich   my language betrayed me   der **Schlächter**   butcher
vermöchten   to be able to

das **Ziel**   goal

sichtbar   visible

auftauchen aus der Flut   to emerge from the flood

entrinnen   to escape

die **Niedrigkeit**   vulgarity
die Züge verzerren   to distort the features
Zorn über Unrecht   anger about unjustice
heiser   hoarse

mit Nachsicht   with leniency

Der Liebe pflegte ich achtlos
Und die Natur sah ich ohne Geduld.   40
So verging meine Zeit
Die auf Erden mir gegeben war.

Die Straßen führten in den Sumpf zu meiner Zeit.
Die Sprache verriet mich dem Schlächter.
Ich vermochte nur wenig. Aber die Herrschenden   45
Saßen ohne mich sicherer, das hoffte ich.
So verging meine Zeit
Die auf Erden mir gegeben war.

Die Kräfte waren gering. Das Ziel
Lag in großer Ferne.   50
Es war deutlich sichtbar, wenn auch für mich
Kaum zu erreichen.
So verging meine Zeit
Die auf Erden mir gegeben war.

III
Ihr, die ihr auftauchen werdet aus der Flut   55
In der wir untergegangen sind
Gedenkt
Wenn ihr von unseren Schwächen sprecht
Auch der finsteren Zeit
Der ihr entronnen seid.   60

Gingen wir doch, öfter als die Schuhe die Länder wechselnd
Durch die Kriege der Klassen, verzweifelt
Wenn da nur Unrecht war und keine Empörung.

Dabei wissen wir doch:
Auch der Haß gegen die Niedrigkeit   65
Verzerrt die Züge.
Auch der Zorn über das Unrecht
Macht die Stimme heiser. Ach, wir
Die wir den Boden bereiten wollten für Freundlichkeit
Konnten selber nicht freundlich sein.   70

Ihr aber, wenn es so weit sein wird
Daß der Mensch dem Menschen ein Helfer ist
Gedenkt unsrer
Mit Nachsicht.

SOURCE: Bertolt Brecht. "An die Nachgeborenen." from *Gedichte*, Vol. 4 of *Gesammelte Werke* (Frankfurt: Suhrkamp, 1967). [Courtesy of Suhrkamp Verlag, Frankfurt.]

ÜBUNGEN

A. Konversation

1. Wen meint Brecht mit „wir" und „ihr" im Gedicht?
2. Lesen Sie drei Stanzen aus dem Gedicht laut vor und erklären Sie kurz den Kontext.

B. Komposition   Was meint Brecht mit den folgenden Zeilen in seinem Gedicht?

1. „Was sind das für Zeiten, wo ein Gespräch über Bäume fast ein Verbrechen ist, weil es ein Schweigen über so viele Untaten einschließt!"
2. „Aber wie kann ich essen und trinken, wenn ich dem Hungernden entreiße, was ich esse, und mein Glas Wasser einem Verdurstenden fehlt? Und doch esse und trinke ich."
3. „Gedenkt, wenn ihr von unseren Schwächen sprecht, auch der finsteren Zeit, der ihr entronnen seid."
4. „wenn es soweit sein wird, daß der Mensch dem Menschen ein Helfer ist . . ."

C. Kurzberichte

1. Bertolt Brecht (1898–1956)
2. Emigration aus Nazi-Deutschland (1933–41)

1. April 1933. Junge Nazis am „Boycott Tag" vor einem jüdischen Geschäft in Berlin.

Rechts Lea Grundig, *Malerin aus Deutschland*, 1941. **Unten links** Lea Grundig, *Bulgarische Mutter mit Kind*, 1941. **Unten rechts** Lea Grundig, *Ungarischer Schriftsteller*, 1941. Die Zeichnungen entstanden nach der Flucht Grundigs von Deutschland nach Palästina.

Nach der Einwanderung in Palästina zeichnete die Malerin Lea Grundig dieses Bild ihrer Zeitgenossin. Lea Grundig, *Mädchen mit Maske*.

Kapitel 20

Anneliese Rothenberger

(1926–)

Melodie meines Lebens

Anneliese Rothenberger was born in Mannheim. Like many other German teenagers growing up during the Third Reich, Rothenberger found a way to cope with Nazi culture and its ideology. Despite the outbreak of World War II and its hardships, she excelled as a student and even found a private tutor to help her pursue a career in music. At age 17, Rothenberger landed her first job as an opera singer and quickly established herself as one of Germany's best young talents. After the war, she performed with the opera in Hamburg, Berlin, Salzburg, and Vienna, and later launched an international career with appointments all over the globe. Rothenberger's autobiography, entitled *Melody of My Life*, recounts the stations of her musical odyssey that began with an audition in Koblenz in the winter of 1943. The excerpt below describes the circumstances of her first recital at the opera during the height of the war.

keinerlei   not of any sort

die ewige Warterei   the constant waiting
verdienen   to deserve
ausfallen   to turn out

das Stadttheater in Koblenz   the municipal theater in Koblenz   **melden**   to report
   der **Intendant**   director   **kriegsbedingt**   as a result of war   **außerordentlich**   extraordinary
der **Umstand**   circumstance   die **Stelle**   position
vorhanden   available
der **Endsieg**   final victory   die **Bewerbung**   application
überprüfen   to review
wir verbleiben   yours sincerely
ein schwacher Trost   a small consolation
zuletzt   finally   **beweisen**   to prove
die Mannheimer Musikhochschule   the Academy of Music in Mannheim   **sich irren**   to make a mistake
durchrasseln   to fail (in school)
ausreichen   to suffice
den Einsatz verpassen   to miss the cue
das Nun-erst-recht   (the feeling of) "if not now, when?"
die **Triebfeder**   motivation   der **Durchfall**   failure
tatsächlich   indeed   **abwegig**   devious
die **Überlegung**   consideration
erschüttern   to shake up
Euch-werde-ich-es-zeigen   I'll show you
bezeichnen   to designate   der **Vorgang**   process
der **Fachausdruck**   jargon
vergleichen   to compare
schließlich   ultimately   **allzuviel**   too much   **Freude bereiten**   to afford pleasure

der **Unterricht**   instruction

das Schicksal herausfordern   to tempt fate
im Grunde   finally
eine blutige Anfängerin   a raw recruit   **jemals**   ever

KRIEGSWINTER 1943–44

„Hat das Theater in Konstanz schon geantwortet?" fragte mich meine Mutter. „Es sind jetzt schon drei Wochen vergangen."

„Nein," antwortete ich, „keinerlei Reaktion."

„Und was ist mit Koblenz?"

„Auch nix!" sagte ich etwas gereizt. Alle fragten sie mich dasselbe. Die ewige Warterei hatte mich nervös gemacht. Ich war außerdem der Meinung, daß man auf eine briefliche Anfrage eine Antwort verdiente. Auch wenn diese Antwort negativ ausfallen sollte.

Zwei Tage später war die negative Antwort da. Sie kam vom Stadttheater in Koblenz (Konstanz hat sich nie gemeldet). Das Büro des Intendanten wies auf die „kriegsbedingte außerordentlich schwierige Situation hin" und bedauerte, daß unter diesen Umständen keine Vakanz, keine freie Stelle, vorhanden sei.

„In der Hoffnung, daß wir nach dem Endsieg Ihre Bewerbung unter den dann gegebenen neuen Umständen noch einmal überprüfen dürfen, verbleiben wir. . ."

Der Endsieg war ein schwacher Trost für ein siebzehnjähriges Mädchen, das mit aller Macht auf die Bühne wollte. Nicht zuletzt um zu beweisen, daß die Herren von der Mannheimer Musikhochschule sich geirrt hatten, als sie die Kandidatin Rothenberger durchrasseln ließen. Und zwar nicht, weil die Stimme dieser Rothenberger nicht ausgereicht hätte, sondern weil sie zweimal den Einsatz verpaßte.

Dieses Trotzdem, das Nun-erst-recht, war für mich eine starke Triebfeder. Später habe ich mich manchmal gefragt, ob ich ohne den „Durchfall" tatsächlich das geworden wäre, was ich heute bin. Und so abwegig ist diese Überlegung gar nicht. Von Napoleon zum Beispiel heißt es, daß er nie die Welt erschüttert hätte, wenn er zehn Zentimeter größer gewesen wäre. Diese fehlenden zehn Zentimeter hatten in ihm das Gefühl von Euch-werde-ich-es-zeigen geweckt. Die Psychologen bezeichnen einen solchen Vorgang mit dem Fachausdruck „Kompensation."

Aber mit Napoleon möchte ich lieber nicht verglichen werden. Schließlich hat er den Menschen nicht allzuviel Freude bereitet in seinem Leben. Was ich doch von mir später einmal sagen möchte.

Ich vergaß Konstanz. Ich vergaß Koblenz. Ich ging weiter zum Unterricht, als sei nichts gewesen. Ich ärgerte mich auch nicht mehr, wenn meine Mutter mich an mein „Buchorakel"[1] mit den Worten erinnerte: „Man soll eben das Schicksal nicht herausfordern."

Im Grunde mußte ich über mich selber lachen. Wie hatte ich nur eine Sekunde lang daran glauben können, mich blutige Anfängerin würde jemals jemand engagieren?

---

[1] Buchorakel (*book prophecy*). Rothenberger entschied (*decided*) mit Hilfe eines alten deutschen Geographiebuches, an welcher Oper sie sich bewerben (*apply*) sollte. Das Orakel geschah folgenderweise: „Ich warf das Buch hin. Es klappte ungefähr in der Mitte auseinander. Auf der linken Seite stand *Koblenz*, auf der rechten *Konstanz*."

das **Wunder** miracle

das **Kuvert** envelope

die **Absage** rejection　　**genügen** to suffice

das **Vorsingen** audition

der **Irrtum** mistake　　**eigentlich** actually　　**denkbar** conceivable

gering small, little　　die **Neigung** inclination

die **Fügung** providence

der **Probevertrag** probational contract

aufgerissen torn open

der **Inhalt** contents

hinzufügen to add

zweimal dritter Klasse nach Koblenz two third-class tickets to Koblenz

selbstverständlich obvious　　**mündig sein** to be of age

ausdrücklich explicit　　die **Begleitung** escort　　**eine erziehungsberechtigte Person** a legal guardian

es wird gebeten it is requested

unentschlossen undecided

die **Luftangriffe** air raids

neuerdings lately　　**angreifen** to attack　　der **Tiefflieger** low-flying fighter plane

auf Eisenbahnzüge wird geschossen trains are shot at

die **Unbekümmertheit** recklessness　　**ansteckend** contagious

das **Allerheiligste** inner sanctum

der **Schauplatz** scene　　**es ist mir gegenwärtig** I remember

strapaziös strenuous

benötigen to need

auf freier Strecke on the open stretch　　der **Aufenthalt** stop　　das **Gewimmer** whining

übermüdet exhausted　　der **Fliegeralarm** air raid alarm　　**raus** out　　die **Deckung** cover

der **Bahndamm** railway embankment　　**nervenzerfetzend** nerve-racking

das Gebelfer der Flakkanonen the rattle of anti-aircraft guns　　die **Entwarnung** "all clear"

die **Lok** locomotive　　**pfeifen** to whistle

der **Pelzbesatz** fur collar

das blauseidene Kleid the blue silk dress　　die **Rüsche** ruffle

selbstgeschneidert homemade (dress)　　**frösteln** to feel a chill

ungenügend insufficient　　**knurren** to rumble

vorstellen to introduce

ahnen to suspect

verdanken to owe

Manchmal aber geschehen doch Wunder. Mein Wunder begann mit einem Brief. Ich fand ihn eines Morgens im Kasten. Als Absender stand auf dem Kuvert: Theater der Stadt Koblenz. Ich dachte laut: „Was wollen die denn! *Eine* Absage genügt schließlich."

Es war aber keine Absage, sondern eine Aufforderung zum Vorsingen. Mit keinem Wort ging der Brief auf den nun vier Monate zurückliegenden ersten Brief ein. Ein Irrtum? Nach so langer Zeit eigentlich nicht denkbar. Ich hatte auch nicht die geringste Neigung, an einen Irrtum zu glauben. Für mich war es wieder einmal eine Fügung des Schicksals.

„Ein Probevertrag würde mir schon genügen, so auf ein Jahr," sagte ich zu meiner Mutter, während ich den aufgerissenen Brief in der Hand hielt.

Sie sah mich verständnislos an, weil sie vom Inhalt noch gar nichts wußte.

Ich erzählte ihn ihr. Und fügte hinzu: „Heute nach dem Unterricht gehe ich zum Bahnhof und verlange zweimal dritter Klasse nach Koblenz. Einverstanden? Selbstverständlich mußt du mit. Ich bin ja noch nicht mündig. Und hier wird ausdrücklich um die Begleitung durch eine erziehungsberechtigte Person gebeten."

Mutter, die „Erziehungsberechtigte," sagte unentschlossen: „Anneliese, ich weiß nicht. Das ist alles viel zu gefährlich. Die Luftangriffe werden immer schlimmer. Neuerdings greifen die Tiefflieger ja schon am hellichten Tage an. Sogar auf die Eisenbahnzüge wird geschossen."

„Ach, uns wird schon nichts passieren," antwortete ich mit der ganzen Unbekümmertheit meiner Jugend. Diese Unbekümmertheit muß ansteckend gewesen sein: 24 Studen später standen wir im Allerheiligsten des Koblenzer Stadttheaters, im Zimmer des Intendanten.

Der Schauplatz ist mir noch so gegenwärtig, als sei es erst gestern gewesen.

Kriegswinter 1943/1944. Unsere Reise war strapaziös. Für die kurze Strecke zwischen Mannheim und Koblenz benötigten wir mehr als einen Tag. Stundenlange Aufenthalte auf freier Strecke, ewiges Warten, das Gewimmer der total übermüdeten Kinder, Fliegeralarm, raus aus dem Zug, Deckung am Bahndamm, Bomben detonierten mit jenem nervenzerfetzenden Geräusch, das alle, die es einmal gehört haben, nie vergessen können, dazwischen das Gebelfer der Flakkanonen, Entwarnung, die Lok pfeift dreimal, einsteigen, es geht weiter, bis zum nächsten Aufenthalt.

Ich habe einen grünen Mantel an. Mit Pelzbesatz. Hans Kämmel, der Intendant, hilft mir aus dem Mantel. Das blauseidene Kleid mit den Rüschen ist selbstgeschneidert. Ich fröstele. Der Kanonenofen in der Ecke heizt das Zimmer nur ungenügend. Mein Magen knurrt so laut, daß ich fürchte, jeder im Raum müßte es hören. Der Intendant stellt mir seinen Musikdirektor vor. Er heißt Wilhelm Schmid-Scherf. Er ist mir sofort sympathisch. Ich ahne in diesem Moment nicht, daß ich ihm die Chance zum Vorsingen verdanke. Und auch nicht, wie wichtig er viel später noch einmal für mich werden sollte.

Nebenzimmer adjacent room   der **Flügel** piano
begleiten to accompany

der **Vorgang** event
die **Weichsel** German-Polish border river   **tief** deep
in Schutt und Asche versinken to vanish in rubble and ashes   **rücken** to move
die **Lebensmittelration** food ration   das **Verhungern** starvation
die **Trauerkleidung** mourning dress
humpeln to hobble   die **Krücke** crutch
grausig horrible, gruesome
vermögen to be capable of   **abschrecken** to deter
bewerben to apply   **das klingt widersinnig** that sounds absurd
die **Trümmer** ruins
ergriffen deeply stirred

die **Aufnahmeprüfung** entrance exam
die **Niederlage** defeat
der **Prüfstein** criterion, test

das **Zwischenspiel** interlude
es klappt wie am Schnürchen it works out as planned
anschließend afterward

wagen to dare   **Jasminenstrauch** jasmine bush

vertont set to music
die **Zeile** line   die **Kostbarkeit** treasure

der **Hauch** breeze
treffen to meet

sorgfältig careful   der **Deckel** cover

Wir gehen in ein Nebenzimmer, in dem ein Flügel steht, und der nette 85
Musikdirektor sagt: „Fräulein Rothenberger, ich darf Sie begleiten. Was
wollen Sie singen?" Bei dieser Frage wird mir für eine Sekunde die ganze
Unwirklichkeit des Vorgangs bewußt. Die russischen Soldaten stehen an der
Weichsel, die Amerikaner tief in Italien. Unsere Städte sinken in Schutt und
Asche. Halbe Kinder stehen an den Flakkanonen. Alte Männer rücken aus 90
an die Front. Die Lebensmittelrationen sind zum Verhungern zuviel und zum
Leben zuwenig. Viele Frauen tragen Trauerkleidung. Durch die trostlosen
Straßen humpeln Menschen mit Krücken.

Der Krieg zeigte in diesem Winter sein grausigstes Gesicht. Und doch
vermag er mich nicht davon abzuschrecken, mich als Sängerin an einem 95
Stadttheater zu bewerben. Das klingt widersinnig und hat doch Sinn. Denn
die Theater waren, soweit sie noch nicht in Trümmern lagen, Abend für
Abend überfüllt. Nie gab es ein ergriffeneres Publikum. Nie brauchten Menschen die Musik so sehr wie in jenen Tagen.

Der Musikdirektor fragt mich, was ich singen will, und ich antworte: 100
„Die Arie der Marie aus Lortzings *Waffenschmied*."

Es ist dieselbe Arie, mit der ich bei der Aufnahmeprüfung an der
Mannheimer Musikhochschule gescheitert war. Ich wollte die Niederlage von
damals wiedergutmachen. Die Arie sollte für mich quasi zum Prüfstein
werden. 105

„Er schläft. Wir alle sind in Angst und Not, und er kann schlafen,"
beginne ich. Diesmal aber schlafe *ich* nicht. Zwischenspiel. Einsatz. Alles
klappt wie am Schnürchen. Dann bringe ich die Arie des Blondchen aus
Mozarts *Entführung aus dem Serail* und anschließend die des Ännchen aus
dem *Freischütz* von Carl Maria von Weber. Auch hier kein falscher Ton, kein 110
verpaßter Einsatz, nicht ein einziger Fehler.

Ich wage mich sogar an ein Lied. Es ist der *Jasminenstrauch*. Der
Dichter Friedrich Rückert hat es geschrieben, Robert Schumann hat es
vertont. Ich habe es später oft bei meinen Liederabenden gesungen. Jede
Zeile ist eine Kostbarkeit. Ich möchte es gern hier einmal zitieren: 115

Grün ist der Jasminenstrauch
Abends eingeschlafen.
Als ihn mit des Morgens Hauch
Sonnenlichter trafen,
Ist er schneeweiß aufgewacht: 120
Wie geschah mir in der Nacht?
Seht, so geht es Bäumen,
Die im Frühling träumen.

Der Musikdirektor sagt: „Danke, Fräulein Rothenberger." Er schließt
sorgfältig den Deckel des Flügels und wechselt einen Blick mit seinem Inten- 125
danten. Der nickt diskret. Aber ich weiß sofort, was dieser Blick bedeutet.

begabt talented

spüren to sense
sich bemühen to strive   die **Zufriedenheit** satisfaction

die **Aufgabe** lesson

„Bin Ihrer Meinung. Ganz begabt, die Kleine," bedeutet er.

Dann kommen die schönsten Worte, die ich bis dahin gehört habe. Sie stammen aus dem Munde von Dr. Schmid-Scherf. Ich spüre, wie er sich bemüht, seine Zufriedenheit nicht zu sehr merken zu lassen.   130

„Sehr hübsch. Wirklich. Sie wissen natürlich, daß Sie noch viel lernen müssen. Aber wir haben Aufgaben für Sie."

„Engagiert!" jubelt es in mir, „dein erstes Engagement!" Am liebsten wäre ich den beiden Herren um den Hals gefallen, sage mir aber streng: „Anneliese, benimm dich, du bist kein Kind mehr, du bist eine Opern-   135
sängerin."

SOURCE: From Anneliese Rothenberger, *Melodie meines Lebens. Ein Weltstar erzählt.* (Munich: Goldmann, 1974).

ÜBUNGEN

A. Fragen

1. Wann bewarb sich Rothenberger um eine Stelle am Koblenzer Stadttheater?
2. Wie alt war Rothenberger, als sie ihre erste Stelle in Koblenz bekam?
3. Warum hatte die Mutter Angst vor der Reise?
4. Welches Kleid trug Rothenberger beim Vorsingen?
5. Wann waren die Theater und Opernhäuser überfüllt?
6. Welche Arie sollte Rothenberger zum Prüfstein werden?
7. Wem wäre Rothenberger nach dem Vorsingen am liebsten um den Hals gefallen?

B. Konversation und Komposition

1. Was hörte und sah die siebzehnjährige Anneliese vom Krieg?
2. Warum glaubte Rothenberger zuerst an einen Irrtum, als sie den zweiten Brief aus Koblenz bekam?
3. Woran dachte Rothenberger bei der Frage „Was wollen Sie singen?"
4. Wie interpretieren Sie das Gedicht von Friedrich Rückert? Erklären Sie kurz.
5. Autobiographischer Essay: „Meine erste Stellenbewerbung" (*job interview*).

C. Kurzreferate

1. Anneliese Rothenberger (Opernsängerin, geb. 1926)
2. Musikhochschule Mannheim
3. Robert Schumann (1810–56)
4. Geographie: Die Stadt Koblenz
5. Geographie: Die Stadt Konstanz

Nazi-Konzentrationslager und Eisenbahnstrecken nach Auschwitz 1942–45. [Map courtesy of Martin Gilbert, *Atlas of the Holocaust*.]

Kurzreferate zu den Abbildungen

1. Zionismus 1929–49
2. Immigration in Palästina 1929–49
3. Bücherverbrennung 1933 (Nazi-Aktion gegen „un-deutsche" Bücher)
4. „Kristallnacht" Pogrom, November 1938
5. Wannsee Konferenz 1941–42 (Nazi-Holocaust Pläne)

Kapitel 21

Lucie Begov

Auschwitz-Birkenau

At the center of the Holocaust system of concentration and extermination camps such as Sobibor, Belzec, and Treblinka was the camp at Auschwitz, located near a large railroad hub in Nazi-occupied Poland. During the "Final Solution"—Hitler's code name for the Holocaust—Auschwitz and its extension Birkenau were turned into killing centers of unimaginable proportions. The following report comes from the pen of Lucie Begov, who was brought to Auschwitz-Birkenau on a deportation train in 1944, after the SS (Nazi elite corps) had arrested her and other German-Jewish refugees in Albania. She remembers the day of her arrival in Birkenau, and her reluctance to believe the true purpose of the camp. The text focuses on her encounters with other prisoners and older *Stubowis* (inmate guards) in the barracks. It was during one of these short conversations that Begov realized the hopelessness of her situation. Despite all odds, the author survived the Holocaust and was among the few who were able to record their experiences.

zuteil werden   to enjoy

die **Stubenbediensteten**   cabin clerks, inmate guards

das **Lager**   camp   die **Aussicht**   prospect

wähnen   to believe

einschalten   to fit in

erkundigen   to inquire

die **Angehörigen**   relatives

die **Gefangenschaft**   imprisonment

beweisen   to prove

die **Umwelt**   environment   die **Vorstellung**   conception   **verhaftet bleiben**   to cling to

unmenschliche Forderungen   inhuman demands

die **Lagerpflicht**   camp duty

das **Verhältnis**   relationship   **ausschließen**   to exclude

der **Häftling**   inmate   **unüberbrückbar**   unbridgeable

das **Dienstverhältnis**   terms of employment   **vergleichen**   to compare

der **Vorgesetzte**   supervisor   die **Beziehung**   relationship

das **Schicksal**   fate

Stubowi   nickname for *die Stubenbedienstete*, female inmate guard on duty

vermutlich   probably

wie alle anderen Neuankömmlinge   like all other new arrivals

die **Amtswürde**   dignity of office   **ablegen**   to put aside

einen Besuch abstatten   to pay a visit

unsere Kojenreihen   our rows of bunks

betrachten   to observe   die **Muße**   leisure   **die drei jungen Dinger**   three young girls

abwechselnd   alternating

die **Vernichtungskomödie**   the annihilation comedy   **lebensgefährlich**   life threatening

das **Delikt**   crime   der **Makel**   deficiency   **leidenschaftlich**   fervent

anstreben   to aspire

der abwesende Auschwitz-Blick   the absent-minded Auschwitz gaze

vertraut   familiar

absonderlich   peculiar   der **Diensteifer**   zeal

Abends wurde uns Neulingen ... die hohe Ehre zuteil, mit unseren drei Stubenbediensteten informative Gespräche führen zu können, sie über das Lager im allgemeinen und vor allem über unsere Aussichten hier zu befragen. Da wir uns in einem Arbeitslager wähnten, zweifelten wir nicht daran, daß sich unsere Lage radikal verbessern mußte, sobald wir uns in den Arbeitsprozeß des Lagers eingeschaltet hatten. Und es verstand sich von selbst, daß wir uns zugleich auch nach dem Familienlager erkundigten, wo wir unsere Angehörigen und Freunde bald wiederzusehen hofften.

Gedanken, Hoffnungen, wie sie uns seit Beginn unserer nazi-deutschen Gefangenschaft immer wieder, in allen möglichen Situationen und Variationen erfüllt hatten und die bewiesen, wie sehr wir auch in dieser höllischen Umwelt unseren „irdischen" Vorstellungen verhaftet geblieben waren.

Als eine Ehre war diese abendliche Unterhaltung deshalb anzusehen, weil die unmenschlichen Forderungen, die diese Funktionärinnen, in Erfüllung ihrer Lagerpflichten an uns zu stellen hatten und die dabei angewandten Methoden, ein normales Verhältnis zu uns und vice versa ausschlossen. Der soziale Unterschied zwischen dieser Art von Funktionären ... und gewöhnlichen Häftlingen war enorm und unüberbrückbar und kann mit keinerlei Dienstverhältnis im allgemeinen Leben verglichen werden. Nur sehr selten und vereinzelt kam es vor, daß man als gewöhnlicher Häftling zu solchen Vorgesetzten normale, manchmal sogar freundschaftliche Beziehungen unterhielt, was sich auf das Schicksal des Einzelnen stets günstig auswirkte.

Die Gespräche mit unseren drei Stubowis am ersten Abend unseres Lager-Martyriums verdankten wir vermutlich dem Interesse, das auch sie, wie alle anderen Häftlinge, Neuankömmlingen entgegenbrachten, ehe diese in der Masse untergingen, was sehr rasch geschah ...

Jedenfalls kam es an jenem Abend dazu, daß (unsere drei Funktionärinnen) Ruza, Frieda und Judith ihre Amtswürde auf eine Weile ablegten und unserer „Stube" einen Privatbesuch abstatteten. Sie schritten unsere Kojenreihen ab und blieben da und dort stehen, um „Cercle" zu halten, wobei sich etwas wie ein kameradschaftliches Gespräch zwischen uns entwickeln konnte.

Ich betrachtete mit Muße und Neugierde die drei jungen Dinger, die abwechselnd vor unserer Koje hielten. Sie waren einfach und nett gekleidet, saubergehalten und sahen, mit Ausnahme von Ruza, auffallend rundlich aus, was im Lager, in dessen Vernichtungskomödie Magerkeit zu den lebensgefährlichen „Delikten" zählte und zugleich als Makel galt, ein leidenschaftlich angestrebter Idealzustand war. Ihre äußere Erscheinung wirkte demnach nicht anders, als die vieler junger Mädchen im gewöhnlichen Leben. Doch ihr Blick war mir fremd. Auch in diesen drei weitgeöffneten Augenpaaren, wie in den Augen aller jüdischen Häftlinge, denen wir begegneten, lag der seltsame, trostlose, abwesende Auschwitz-Blick, der mir erst später vertraut werden sollte. Aber auch alles, was sie sagten, wie sie es sagten, ebenso ihr Schweigen auf manche unserer Fragen war fremdartig und machte einen ebenso absonderlichen Eindruck, wie ihr ... Diensteifer.

ein tollkühner Streich   daredevil stunt

das **Bravourstück**   stunt   **gelingen**   to succeed   **vom Lager ins Krematorium**   from the camp to the crematory   die **Kojengemeinschaft**   bunk (cabin) collective

der erste flüchtige Hinweis   the first fleeting hint

am Herz liegen   to be concerned with

kurz und bündig   short and to the point

betroffen und mißtrauisch   stunned and distrustful

der **Anflug**   hint
die **Wichtigtuerei**   pompous behavior

vernünftig   reasonable

vorerst   for the time being   **das große Los**   the lucky number
hochkommen   to climb

das **Wesen**   essence   das **Gehabe**   mannerism
ein absonderlicher Eindruck   a strange impression

knapp   terse   **bruchstückhaft**   fragmentary

Vor unserer Koje stand Judith, die, wie man uns später erzählte, ihr damaliges Überleben einem tollkühnen Streich verdankte. Angeblich war ihr das einmalige Bravourstück gelungen, auf der Fahrt vom Lager ins Krematorium zu entkommen. Das Gespräch unserer Kojengemeinschaft mit ihr blieb mir komplett in Erinnerung.

Von Judith erfuhren wir, daß wir uns nicht in Auschwitz, sondern einige Kilometer weit entfernt von dort, in Birkenau, befanden und daß es um Auschwitz herum mehrere Lager gab. Dazu fragten wir sie noch:

„Ist es überall so wie hier?"

„Ich war anderswo noch nicht," erwiderte sie.

Ihre Antwort auf unsere nächste Frage war insofern bedeutungsvoll, als sie den ersten, flüchtigen Hinweis auf die Wirklichkeit enthielt, in der wir in Auschwitz lebten und die uns derart absurd, derart unglaubwürdig schien, daß wir sie erst nach weiteren 23 Tagen erfassen konnten. Diese nächste Frage galt dem, was uns allen ganz besonders am Herzen lag. Sie lautete:

„Und wo liegt das Familienlager?"

„Das Familienlager!" wiederholte Judith ärgerlich. Anscheinend waren wir nicht die einzigen, die sich bis dahin bei ihr danach erkundigt hatten. Und kurz und bündig sagte sie:

„Es gibt kein Familienlager!"

Betroffen und mißtrauisch schauten wir sie an:

„Wo denn sind unsere Leute hingekommen?" Darauf zuckte sie mit dem Anflug eines vielsagenden Lächelns die Schultern und schwieg.

Was ist das für dumme Wichtigtuerei, dachte ich bei mir und versuchte sogleich, Judiths Auskunft zu widerlegen:

„Du hast doch selbst gesagt, daß es um Auschwitz herum einige Lager gibt, die du noch nicht gesehen hast. Woher weißt du, daß keines davon ein Familienlager ist?"

Wieder zuckte sie vielsagend die Achseln und schwieg.

Da wir glaubten, annehmen zu müssen, daß keine vernünftige Auskunft über das Familienlager aus ihr herauszubekommen war, gaben wir es auf und gingen auf ein anderes Thema über.

(*Begov erfährt weitere Details über das Lagerleben und den Schwarzhandel mit Brot.*)

An jenem Abend (kamen) auch einige Häftlinge aus den Nebenblocks auf Besuch zu uns. Sie gehörten nicht zur „Lagergeneration," sondern zu den vorerst Überlebenden späterer Transporte und hatten das große Los gezogen, im Lager irgendwie hochzukommen. . . . Höhergestellte Häftlinge jeder Art bildeten eine Clique für sich.

Auch diese Besucherinnen machten, wie unsere Blockangestellten, äußerlich einen alltäglichen, ihrem ganzen Wesen, ihrem Gehabe und ihren Reden nach jedoch einen absonderlichen Eindruck. Mit ihren seltsamen, fremd-fernen Blicken und auf eine unnatürliche Weise erzählten sie uns, knapp und bruchstückhaft, Dinge, denen wir vor allem glaubten, entnehmen zu können, daß auch sie nichts vom Familienlager wußten . . .

drall   obese

der **Stolz**   pride   **mitschwingen**   to resonate

verblüfft   startled
nicken   to nod

die **Erwägung**   consideration

die **Kameradin**   colleague

je deutlicher desto unverständlicher   the more obvious the more incomprehensible

in Schweigen hüllen   to surround with silence

grassieren   to circulate   **begreifen**   to comprehend   **beikommen**   to get at
verdächtig   suspicious
die **Rampe**   (railroad) platform
der Schützling einer Blockältesten   the protégée of a block leader

die **Geschwister**   siblings

sich auf die Stirn tippen   to tap on one's forehead

die **Haltung**   attitude   **mir wurde unheimlich zumute**   I started to feel uncanny

geradezu kannibalische Geschichten   outright cannibalistic stories

der **Bannkreis**   spell
die **Aussage**   testimony

Drei von diesen Besucherinnen und unsere kurzen Dialoge mit ihnen, blieben mir genau in Erinnerung. Als erste (kam) ein blondes, dralles junges Mädchen, eine jugoslawische Jüdin. Sie hatte gehört, daß ein italienisch-jugoslawischer Transport angekommen war und wollte uns sehen.   95

„Von meinem Transport lebe heute nur noch ich," sagte sie und ich glaubte, etwas wie Stolz in ihrer Stimme mitschwingen zu hören.

„Wann bist du gekommen?" fragten wir sie.

„Vor einem Jahr."

„Wieviel wart ihr?"   100

„700 Personen—es war ein kleiner Transport."

„Und von 700 Personen lebst heute nur noch du?" war unsere nächste verblüffte Frage.

„Ja," nickte sie und blickte, wie mir schien, beinahe triumphierend drein. Dann ging sie weiter.   105

Ich hielt diese Behauptung vor allem aus sentimentalen Erwägungen heraus für unwahr.

„Könnt ihr euch vorstellen," fragte ich meine Kojenkameradinnen, „daß sie auf eine solche Weise, in einem solchen Ton darüber reden würde, wenn es wirklich wahr wäre? Und ist so etwas überhaupt möglich?"   110

Die Nächsten aber waren deutlicher. Und je deutlicher sie waren, desto unklarer und unverständlicher wurden sie uns, so daß wir uns schließlich . . . in Schweigen hüllten, so wie es Judith zuvor . . . getan hatte. Für uns stand nämlich fest, das hier eine fixe Idee, eine Art Lagerpsychose grassierte, die wir nicht begreifen und der wir nicht beikommen konnten.   115

Besonders „verdächtig" war uns . . . das Verhalten und die Worte eines blutjungen Mädchens. . . . Sie war bei einer Selektion an der Rampe zur Arbeit gewählt worden und hatte hier das Glück, Schützling einer Blockältesten zu werden.

„Mit wem bist du hergekommen?" fragten wir sie.   120

„Mit Mutti und zwei kleinen Geschwistern," antwortete sie, — „aber die sind gleich ins Gas gegangen."

„Wohin?" fragten wir.

„Ins Gas," wiederholte sie.

Da schwiegen wir und warfen einander bloß vielsagende Blicke zu, mit   125 denen wir uns gleichsam auf die Stirn tippten.

Doch trotz dieser verständnislos-ungläubigen Haltung wurde mir unheimlich zumute, unter dem Eindruck dieser seltsamen Erscheinungen, die so fremd, wie in weite Fernen über uns hinwegblickten und uns dabei in einer Alltagssprache geradezu kannibalische Geschichten aus ihrem Leben   130 erzählten.

Auch meine Kojen-Kameradinnen, ja die Bewohner unserer ganzen „Stube" schienen in den Bannkreis dieser Besucherinnen und ihrer unverständlichen Aussagen geraten zu sein. Etwas Unheimlich-Drohendes lag plötzlich in der Luft.   135

die **Wirkung**   impact
reif   mature
der **Begriff**   notion

unvermittelt   abrupt

der **Rand**   edge   **angedeutet**   suggestive

nach oben weisen   to point upward
entsprechend   corresponding   der **Aufschlag**   upward motion
ungläubig   incredulous   das **Entsetzen**   horror
hinzufügen   to add

wechseln   to exchange
unzweideutig   unambiguous   die **Geste**   gesture
die **Bresche**   breach   die **Unwissenheit**   ignorance
die **Ungeheuerlichkeit**   monstrosity

bedrohen   to threaten   die **Ahnung**   suspicion
die **Gewißheit**   certainty

lauernd   lurking
zwingen   to force
entfesseln   to unleash

beherrschen   to rule   **auslösen**   to trigger

Da kam die letzte Besucherin des Abends herbei, die dritte, die mir als diejenige in Erinnerung blieb, deren Worte eine andere Wirkung auf mich erzielten, wie die der anderen. Diese Dritte war eine reife Frau und mir schien, als könnte man mit ihr ein für unsere Begriffe vernünftiges Wort sprechen. 140

Mit dem Anflug eines freundlichen Lächelns blickte sie uns an und wollte an unserer Koje vorbeigehen. Doch ich hielt sie fest.

„Weißt du, wo das Familienlager ist?" fragte ich sie unvermittelt, hoffnungsvoll und skeptisch zugleich auf ihre Antwort wartend.

Sie stützte die Hände auf den Rand unserer Koje. Das angedeutete 145 Lächeln wich nicht von ihren Lippen, als sie ruhig erwiderte:

„Es gibt kein Familienlager."

„Wo denn sind unsere Leute hingekommen?" fragte ich weiter, „Bitte, sag uns, wo sie sind."

Da hob sie die rechte Hand und wies mit dem Zeigefinger und mit 150 einem entsprechenden Augenaufschlag nach oben.

„Dort sind sie," sagte sie einfach. Und als sie unser ungläubiges Entsetzen sah, nickte sie bloß und fügte ergänzend hinzu:

„Dort, wo alle anderen hingekommen sind."

Damit verließ sie uns. 155

Und wieder wechselten wir vielsagende Blicke miteinander. Doch die ernsten, unzweideutigen Worte und die Gesten dieser Frau hatten die erste Bresche in meine totale Unwissenheit geschlagen, obwohl ich noch 23 Tage weit davon entfernt war, diese Ungeheuerlichkeit zu erfassen. Eine leise Ahnung stieg in mir auf, von etwas Furchtbarem, das hier im Lager geschah, 160 das mir völlig fremd war und uns alle bedrohte. Eine Ahnung, die sich allmählich in eine Gewißheit wandeln sollte, die mein Weltbild total veränderte. Zugleich aber regte sich ein bis dahin unbekanntes Gefühl in mir, gleichsam lauernd, wie ein wildes Tier bereit, mich anzufallen, mich zu Boden zu zwingen. Es war die Angst, die erst das Wissen um unser Schicksal 165 voll in mir entfesselte und die ganz anders war, als alles, was man im gewöhnlichen Leben so nennt. Eine Angst, die alle jüdischen Häftlinge beherrschte und nie geahnte Reaktionen in jedem von uns auszulösen imstande war.

SOURCE: From Lucie Begov, *Mit eigenen Augen. Botschaft einer Auschwitz-Überlebenden.* (Gerlingen: Bleicher, 1983). [Courtesy of Bleicher Verlag, Gerlingen (FRG).]

ÜBUNGEN

A. Grammatik   Rewrite the sentences as indicated.

1. Es wurde uns die Ehre zuteil, mit unseren drei Stubenältesten informative Gespräche führen zu können. (*Translate.*)
2. Die unmenschlichen Forderungen, die diese Funktionärinnen an uns zu stellen hatten, schlossen ein normales Verhältnis zu uns aus. (*Rewrite in the present.*)

3. Der soziale Unterschied kann nicht verglichen werden. (*Reword using* „Man ...")
4. In der Vernichtungskomödie zählte Magerkeit zu den lebensgefährlichen Delikten. (*Reword starting with* „Magerkeit ...")
5. In diesen drei weitgeöffneten Augenpaaren, wie in den Augen aller jüdischen Häftlinge lag der seltsame, trostlose, abwesende Auschwitz-Blick. (*Translate.*)
6. Es war Judith gelungen, auf der Fahrt vom Lager ins Krematorium zu entkommen. (*Rewrite in the simple past.*)
7. Es war keine vernünftige Antwort aus ihr herauszubekommen. (*Reword using* „Wir konnten ...")
8. Ich glaubte, etwas wie Stolz in ihrer Stimme mitschwingen zu hören. (*Reword using* „Ich glaubte, daß ...")

B. Fragen

1. Warum nennt es Begov eine „Ehre," wenn die Stubenbediensteten (Stubowis) mit ihr sprechen?
2. Was schreibt Begov über die Augen der jüdischen Häftlinge?
3. Wie reagiert Judith auf die Frage nach dem „Familienlager?"
4. Welche Geschichte erzählte das junge jugoslawische Mädchen?
5. Was denkt Begov über die Antworten der Besucherinnen?
6. Welche Gesten schlagen die erste Bresche in die Unwissenheit Begovs?
7. Womit vergleicht Begov ihr Gefühl der Angst?
8. Wie lange dauerte es, bis Begov die Hoffnungslosigkeit ihrer Lage erkannte?

C. Konversation und Komposition

1. Warum glaubten die Neuankömmlinge den alten Häftlingen nicht, obwohl sie alle die Wahrheit sprachen?
2. Beschreiben Sie das Verhältnis zwischen den Häftlingen und den Funktionärinnen.
3. Wie charakterisiert Begov das Aussehen und Benehmen der Besucherinnen?

D. Kurzreferate

1. Auschwitz (Konzentrationslager)
2. Dachau (Konzentrationslager)
3. Adolf Eichmann Prozeß in Jerusalem, 1960–62.

Oben Sinowi Tolkachew, *ohne Worte*. Auschwitz, 1945. Bleistift. Unten Dinah Gottlibova, *Portrait einer Zigeunerin*. Auschwitz, 1944. Wasserfarben.

Bruno Furch, *Weihnachten*. Konzentrationslager Flossenbürg, 1944:
Bleistift und Tusche.

Kurzreferate zu den Abbildungen

    1. Zigeuner in Auschwitz
    2. Holocaustkunst
    3. Flossenbürg (Konzentrationslager)

Kapitel 22

Konrad Adenauer *(1876–1967)*

Kriegsende

Konrad Adenauer, born in the Rhineland, was raised as the child of devout Roman Catholics. Although Konrad's father worked long hours as a court secretary in Cologne, his parents found themselves in constant financial straits and could not afford to send their gifted son to college. While working for one of the city's banks, however, Adenauer secured a grant from a scholarship foundation in Cologne and was able to continue with his education. He studied law and eventually joined the staff of the State Prosecutor's office. From there he went on to work with a private law firm, building his reputation. He began his career in government on the local level in 1906. During the 1920s he was elected Mayor of Cologne. Following Hitler's victory at the polls, Adenauer, an outspoken critic of the regime, was put on the black lists of the Nazis, and incarcerated during the war. After Germany's defeat in 1945, Adenauer became the leader of the newly founded Christian Democratic Union (CDU) and on September 15, 1949 was elected first Chancellor of the Federal Republic, a post he held for three consecutive terms. Adenauer died at the age of 91 in Cologne.

die **Bekanntschaft**   acquaintance

die **Truppen**   troops   **unklugerweise**   unthinkingly

von dessen höchstem Punkte aus   from its highest point

beobachten   to observe

die **Entfernung**   distance   **schätzen**   to estimate   **vertraut mit der Örtlichkeit**   familiar with the
          locality (place)   die **Granate**   grenade

die **Erfahrung**   experience   die **Regel**   rule

derselbe   the same

brisant   charged   die **Splitter**   splinter

mein Gehör blieb beeinträchtigt   my hearing remained impaired   **geschehen**   to happen

sie zeigten sich umgänglicher   they seemed friendlier

rheinaufwärts von Rhöndorf   upriver from Rhöndorf

aufgeregt   excited

die **Fernsprechzentrale**   central telephone office

umfassen   to encompass

notdürftig   provisional   **die schutzbietende Unterkunft**   sheltering quarters

der **Korb**   basket

anwachsen   to grow   der **Kriegsgefangene**   prisoner of war

der **Unterschlupf**   hideout, shelter

entweichen   to escape, to slip out

die sich zurückziehenden Truppen   the withdrawing troops

ihr weiteres Schicksal   their future fate

wir rückten enger zusammen   we moved closer together

RHÖNDORF BEI KÖLN, 1945

Es war an einem Sonntagmorgen, als ich die erste direkte Bekanntschaft mit den amerikanischen Truppen machte. Ich war sehr unklugerweise in meinen Garten gegangen, um von dessen höchstem Punkte aus die Bewegungen der Amerikaner, die sich auf der linken Rheinseite befanden, zu beobachten. Plötzlich sah ich in einer Entfernung von etwa 300 Metern—ich   5
konnte dort alle Entfernungen gut schätzen, da ich mit der Örtlichkeit sehr vertraut war—eine Granate auf mich zufliegen. Ich warf mich sofort zu Boden. Wir wußten aus Erfahrung, daß die Amerikaner in der Regel drei Granaten nach demselben Ziel schossen; so wartete ich die beiden folgenden Granaten ab. Die erste Granate—es war die, die ich gesehen hatte—schlug   10
12 Meter von mir entfernt ein. Wie alle amerikanischen Granaten war sie hoch brisant, ihre Splitter gingen über mich hinweg. Die zweite Granate schlug 7 Meter, die dritte schließlich 5 Meter unterhalb von mir ein. Danach rannte ich ins Haus zurück. Abgesehen davon, daß mein Gehör noch längere Zeit erheblich beeinträchtigt blieb, war mir nichts geschehen. Übrigens zeig-   15
ten sich die amerikanischen Truppen im weiteren Verlauf sehr viel umgänglicher als bei dieser ersten Begegnung.

Am Morgen des 8. März rief meine Schwester, Frau Lilly Suth, bei uns in Rhöndorf an. Sie war mit ihrem Mann von Köln nach Unkel, einem Ort rheinaufwärts von Rhöndorf, gezogen, da ihre Wohnung in Köln zerstört   20
war. Sie sprach in aufgeregtem Ton und sagte: ''Wir sind schon frei, bei uns sind Amerikaner, übrigens ganz nette Leute.'' Später stellten wir fest, daß wir durch die Fronten hindurch telefoniert hatten; die Fernsprechzentrale in Honnef umfaßte auch Unkel, das von den amerikanischen Truppen besetzt worden war, während Honnef-Rhöndorf noch in deutscher Hand war.   25

Ich hatte rechtzeitig für meine Familie in unserem Weinkeller, der hinter unserem Haus im Berg liegt, eine notdürftige, Schutz bietende Unterkunft herrichten lassen. In diesem Keller hielten wir uns nunmehr die meiste Zeit des Tages auf. Unter der Decke in einem Korb hing das jüngste Kind meines ältesten Sohnes, der zwei Monate alte Konradin.   30

Der Kreis in unserem Keller war übrigens in der Zwischenzeit auf achtzehn Personen angewachsen. Louis, ein französischer Kriegsgefangener, der bei mir aushilfsweise im Garten gearbeitet hatte, war zu uns gekommen und bat für sich und—wie er sagte—zwei seiner Kameraden um Unterschlupf.   35

Er und seine Kameraden waren aus einem Kriegsgefangenenlager entwichen, weil sie fürchteten, daß sie von den sich zurückziehenden deutschen Truppen ins Innere Deutschlands gebracht werden könnten. Sie hatten große Angst wegen ihres weiteren Schicksals. Ich erklärte mich gerne bereit, sie bei uns aufzunehmen. Es waren aber nicht drei, sondern insgesamt vier   40
Franzosen. Wir rückten im Bunker enger zusammen und warteten so das Kriegsende ab. Die Trinkwasserfrage war bei einer so großen Zahl von Menschen, die versorgt werden mußten, schwierig. Die Wasserleitung funk-

die **Quelle**   fountain, spring

anscheinend   apparently

schleichen   to sneak

der **Schützengraben**   trench   **ziehen**   to pull, to move

die **Anordnung**   regulation, rule, law

trösten   to console
der **Panzer**   tank   **eine riesige Kolonne**   a huge convoy

Mai 1945. US-Amerikanischer Besatzungssoldat schenkt deutschen Kindern Süßigkeiten.

tionierte nicht mehr, eine Quelle war etwa 200 Meter entfernt. Morgens
gegen sieben Uhr machten die amerikanischen Truppen eine einstündige   45
Pause im Beschießen des rechten Rheinufers. Anscheinend nahmen sie zu
dieser Zeit ihr Frühstück ein. Während dieser Stunde mußten zwei meiner
Töchter, an Gartenmauern Deckung suchend, sich zu der Quelle schleichen
und für vierundzwanzig Stunden das Trinkwasser holen.

Acht Tage hatten wir in unserem Keller verbracht. Dann rückten die   50
Amerikaner in Rhöndorf ein, die Beschießungen hörten auf. Die deutschen
Truppen, die im Wald hinter meinem Haus in Schützengräben lagen, zogen
sich zurück.

Die Anordnungen der Amerikaner waren zwar hart und drückend, aber
für uns war der Kampf, der Krieg und der Nationalsozialismus vorbei, und   55
das tröstete über manches hinweg. Auf der Rheinuferstraße rollten die amerikanischen Panzer, eine riesige Kolonne, in Richtung Köln.

SOURCE: From Konrad Adenauer, *Erinnerungen 1945–1953*. (Stuttgart: DVA, 1965). [By permission of
Deutsche Verlags-Anstalt, Stuttgart.]

ÜBUNGEN

A. Fragen

1. Wo sah Adenauer eine Granate auf sich zufliegen?
2. Wo fand die Familie Unterschlupf gegen Ende des Krieges?
3. Wieviele Personen versteckten sich dort?
4. Woher kamen die französischen Flüchtlinge (*refugees*)?
5. Wann holten Adenauers Töchter Trinkwasser für die Gruppe?
6. Wie lange lebte die Familie im Weinkeller?

B. Konversation

1. An welche Details erinnert sich der Autor am deutlichsten?
2. Woran dachten und was fühlten Adenauer und seine Familie in den
   letzten Wochen des Krieges?
3. Wie beschreibt Adenauer die Ankunft der amerikanischen Armee?
4. Wie erklärt Adenauer das Telephongespräch mit seiner Schwester?

C. Kurzreferate   Schlagen Sie nach im Lexikon und berichten Sie über einen Zeitgenossen Konrad Adenauers.

1. Paul Hindemith (*Musik*)
2. Hannah Arendt (*Philosophie*)
3. Helene Weigel (*Theater*)
4. Leni Riefenstahl (*Film*)

5. Die Weiße Rose (*Widerstandsbewegung*)
6. Dietrich Bonhoeffer (*Theologie*)
7. Albert Speer (*Architektur*)
8. Helene Lange (*Frauenbewegung*)
9. Max Beckmann (*Kunst*)
10. Erwin Rommel (*Militär*)
11. Ferdinand Porsche (*Industrie*)
12. Albert Einstein (*Physik*)
13. Kurt Weill (*Musik*)

Deutschland 1945

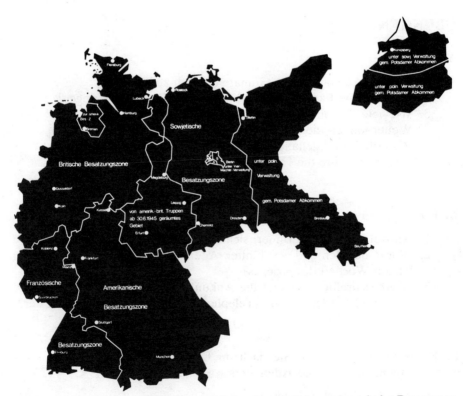

Deutschland 1945. Amerikanische, britische, französische und russische Besatzungs-
zonen. Die Sektoren wurden 1945 durch Truman, Stalin und Churchill im Pots-
damer Abkommen festgesetzt.

Kapitel 23

Carola Stern *(1925–   )*

Es kamen die Russen

Carola Stern was born in Ahlbeck on the Baltic Sea, near the German-Polish border. Like countless other young women growing up in Nazi Germany, Stern joined Hitler's Youth Movement, and wholeheartedly supported the political agenda of the party. The author remembers her initial enthusiasm for the Nazis, but also her growing suspicions concerning the ruthless and scandalous policies of the regime. She spent the last days of the war at home with her mother while surrounded by advancing Russian troops from the East. Stern survived the war and today lives in Cologne, where she works as a journalist and runs a radio station.

Jubel-Deutsche   cheering Germans

der **Vorbehalt**   reservation   **sorgenvoll**   uneasy

Anstand und Sitte   decency and morals   das **Gerücht**   rumor

saufen   to guzzle (alcohol)   **eine Tingeltangel-Tänzerin**   burlesque dancer

Goebbels   Hitler's propaganda minister   der **Abzug**   withdrawal

der **Überfall**   sudden attack   **einquartieren**   to put up, to lodge

zurückgelassene Flugblätter   abandoned leaflets

auffordern   to call upon   **angesichts**   in view of   der **Schicksalskampf**   fateful battle

ohne Trauschein   without a marriage license   **zeugen**   to beget

umkommen   to vanish, to die

lange Flüchtlingstrecks   long refugee convoys

Geschützlärm von der Front   cannon noise from the front

der **Kessel**   pocket   die **Insel**   island

der verkrüppelte Ortsgruppenleiter   the crippled local Nazi leader

20. April   Hitler's birthday

Hoffnung fassen   to be hopeful   der **Rundfunk**   radio

die **Wunderwaffe**   wonder weapon

abholen   to take away, to pick up   **wir wurden enteignet**   we were expropriated

einstig   former

die **Kiefer**   pine tree   **Wacholderbusch**   juniper tree

der **Zaun**   fence

O nein, wir waren keine mit allem einverstandenen Jubel-Deutschen. Auch wir, die Nazis, hatten unsere Vorbehalte und fragten manchmal sorgenvoll nach Anstand und nach Sitte. Es gab da so Gerüchte, daß der Ley[1] soff und die Frau des Ministers eine Tingeltangel-Tänzerin gewesen sei. Und betrog nicht Goebbels[2] seine Magda[3]? Nach dem Abzug junger SS-Leute, die vor dem Überfall auf Dänemark und Norwegen bei uns einquartiert worden waren, fanden wir in den Zimmern zurückgelassene Flugblätter, unterschrieben vom Reichsführer SS, mit denen die jungen Männer aufgefordert wurden, angesichts des deutschen Schicksalskampfes auch ohne Trauschein Kinder für das Deutsche Reich zu zeugen. Das ging zu weit, befanden wir. Während täglich Tausende umkamen, führten meine Klassenkameradinnen und ich Moraldispute, ob man bis zur Ehe „rein bleiben" müsse.

Im Herbst 1944/45 zogen lange Flüchtlingstrecks von Ostpreußen und Hinterpommern über unsere Insel weg nach Westen. Im März hörten wir zum ersten Mal Geschützlärm von der nahen Front. Russische Truppen bildeten einen Kessel, in dem auch unsere Insel lag. Meine Mutter ging nun wöchentlich zweimal in den Wald, um bei dem verkrüppelten Ortsgruppenleiter zusammen mit anderen Frauen schießen zu lernen. Am 20. April faßte sie noch einmal Hoffnung. Im Rundfunk sprach Goebbels: „Berlin bleibt deutsch; Wien wird wieder deutsch!" „Kind," sagte meine Mutter, „glaubst du etwa, der Mann belügt uns? Jetzt, in dieser Stunde! Zu Führers Geburtstag! Nein, nein, jetzt kommen die Wunderwaffen!" Aber es kamen die Russen.

Mehrere unserer Lehrer nahmen sich das Leben. Lehrer Christian wurde abgeholt und starb in einem Lager. Wir wurden enteignet. Meine Mutter ist bald darauf gestorben. Auf meinem einstigen Schulweg, links umrahmt von Dünen und der See, rechts von Kiefern und Wacholderbüschen, steht jetzt ein hoher Zaun. Hinter den letzten Häusern unseres Dorfes beginnt Polen mit seiner Grenzstadt Swinoujscie.

---

[1]Ley, Robert (1890–1945). Nationalsozialistischer Politiker und Leiter der „Deutschen Arbeitsfront."
[2]Goebbels, Josef (1897–1945). Nazi Politiker und „Reichsminister für Volksaufklärung und Propaganda."
[3]Magda Goebbels (1899–1945). Frau von Josef Goebbels.

SOURCE: From Carola Stern, *Meine Schulzeit im dritten Reich. Erinnerungen deutscher Schriftsteller,* ed. Marcel Reich-Ranicki (Cologne: Verlag Kiepenheur & Witsch, 1982). (c) 1982, 1988 by Verlag Kiepenheuer & Witsch, Cologne.

ÜBUNGEN

A. Fragen

1. Welche historischen Fakten erwähnt der Text?
2. Welches Gerücht gab es über Minister Ley und dessen Frau?
3. Wozu wurden junge SS-Soldaten von den Nazis aufgefordert?
4. Worüber und mit wem führte Carola Stern Moraldispute?
5. Worauf setzte die Mutter gegen Kriegsende ihre Hoffnung?
6. Wann starb die Mutter?
7. Was beginnt heute hinter den letzten Häusern ihres Heimatdorfes?

B. Konversation

1. Was kritisierte Stern an den Nazis? Was kritisierte sie nicht?
2. Was für Stimmung herrschte während der letzten Tage des Krieges?
3. Wie spricht die Autorin über den Tod ihrer Mutter und die Selbstmorde ihrer Lehrer?
4. Fanden Sie diesen Text ungewöhnlich, überraschend? Warum? Warum nicht?

Zwischen Wiederaufbau und Rebellion

© Amy Lixl-Purcell, 1989

Europa seit 1949

CHRONOLOGY 1945–1968

SCIENCE AND TECHNOLOGY	POLITICS
1947 Charles Yeager achieved first supersonic flight. **1948** Physicist and philosopher Carl Friedrich Freiherr von Weizsäcker published a natural history of physics. • J. Bardeen developed first transistor. **1950** Kurt Adler and Otto Diels awarded the Nobel Prize for Chemistry. **1952** Gerhard Domagk developed the first synthetic cure for tuberculosis. **1953** Lung cancer attributed to smoking. **1954** Physicist Max Born awarded Nobel Prize for his research in quantum mechanics. **1955** Atomic Energy Conference, Geneva. • *Sociology and Sexuality* published by Helmut Schelsky. **1957** The Soviets launched "Sputnik," the first satellite into space. • Germany's first nuclear reactor began operating near Munich. • Physicist Rudolf Mossbauer discovered the "Mossbauer" effect within the energy structure of atomic nuclei. **1960** Laser invented in U.S. **1961** Soviet cosmonaut Yuri Gagarin became the first man to orbit the earth in the "Vostok I" spaceship. • Establishment of the Volkswagenwerk Foundation for the advancement of science and technology. **1962** German Computer Center established in Darmstadt. **1963** Europe's highest bridge, "Europabrücke," opened in Austria. **1964** Europe's first atomically powered freighter, "Otto Hahn," launched. • Synthetic production of insulin at Aachen's Technical University. **1967** First color T.V. broadcast in FRG. **1968** U.S. astronauts circled the moon. • USSR developed the first supersonic passenger plane.	**1945** Atom bombs dropped on Hiroshima and Nagasaki. • Surrender of German armed forces. • Conference of the Allies at Potsdam; Germany divided into four zones of occupation. • Allies began to organize the International Court for the trial of war criminals. • Nuremberg trials began. **1947** Announcement of the "Truman Doctrine" to curb Soviet influence in Europe, Latin America, and Asia. • Start of cold-war politics. **1948** Foundation of the state of Israel. • Stalin launched total blockade of West Berlin. **1949** Foundation of the Federal Republic of Germany (FRG) with Konrad Adenauer as Chancellor. • Foundation of the German Democratic Republic (GDR) with Wilhelm Pieck as president. **1950** Integration of the FRG into NATO • Reconciliation with France. • Payment of reparations to Israel. • Korean War. **1952** East–West German border closed. **1953** Ulbricht became First Secretary of SED in GDR. **1956** Kruschev denounced Stalin. • GDR joined Warsaw Pact. **1957** Third election of Adenauer as FRG Chancellor. **1960** OPEC formed. **1961** GDR constructed the Berlin Wall. **1962** Cuban missile crisis. • GDR announced New Economic System (NÖSPL). **1963** U.S. President Kennedy assassinated. • Ludwig Erhard succeeded Adenauer. **1965** First American bomb attacks on North Vietnam. • Diplomatic relations established between FRG and Israel. • Chinese Cultural Revolution. **1966** Formation of new coalition government between the CDU/CSU and SPD.

SOCIAL HISTORY	ARTS
1946 Large numbers of German refugees from the east arrived in central Europe; 2 million died. **1947** Arrival of U.S. relief packages in • Arrival of U.S. relief packages in Europe under the provisions of the Marshall Plan. • Development of a black market economy. • GDR land reform completed. **1948** Currency reform in the West; prices and exchange rates stabilized. • Airlift supply program saved Berlin during Stalin's blockade. • Socialization of GDR retail stores was begun. **1950** End of GDR food rationing. • Rising wages set the stage for FRG "economic miracle." • First postwar baby boom. **1951** Arrival of the first "guest workers" in the FRG. **1952** First regular postwar television transmissions. • GDR began collectivization of industry and agriculture. **1955** Beginning of civil rights movement. **1957** 65 million paperbacks sold in FRG since 1950. **1960** 200,000 people fled from the GDR. **1962** Execution of Nazi war criminal Adolf Eichmann in Israel. • The birth control pill first marketed. **1963** American civil rights activist Martin Luther King delivered his "I Have a Dream" speech. • Coal crisis became the first sign of FRG economic recession. **1965** Auschwitz trial, Frankfurt. **1966** Large-scale demonstrations by students against U.S. involvement in Vietnam. **1967** Student shot by police during Berlin demonstration. • Regular color television transmissions began. • Rising unemployment. • Passing of emergency, welfare, and education laws. **1968** Student rebellion (FRG).	**1947** Literary group "Gruppe 47" founded. **1948** CoBrA founded, a group of painters collaborating in Copenhagen, Brussels, and Amsterdam. **1949** *Berliner Ensemble* established by Brecht. **1950** Critic Robert Coates coined the term "Abstract Expressionism" to describe the works by American artists Pollock, Rothko, Newman, etc. • Re-establishment of the German Artist's Federation, 1951. **1951** First International Film Festival, Berlin. **1952** Samuel Beckett published *Waiting for Godot*. **1954** First Festival of Short Film, Oberhausen. **1955** FRG's first international art exhibition, *documenta I*, held in Kassel, Germany. **1957** ZERO, dedicated to establishing an intuitive dialogue between art and technology, founded in Düsseldorf. **1958** Art critic Pierre Restany founded "The New Realism" with artists Klein, Arman, and Piero Manzoni. **1959** Günter Grass published *The Tin Drum*. • Artist Kaprow staged first "Happening" at the Reuben Gallery, New York. **1961** American Pop art movement began. • Performance movement Fluxus began. • Emergence of Rock and Roll. **1963** Christa Wolf published *The Divided Heaven*. **1966** Peter Handke's first novel, *The Hornets*, published. • Minimalist exhibitions at the Jewish Museum. • Conceptual art began. **1968** American Pop dominated *documenta IV*. • The new National Gallery in Berlin completed; architect: Mies van der Rohe.

Kapitel 24

Herr Müller *(1900–   )*

Vom Nullpunkt anfangen

The following interview was conducted as part of an oral history project about the city of Bremen and its institutions following Germany's defeat in World War II. Herr Müller, a former teacher at a police academy in Tübingen who escaped from his Nazi post in 1945, here describes his efforts to find new employment in occupied northern Germany. At a time of uncertain public morale, underground politics, and corruption, Müller survived on Marshall aid packages and part-time jobs. He remembers the year 1949 and how he was suddenly put in charge of running Bremen's new police department.

der **Flüchtling** refugee   **Lehrer an einer Polizeischule** teacher at a police school

die **Währung** currency

tauschen to trade, to barter

kunkeln to trade on the black market   **ansonsten lag alles in Trümmern** everything else was in ruins

hausen to house

vorhanden sein to be present   die **Schaffensfreude** creative energy

abräumen to clean up   die **Trümmeranlage** brick recycling plant

der **Mauerschrott** wall scrap

Mut schöpfen to take courage

der **Auftrieb** lift

die **Aufbauarbeit** reconstruction work   das **Ziel** goal

die **Betriebsstätte** factory

der **Wohlstand** prosperity

ein menschenwürdiges Dasein a decent existance

knüpfen to tie, to knot

Herr im eigenen Haus sein to be in charge of one's own affairs

der **Befehl** command

die **Besatzungsmacht** occupation power   das **Schicksal** fate

in erster Linie ein Garant primarily a guarantor   **wachsen** to grow

der **Bestand** durability

HERR MÜLLER: Ich bin 1948, am 31. März, in Bremen angekommen. Ich bin ein Flüchtling. Ich war Lehrer an einer Polizeischule in Tübingen und bin geflüchtet. Zu der Zeit, als ich hier angekommen bin, da war die Währung noch die Reichsmark. Es wurde hier am Bahnhof ungeheuer getauscht und gekunkelt, wie man damals gesagt hat, und ansonsten lag alles in Trümmern. 5 Fast der ganze Westen war ja kaputt.

REPORTER: So daß auch die Wohnungssuche für jemanden, der hierher geflohen war, nicht so einfach gewesen ist?

HERR MÜLLER: Das war ungeheuer schwer, eine Wohnung zu bekommen. Man hat von einer Wohnung gar nicht reden können. Wir konnten nur von 10 Räumen reden, in denen wir nicht wohnten, sondern hausten. Aber trotzdem habe ich das Gefühl gehabt, da ich ja aus dem Osten kam, daß hier ein größerer Optimismus vorhanden war, mehr Schaffensfreude. Es wurden überall die Trümmer abgeräumt, dann wurde die Trümmeranlage im Westen gebaut und das alte Mauerwerk, was zerbombt worden war, dort aufgear- 15 beitet, und mit diesem Mauerschrott wurden dann die Haüser wieder gebaut und so weiter, so daß also der Aufbau damals schon erkennbar war. Und noch deutlicher wurde das nach der Währungsreform. Da schöpfte hier alles wieder Mut, und es ging auch ziemlich rasch vorwärts. Dann konstituierte sich die Bundesrepublik. Da bekam wieder für die Bevölkerung der Staat 20 eine Gestalt—er wurde sichtbar zumindest für die Älteren, und das gab doch allen einen Auftrieb, wieder an eine Zukunft zu glauben.

REPORTER: Herr Müller, diese Aufbauarbeit—mit welchem Ziel ist die erfolgt?

HERR MÜLLER: Damals erstmal, um Wohnungen zu schaffen. Und Be- 25 triebsstätten. Das war das Ziel. Es war nicht etwa das Ziel, einen Wohlstand herbeizubringen, sondern erstmal, um zu existieren, menschenwürdig zu existieren, denn von einem menschenwürdigen Dasein konnte ja damals keine Rede sein.

REPORTER: Welche Hoffnungen knüpfte man an einen demokratischen 30 Staat, und wie haben Sie die Entwicklung in den ersten Jahren gesehen und beurteilt und daran teilgenommen?

HERR MÜLLER: Ja, ich glaube, daß die Masse der Bürger, der Bevölke- rung, glücklich darüber war, zumindestens zu sehen, daß man wieder Herr im eigenen Hause war. Daß man nicht auf Befehle und Anordnungen einer 35 Besatzungsmacht angewiesen war, sondern daß man wieder selbst das Schick- sal in die Hand nehmen konnte und selbst Entscheidungen herbeiführen zum Wohl der Bürger und zum Nutzen der Bevölkerung, wobei da nicht etwa ein Ressentiment gegen die Besatzungsmacht da war, denn darin sahen wir in erster Linie einen Garant, daß unsere Demokratie einmal wachsen kann und 40 dann Bestand hat. Ich möchte sagen, daß die Besatzungsmacht der äußere Rahmen war, um den inneren Zusammenhalt bei uns zu vollbringen und zu vollenden.

die **Bereitschaftspolizei**   standby police force   **aufstellen**   to set up, to recruit

die **Vorschrift**   regulation, rule

der **Nullpunkt**   zero point

vom Scheuerlappen bis zur Kaserne   from the cleaning rag to the barracks   **gelingen**   to succeed

die **Unterkunft**   shelter

der **Vorschuß**   money advance

abrechnen   to settle an account

entlassen   to dismiss   **völlig neue Kräfte**   brand new forces

NSDAP   nazi party   **überführen**   to transfer

tragbar   acceptable

Links Ausgebrannte Häuserreihen mit obdachlosen Menschen in Berlin 1945. **Oben** *Rosinenbomber* 1948. Amerikanische Flugzeuge mit Versorgungsmitteln landen in West-Berlin während der sowjetischen Blockade der Stadt 1948–1949.

1949 habe ich den Auftrag bekommen von Herrn Senator Ehlers, eine Bereitschaftspolizei in Bremen aufzustellen. Es gab nichts, worauf ich auf- 45 bauen konnte. Es gab keine Vorschriften, es gab keine Gebäude, es gab nichts. Ich mußte also vom Nullpunkt anfangen—also quasi vom Scheuerlappen bis zur vollständigen Kaserne; was mir dann auch gelungen ist. Ich habe eine Unterkunft für die Polizisten bekommen, und dann hat mir ein Staatsrat einen Vorschuß gegeben von $1\frac{1}{2}$ Millionen und hat gesagt, Herr Müller, 50 fangen Sie an, abgerechnet wird hinterher. Fast die gesamte Polizei war nach 1945 entlassen worden, und die Polizei mußte sich also aus völlig neuen Kräften rekrutieren, weil ja die Polizei früher en bloc in die NSDAP überführt worden war, und deshalb war sie so nicht mehr tragbar.

SOURCE: From Peter Dahl, *Lebensgeschichten. Zehn Interviews über Biographisches, Zeitgeschichte, und die Rolle des Schreibens* (Bornheim-Merten: Lamuv, 1981), pp 138–139.

ÜBUNGEN

A. Fragen

1. Welchen Beruf hatte Herr Müller vor 1945?
2. Welchen Beruf hatte Herr Müller nach 1949?
3. Was machten die Leute am Bahnhof?
4. Wo wohnte Herr Müller nach dem Krieg in Bremen?
5. Was war das erste Ziel der Aufbauarbeit nach den Bomben?
6. Wie dachten die Bremer über die Besatzungsmacht?
7. Warum gab ein Bremer Staatsrat Herrn Müller $1\frac{1}{2}$ Millionen Mark?

B. Konversation und Komposition

1. Warum war man froh über die Anwesenheit (*presence*) der Besatzungsmacht?
2. Wie beschreibt Müller das Leben nach Kriegsende?
3. Was meint Herr Müller mit dem Ausdruck „vom Nullpunkt anfangen"?
4. Wie interpretieren Sie diesen Bericht? Finden Sie, daß Herr Müller im Interview traurig, stolz, nostalgisch, defensiv, hoffnungslos, arrogant, freudig oder erfolgreich klingt? Erklären Sie Ihre Meinung anhand einiger Beispiele aus dem Text.

VOM ICH ZUM WIR

WIR VOLLZOGEN
DIESEN SCHRITT

Volkskunst in der DDR Anfang der sechziger Jahre. Ingeborg Wehle, *Vom Ich zum Wir. Diesen Schritt haben wir vollzogen.* Thematische Bildfolge, 1960.

Konversation zur Abbildung

1. Was für eine Arbeits- und Berufswelt zeigen die einzelnen Bilder des Holzschnitts?
2. Was symbolisieren Ihrer Meinung nach Objekte wie das Fahrrad, das Bauernhaus, die zwei Traktoren, das Schild LPG (Landwirtschaftliche Produktions-Genossenschaft), die Kuh, der Maiskolben, der Wagen, das Flugzeug, und das Fahnenzeichen der DDR?
3. Wie interpretieren Sie den Text des Bildes: „Vom Ich zum Wir. Wir vollzogen diesen Schritt"?

Kapitel 25

Frau Coldam *(1933–   )*

Meine Panther

Frau Coldam worked for many years as an animal trainer in the GDR, and was known for her dare-devil circus acts. The animal number involved a group of black panthers performing at the crack of her whip. Coldam was interviewed about her circus experiences by the poet Sarah Kirsch, who taped the conversation and published the transcripts. The autobiographical report appeared in an anthology with the title *Die Pantherfrau. Fünf Frauen in der DDR* in 1973. Coldam begins the interview by talking about her childhood in Dresden during and after World War II.

der **Zugschaffner** train conductor
es hat nicht gelangt it was not enough

ich habe ausgesetzt I quit

verstaatlicht nationalized

wenn jemand zuguckte when someone looked on   **große Hemmungen** great inhibitions

die **Elevin** trainee
ehemalig former

der **Vertrag** contract, agreement   **reiten** to ride
es hat mich gereizt I was tempted

zureden to encourage

das **Pferd** horse   **treten** to kick

Pirotänze und Steptänze pirouettes and tap dances   der **Walzertanz** waltz
die **Manege** (circus) ring   **auf Spitze** tiptoe

die Tränen liefen the tears flowed
irgendwelche Hopsdohlen some leaden-footed dancers
wirkliche Leistung real accomplishment

der **Dresseur** animal trainer   **probieren** rehearse
drauf on top

die **Vorstellung** performance
die **Hohe Schule** horsemanship training
das **Angebot** offer
die **Bereiterin** rider

Peitschenhilfen geben to assist with the whip
zur Reiterei übergehen to transfer to horseback riding
einen Gurt um den Bauch a belt around the stomach
die **Longe** safety rope

Also vielleicht von meinem Elternhaus angefangen. Wir waren fünf Geschwister. Ich war das größte. Das war in Dresden-Radebeul, das hören Sie am Dialekt. Mein Vater war bei der Eisenbahn Zugschaffner. Meine Mutter mußte natürlich auch arbeiten gehen, es hat nicht gelangt. Ich bin ins Kinderballett gegangen von vier bis zwölf Jahren. Da wurde die Ballettschule 5 ausgebombt, ich hab ausgesetzt bis ich fünfzehn Jahre war. Hab dann neu angefangen zu lernen, und zwar in Dresden am Opernballett. Das war aber noch nicht verstaatlicht, sondern halb privat; jedenfalls mußte ich Schulgeld bezahlen, es war noch nicht so, daß ich so wie jetzt, jetzt ist es ja bedeutend leichter. Ich wollte eben Tänzerin werden. Als Kind hab ich überall getanzt, 10 nur nicht, wenn jemand zuguckte, ich hatte große Hemmungen. Das hat sich mit der Zeit gelegt.

Ich hab zweieinhalb bis drei Jahre gelernt, auch schon in Opern mitgewirkt als Elevin. Bis dann eines Tages unsere Ballettmeisterin kam: eine ehemalige Schülerin möchte in einem Zirkus ein Ballett aufmachen, acht 15 Mädchen, und sie suchte acht Mädchen aus der gleichen Schule. Ich war achtzehn, und mich hat das irgendwie gereizt, weil in diesem Vertrag „Reiten" stand. Das war Pflicht, und das hat mich irgendwie gereizt.

1949, das war eine schlimme Zeit; meine Mutter hat mir darum auch zugeredet, weil sie das Schulgeld nicht mehr bezahlen konnte. Ich hab 50 20 Mark im Monat bezahlt, aber wenn man bedenkt, was damals das Brot gekostet hat . . . wir waren vier Geschwister. Ich hab den Vertrag angenommen. Das erste, was ich machte, war reiten lernen. Den ersten Tag fiel ich runter, da hat mich auch noch ein Pferd getreten, ich hab gedacht, nie wieder aufs Pferd. Aber am nächsten Tag hab ich dann doch wieder auf dem Pferd 25 gesessen, na ja. Dann wurden die Tänze einstudiert, was damals so im Zirkus üblich war, Pirotänze und Steptänze, Walzertänze. Wir mußten auch in der Manege Walzer auf Spitze tanzen, das war natürlich fast unmöglich, aber wir haben's doch gemacht.

Die Tränen liefen manchmal, weil unsere Solotänzerin recht hart mit 30 uns war. Sie verlangte, daß da nicht irgendwelche Hopsdohlen in der Manege waren, sie verlangte wirkliche Leistung. Das war auch ganz gut. Wir haben jeden Tag Training gemacht, genauso wie in der Ballettschule. Jeden Tag früh Exercise und dann Reiten. Und ich war bald mehr im Stall zu sehen bei den Tieren. Auch wenn die Dresseure probierten, hab ich immer nur bei den 35 Pferden gestanden, bis sie sagten: Na komm, setz dich drauf, wir wissen ja, du willst reiten.

Wir mußten in der Vorstellung, acht Mädchen, Amazonenreiten machen, das heißt Figuren reiten, und danach kam dann die Hohe Schule vom Schulreiter oder der Schulreiterin. Ich hab dann ein Angebot von der 40 Frau Aeros bekommen, ob ich nicht Lust hätte, bei ihr als Bereiterin (zu arbeiten). Ich hab das angenommen. Bereiterin, das bedeutet Hilfe für den Dresseur, also Pferde zureiten und Peitschenhilfen geben.

Nach zwei Jahren gab ich das Ballett auf, und bin ganz zur Reiterei übergegangen. Ich hab Kunstreiten gelernt. Kriegte ich einen Gurt um den 45 Bauch und dann die Longe, daß man, wenn man runterfällt, nicht ganz und

Es ist . . . Damenpferd It was to my advantage that I had taken ballet lessons before because it helped me perform as a ballerina on horseback. After that I studied trick riding with a white horse. It was a small horse, a real lady's horse.

frech insolent

seinen Kopf durchsetzen to have one's way

der **Dompteur** animal trainer

der **Löwe** lion

schminken to apply makeup
der **Maskenbildner** makeup artist   **auftreten** to perform

reif mature
klappen to succeed

wir hatten geheiratet we got married
die **Parforce** riding at full speed while standing up

der **Sturz** fall
die **Untersuchung** medical checkup

gar fällt. Das hat mir sehr viel Spaß gemacht. Es ist mir zugute gekommen,
daß ich Ballett hatte, (deswegen) konnte ich Ballerina zu Pferd machen.
Darauf hab ich Hohe Schule gelernt, das ist ein Schimmel gewesen—war'n
bißchen ein kleines Pferd, ein reines Damenpferd. Marsch, Polka, Walzer   50
und was so die einzelnen Tricks sind bei Schulpferden.

Ich saß, ich kann sagen, so neunzig Prozent sicher auf'm Pferd, ganz
sicher ist ja kein Reiter. Wenn ein Reiter noch nicht vom Pferd gefallen ist, ist
es auch kein Reiter. Ich bin auch mal gestürzt, allerdings war das auf der
Probe, da sagte dann immer unsere Chefin: Brauchst nicht zu weinen, das   55
passiert jedem. Und ich mußte auch assistieren bei sämtlichen Tiernum-
mern—Kamele, Büffel, Elefanten reiten. Ich hab sechs- bis siebenmal gearbeitet in der Manege. Pferde vorführen, das kam zwei-, dreimal vor, Ponies
vorgeführt zu Pferd.

Ponies, die sind frech. Wenn man probiert, laufen sie wie die Puppen,   60
man braucht gar nichts machen. Aber die wissen genau: Probe ist Probe und
Vorstellung ist Vorstellung, und da wollen sie dann immer ihren Kopf durchsetzen. Wenn man sie nicht in der Hand hat, gibt es den sogenannten
Pferdegulasch, das merkt dann auch das Publikum.

So war das, und 1954 lernte ich meinen Mann kennen. Er wurde   65
engagiert beim Zirkus Aeros als Dompteur. Früher war er beim Zirkus
Busch, aber in West-Deutschland, da war er Tierpfleger beim Dompteur
Gilbert Huck, das war ein Franzose, genannt Tarzan, und arbeitete mit
Tigern. (Mein Mann) bekam hier einen Vertrag, Dompteur für Löwen, er
wollte gern wieder ein bißchen in Berlin bleiben, weil er von Berlin ist, und   70
da hat er hier in der DDR angefangen im Zirkus.

Ja, wir lernten uns kennen, und dann war's mir doch zuviel, die Proben
von früh um 6 bis Mittag um 1; um 3 ging die Vorstellung wieder los. Wir
müssen uns ja selbst schminken und die Haare selbst machen, weil wir keine
Maskenbildner haben, dann eben sechs-, siebenmal auftreten in der Vorstel-   75
lung, das ging dann bis nachts um 11. Anschließend hat mein Mann probiert
mit seinen jungen Löwen, da hab ich auch immer noch geguckt, also, es hat
gelangt. Und mein Mann sagte, das geht so nicht weiter, wir haben ja gar
nichts von unserem Leben; ich werde mit dem Direktor sprechen, daß ich die
Nummer teilen kann. Seine Tiere sind reif geworden, da mußte die Nummer   80
getrennt werden. Es hat alles gut geklappt; ich habe die weiblichen Löwen
bekommen, mein Mann die männlichen.

Er hat sie für mich fertig gemacht; ich hatte sieben Stück, sieben
Löwinnen, und das ging gut, und vorher hatten wir noch geheiratet. Im
Februar 1958. Das Reiten hatte ich aufgegeben, nur Parforce hab ich   85
weitergemacht, Kunstreiterei, Ballerina zu Pferd. Als unsere Tochter unterwegs war, hab ich ganz aufgehört, weil es dann doch zu gefährlich wurde
wegen der Stürze, und ich hab dann nur mit den Löwen gearbeitet. Und
überall, in jeder Stadt, wenn ich dran war mit meinen Untersuchungen bin ich
gegangen, ist ja kein Problem hier.   90

unterdessen in the meantime

der **Wohnwagen** trailer home

das **Raubtier** beast of prey   der **Eisbär** polar bear

der **Kragenbär** Himalayan black bear

die **Käfigteile** parts of the cage

aufpassen to watch out

die **Beißerei** biting

nur eine Trennwand only a dividing wall   das **Gitter** bars
sich aneinander gewöhnen to get used to each other

die **Fanggabel** animal fork   **Sicherheit gibt's nicht** there is no security

der **Arbeitsschutz** worker protection, occupational safety

der **Ärger** quarrel

das **Gesicht** face

Ende sechsten Monat hat mein Mann die Löwinnen allein vorgeführt, meine Nummer. In Leipzig, im November, ist unsere Tochter geboren. Nach drei Wochen bin ich nachgefahren. Mein Mann war unterdessen nach Budapest mit den Tieren, die Tochter kam natürlich mit. Wir hatten ja einen großen Wohnwagen, ich konnte das Kind immer versorgen. Das ging ganz gut, weil wir nachts probierten. . . .

Bis 1960 hab ich die Löwinnen vorgeführt, dann hatte ich die einem Kollegen übergeben, und mein Mann hat für mich eine große gemischte Raubtiernummer fertig gemacht. Da war drin: ein Eisbär, zwei Braunbären, davon hängt einer jetzt hier, zwei Pumas, zwei Leoparden, zwei Löwinnen, aber keine aus meiner ersten Gruppe, sondern neue Löwinnen, ein Tiger, zwei Kragenbären. Es waren fünf verschiedene Sorten Tiere, die sich praktisch in der Wildnis nie sehen. Der Eisbär kommt nicht mit dem Braunbären zusammen, das war sehr schwer. Jedes Tier wurde einzeln dressiert; wollen wir mal sagen, die Löwinnen erst mal, dann der Tiger, und so nach und nach kommt wieder ein Tier dazu.

Sie sitzen erst mal alle auf ihrem Platz; manchmal, wenn ein neues Tier dazukommt, wird es noch extra durch Käfigteile abgesichert, daß die anderen Tiere nicht rangehen. Bei einer gemischten Gruppe muß man sehr aufpassen. Mein Mann hat den ganzen Winter mit der Gruppe probiert, ich natürlich auch mit, aber mein Mann war der Chef. Die Nummer hab ich dann vorgeführt von 1961 bis 1964 oder 65, das weiß ich nicht mehr genau. Ich mußte sehr aufpassen, daß die Tiere nicht, zum Beispiel die Kragenbären nicht die Braunbären erwischten, oder der Eisbär den Tiger, das waren so kleine Sachen. Es ist auch passiert. Wenn eine große Pyramide aufgebaut wird, wo oben zum Beispiel der Tiger sitzt, rechts und links Löwen, unten die Bären, dann noch der Eisbär, da sind sie doch ziemlich nah zusammen. Ich kann da nicht sagen: Nun geht alle an Platz!, und dann laufen die los, das geht nicht. Das gibt eine Beißerei. Da muß erst das Tier an Platz gebracht werden, dann das Tier, und so nach und nach jedes Tier. Sie kommen auch getrennt rein. Wenn sie im Wagen zusammen sind, nur eine Trennwand von Gitter dazwischen, sehen sie sich, aber es ist nicht gesagt, daß sie sich aneinander gewöhnen.

Ja, die Nummer, ich hab sie gern vorgeführt. Ich mußte sehr aufpassen. Ich hab meine Peitsche, nun gut, unsere Fanggabeln, unsere Sicherheitsgabeln, haben wir ja immer mit drin, eine hundertprozentige Sicherheit gibt's ja sowieso nicht, Arbeitsschutz kann man dazu auch nicht sagen. . . . Also, da gibt's keine Sicherheit. Die hundertprozentigste Sicherheit ist, gar nicht reinzugehen in den Käfig.

Ja, Nerven muß man natürlich haben. Man muß gesund sein, man muß ein gesundes Herz haben. Wenn man vorher irgendeinen Ärger gehabt hat, das darf man den Tieren (nicht zeigen), so muß man ihn schnell vergessen, wenn man in den Käfig geht. Man darf nur an das denken, was drin passiert. Man muß jedes Tier kennen. Jedes Tier hat einen anderen Charakter, genau wie die Menschen. Jetzt die Panther, die sehen fast alle gleich aus, trotzdem hat jedes Tier ein anderes Gesicht. . . .

die **Reklame**   advertisement
die **Fachleute**   specialists

unwahrscheinlich   unbelievable
engagieren   to hire

die **Volksrepublik**   socialist republic
die **Dressur**   training   **sensibel**   sensitive
die **Paarungszeit**   mating time

unterbringen   to accommodate   der **Schieber**   gate
fauchen und kratzen   to hiss and scratch
der **Schwanz**   tail

die **Ritze**   crack

der **Schreckschuß**   warning shot
ein Feuerwehrschlauch   a firehose   **ringsherum**   all around

schlecht gelaunt   in a bad mood

Achtung   caution   **der führt was im Schild**   this one has something up his sleeve
das **Postament**   pedestal
klopfen   to pet

der **Tierpark**   zoo

sich behaupten   to assert

(Frau Coldam erzählt über ihre Zirkusnummer mit 10 schwarzen Panthern.)

Es ging alles gut. Wir waren mit den schwarzen Panthern in der Sowjetunion, wir reisen schon zwei Jahre in Polen, dieses Jahr das dritte Mal. Es besteht wirklich nur eine einzige Panthernummer. Es gibt Kollegen in Amerika oder Westdeutschland mit vier Panthern und Leoparden, glaube ich. Aber eine reine Schwarze-Panther-Nummer, und gleich mit zehn Tieren, gibt es nicht. Als mein Mann die Nummer noch dressierte und schon Reklame drauf gemacht wurde, kam die Reklame natürlich auch nach Westdeutschland. Da wurde uns von vielen Fachleuten nicht geglaubt.

Ja, und vom Zirkus Knie, die kamen extra nach Berlin und haben geguckt, ob das auch wirklich wahr ist. Sie waren bei Proben und sagten, es ist unwahrscheinlich, das hätten sie nicht für möglich gehalten. Sie wollten die Nummer sofort engagieren für die Schweiz. Unser Direktor hat natürlich gesagt, wenn die Nummer fertig ist, wollen wir sie erst mal in der DDR sehen, und dann kommen die Volksrepubliken dran, es gibt ja ganz selten schwarze Panther in der Dressur, weil sie so sensibel sind. Man sieht sie in der Wildnis bloß einzeln, dann sieht man mal zwei, wenn Paarungszeit ist. Sie leben nie in Rudeln wie die Löwen, sie leben völlig getrennt. Deshalb ist auch die Dressur sehr schwer und die Arbeit.

Die Tiere vertragen sich gar nicht. Sie sind in ihrem Wagen alle einzeln untergebracht. Teilweise mußten wir auch noch die Schieber völlig schließen, damit sie sich nicht sehen. Sie sind so nervös, die fauchen und kratzen, und bei einem schwarzen Panther ist leider schon der Schwanz abgebissen worden, aber im Wagen. Da hat er geschlafen, da hing nur die Spitze durch eine ganz kleine Ritze, da hat er geschlafen, und der andere Panther hat den ganzen Schwanz reingezogen und so zerbissen, daß er amputiert werden mußte.

Ich hab natürlich auch schon kleine Beißereien in der Manege gehabt, wo wir schließlich schießen mußten. Wir haben Schreckschußpistolen. Ein Feuerwehrschlauch liegt auch immer bereit. Die Tiere sitzen ringsherum, ich kann die nicht alle im Blickfeld haben. Ich muß mich ja drehen können. Das Publikum darf auch nicht so merken, daß ich immer beobachte. Das geht automatisch. Bei den Panthern merkt man genau, wenn sie reinkommen und schlecht gelaunt sind. Sie sitzen unruhig auf dem Platz, beobachten mich oder den Assistenten, der Schwanz geht immer so, und die Ohren liegen an. Dann heißt es Achtung!, der führt was im Schild. Ich hab zwei, drei Tiere, wenn die auf dem Postament sitzen, kann ich langsam von rückwärts rangehen und sie ein bißchen klopfen. Das kann ich. Aber von vorn ran— unmöglich. Ein Meter und nicht weiter, sie schlagen gleich zu.

Allerdings ist in der Gruppe ein Tier, das wir vom Tierpark haben. Dieser Panther ist mit der Flasche großgezogen, war nur unter Menschen, hat nie ein anderes Tier gesehen und sich nie irgendwie behaupten müssen, es war sehr zahm. Wir haben's mitgenommen in die Manege, erst allein, aber es war so nervös, das Tier, sobald es die Musik gehört hat, hat sich von mir fast nicht anfassen lassen. Ist nur immer hin und her gerannt.... Und der blieb

der **Schlußtrick**   final trick

das kommt gut an   that works well

die **Aufmunterung**   encouragement
der **Köder**   bait
die **Stange**   pole

der **Hase**   rabbit, hare

der Spaß   fun

nicht auf dem Platz sitzen, wollte immer rumlaufen. Da haben wir uns denn
einen Winter dahintergesetzt und mit ihm probiert, dem Kleinen, jeden Tag,
daß er auf seinem Platz sitzen blieb. Seitdem ist er in der Gruppe. Er macht   185
sonst keine andere Arbeit mit, sitzt nur drin; wir möchten nicht, daß er
überhaupt von seinem Platz runterkommt.

   Und das ist an und für sich mein kleiner Schlußtrick: Wenn alle Tiere
raus sind, dann: Bitte, komm, geh auch raus! sage ich, und er geht nicht.
Dann nehme ich ihn vom Podest runter und trage ihn raus. Das kommt   190
natürlich sehr gut an beim Publikum. Vorher bei der Arbeit fauchen und
schlagen die Tiere, und plötzlich dann das ganz Liebe, Ruhige. . . .

   Die Tiere müssen ruhig behandelt werden, geschlagen wollen sie nicht
werden, gerade die Panther, sie sind sehr empfindlich. Wenn ich mit der
Peitsche knalle, dann ist das kein Schlagen, ist nur'ne Aufmunterung. Bei   195
der Dressur kriegt man die Tiere durch Fleisch hin, mit Köderfleisch an einer
Stange, bis sie alles von sich aus machen. Dann sind nur die Bewegungen
wichtig, die ich mit den Händen, mit meinem Körper mache. Wie ich laufe,
das muß immer gleichmäßig sein. Ich kann das Tier zu irgendeinem Trick
nicht mal von rechts holen und dann wieder von links, es muß immer seinen   200
Weg gehen.

   Als Kind war ich sehr ängstlich, und Angst vor großen Tieren hatte ich
auch. Wir hatten zu Hause Hühner und Hasen und so, das hat mir nichts
ausgemacht. Aber vor Pferden fürchtete ich mich, vor allem, was groß war.
Reiten wollte ich, aber ich hatte auch Angst, das Pferd anzufassen. . . . Ich   205
dachte, du hast Lust zum Reiten, das macht dir Spaß, das macht dir
Freude. . . .

SOURCE: From Sarah Kirsch, *Die Pantherfrau* (Berlin: Aufbau, 1973). © Langewiesche-Brandt Verlag,
Munich.

ÜBUNGEN

A. Fragen

   1. Was für Schulen besuchte die Pantherfrau?
   2. Welche Berufe hatten die Eltern?
   3. Wie beschreibt Coldam die Jahre 1945–49?
   4. Mit welchen Tieren arbeitete die Pantherfrau zuerst?
   5. Wo traf die Pantherfrau ihren Mann?
   6. Wo wurde die Tochter der Pantherfrau geboren?
   7. Wohin reiste der Zirkus?
   8. Wie passierte der Unfall mit dem Schwanz des Panthers?
   9. Welchen Schlußtrick hat die Pantherfrau mit dem kleinen schwarzen
      Panther?

B. Konversation

1. Wie oft waren Sie schon im Zirkus? Was sahen Sie dort? Erzählen Sie davon.
2. Wie beschreibt Coldam ihr Verhältnis (*relationship*) zu Tieren?
3. Wie beschreibt Coldam ihr Verhältnis zu ihren Eltern, zur Familie, zu anderen Menschen?
4. Was fasziniert Coldam an den schwarzen Tieren?
5. Was für eine Persönlichkeit, was für ein Mensch ist die Pantherfrau? Ist sie extrovertiert, introvertiert, selbstbewußt, schüchtern, humorvoll, ernst, ehrgeizig (*ambitious*), faul? Erklären Sie Ihre Meinung mit Hinweisen auf den Text.

C. Komposition

1. Essay: „Ein Besuch im Zirkus."
2. Essay: „Ein Besuch im Zoo."
3. Beschreiben Sie ein Tier, das Sie gut kennen.

D. Kurzreferate

1. Geschichte der BRD 1949–50 (Deutsch oder Englisch)
2. Geschichte der DDR 1949–50 (Deutsch oder Englisch)
3. Österreichische Geschichte 1945–50 (Deutsch oder Englisch)
4. Geschichte der Schweiz 1945–50 (Deutsch oder Englisch)

Kapitel 26

Gertrud von Le Fort
(1876–1971)

Gedanken zur Atombombe

Gertrud von Le Fort, German novelist and essayist, often addressed moral and political issues in her literature. This entry in Le Fort's 1958 journal explains her thoughts on Christianity in the atomic age. The notes were written during the decade of cold-war tensions — Germany's division and integration into eastern and western military alliances under chancellors Konrad Adenauer (FRG/NATO) and Walter Ulbricht (GDR/ Warsaw Pact). Le Fort's language reflects the author's Christian convictions and her commitment to peaceful coexistence.

Gertrud von Le Fort im Alter von 90 Jahren, 1966. Fotografie von Helmut Müller-Jim.

verurteilen to condemn

bejahen to say yes to, to approve of **Verteidiger des christlichen Glaubens** defenders of the Christian faith **niemals mit Waffengewalt** never through the force of weapons
die **Schlacht** battle

der **Nutznießer** beneficiary

die Bedeutung der Atombombe importance of the A-bomb

diese unvorstellbare Vernichtung this incomprehensible destruction
es dem Feind gönnen to wish it on the enemy das **Menschenantlitz** human face **d.h. (das heißt)**
that is das **Ebenbild** image **gebieterisch** imposing
angeblich supposedly

der **Christ** Christian

eine starke Zumutung a tall order
den Teufel mit dem Beelzebub austreiben to exorcise the devil with the devil
eine unsägliche Verzweiflung unspeakable despair
der **Sieg** victory
Drohung mit Atomenergie threat based on atomic power
ballen to clench der **Segen** blessing

angreifen to attack
beschwichtigen to calm der **Irrtum** error

eine neue Völkerverständigung a new understanding among nations

unmittelbar immediate **anvertrauen** to entrust
erschüttern to upset, to shake

Sieg bedeutet den Tod victory means death

die **Überzeugung** conviction der **Anhänger** supporter **die ungeheure Wendung** the colossal change

Ich verurteile niemand, der diesen Standpunkt nicht teilt. Ich habe objektiv ein Verständnis, daß Menschen, die nicht Christen sind, die Atombombe bejahen. Ich sage nur, daß sie kein Recht haben, sich als Verteidiger des christlichen Glaubens zu fühlen. Das Christentum ist niemals mit der Waffengewalt verteidigt worden—die katalaunische Schlacht,[1] die Mongolenschlacht,[2] und die Türkenschlachten[3] waren zunächst von politischen Argumenten diktiert—das Christentum war freilich der Nutznießer. Aber wir können uns heute auch nicht mehr auf diese Schlachten berufen— durch die Atombombe hat sich der ganze Aspekt verwandelt, und zwar für immer. Die wahre Bedeutung der Atombombe ist die, daß sie die Kriege praktisch unmöglich gemacht hat.

Selbst dem Feinde können wir diese unvorstellbare Vernichtung nicht gönnen. Auch der Feind hat Menschenantlitz, d.h. er ist nach dem Ebenbild Gottes geschaffen. Die Atombombe weist uns gebieterisch auf andere Überwindungen—denn Atheismus, der angeblich durch die Atombombe vernichtet werden soll, ist nur durch den Geist zu besiegen. Wenn ich heute Atheist wäre und sähe den Christen mit der Atombombe in der Hand, ich würde niemals Christ werden.

Wohl weiß ich, daß hinter dem Glauben an die im Menschlichen offenbare Liebe Gottes eine starke Zumutung liegt—aber haben wir eine andere Wahl? Man kann den Teufel nicht mit Beelzebub austreiben—und wenn es wirklich gelänge, so würde für den Christen eine unsägliche Verzweiflung aus diesem Sieg hervorgehen.

Ja selbst die bloße Drohung mit der Atomenergie ist irgendwie des Menschen unwürdig. Auf der geballten Faust liegt kein Segen—und kann keiner liegen. Angst erzeugt neue Angst und neue Angst neue Drohung.

Ich verurteile niemand und greife niemand an, der durch Angst die Dinge beschwichtigen möchte, aber ich glaube, daß er sich im Irrtum befindet, denn Angst wird immer wieder nur neue Angst und neue Drohungen gebären. Wir stehen an der Wende zu einer völlig neuen Völkerverständigung.

Als Mensch und als Christ muß ich diese Atomwaffe ablehnen. Als Frau lehne ich sie endlich ab, weil uns Frauen die künftige Generation in einer viel unmittelbareren Weise anvertraut ist als dem Manne. Es bedeutet eine tiefe und erschütternde Wahrheit, daß, wie die Erfahrungen in Japan und die Gutachten unserer Gelehrten einwandfrei bezeugen, durch die Atomwaffe die kommende Generation vernichtet wird. Schon hierin kommt zum Ausdruck, daß ein Sieg mit der Atomwaffe den Tod bedeutet.

Ich werfe auf niemand Steine, ich beschuldige niemand, aber ich habe die Überzeugung, daß die Anhänger der Atombewaffnung die ungeheure Wendung unserer Zeit nicht begriffen haben.

[1] Katalaunische Schlacht. Feldzug der Römer zur Verteidigung des Christentums vor dem Angriff der Hunnen unter Attila, 451.
[2] Mongolenschlacht. Schlacht bei Liegnitz in Schlesien 1241 gegen den Einbruch der Mongolen unter Dschingis Chan.
[3] Türkenschlachten. Verteidigung Wiens gegen die türkischen Belagerungen 1529 und 1683.

SOURCE: From Gertrud von Le Fort, "Gedanken zur Atombombe" (Marbach: Deutsches Literaturarchiv, manuscript collection.) [Courtesy of Eleanore von La Chevallerie, Kloster Isenhagen (FRG).]

ÜBUNGEN

A. Konversation

1. Wie denkt Le Fort als Mensch, als Christ und als Frau über die Atombombe?
2. Worin sieht Le Fort die wahre Bedeutung der Atombombe?
3. Was kann ihrer Meinung nach den Atheismus besiegen?
4. Was bewirkt die Drohung mit Atomwaffen?
5. Was haben ihrer Meinung nach die Anhänger der Atombewaffnung nicht begriffen?
6. Finden Sie die Argumente der Autorin überzeugend? Warum? Warum nicht?

B. Komposition

1. Essay: „Das nukleare Dilemma.“
2. Leserbrief: „Sehr geehrte Frau Le Fort!“

C. Kurzreferate   Sehen Sie nach in der Bibliothek und berichten Sie kurz über eine Person oder einen Themenkreis:

1. Nelly Sachs (Dichterin)
2. Otto Pankok (Maler)
3. Gertrud von Le Fort (Dichterin)
4. Gruppe 47 (literarische Gruppe)
5. Lotte Lenya (Schauspielerin)
6. Das „Wirtschaftswunder“ (*economic miracle*) in der BRD, 1955–63
7. Deutsche Zeitungsreklamen, 1955–60 (*Der Spiegel*, usw.)

Postkarte gegen die drohende Remilitarisierung Deutschlands im Kalten Krieg. Holzschnitt von Otto Pankok, *Christus zerbricht das Gewehr*, 1950.

Kapitel 27

Vera Kamenko *(1947–   )*

Transport nach Deutschland

Kamenko was born in Yugoslavia and came to Germany
as a 22-year-old single mother in search of employment
and opportunities. She arrived in the late 1960s at a time
of economic restructuring and expansion. Contrary to her
dreams, however, Kamenko encountered a native culture
strongly prejudiced against foreign workers from southern
European nations. Her autobiography focuses on her difficulties working in various electro-chemical factories
throughout the Federal Republic. The following excerpt describes her confident and hopeful departure from Yugoslavia, the journey through Austria and Bavaria, and her arrival
in Berlin.

das **Arbeitsamt** employment office

die **Grenze** border

das war das erste Mal that was the first time
das **Erlebnis** experience
die **Kneipe** bar **Pulverkaffee mit Milch** instant coffee with cream

nochmal again
eine Tankstelle vor München a gas station outside Munich
der **Automat** vending machine **eine Toilette mit automatischen Türen** restroom with automatic
doors die **Münze** coin

der **Arbeitsvertrag** job contract
das **Flugzeug** airplane

gucken to look around

der **Dolmetscher** interpreter
das **Kaufhaus** department store

erstaunt astonished

der **Flughafen** airport
unser Flug wurde verschoben our flight was delayed

die **Fabrik** factory **aufgeregt** excited

Ich bin mit den anderen Leuten am 20. Mai 1969 um sieben Uhr früh mit Bussen von unserem Arbeitsamt abgefahren. Da sind fünf Busse gefahren. Alle waren für Deutschland. Ich war im vorletzten. Ich und (mein Sohn) Tatomir sind nicht im selben Bus gefahren. Wir sind den ganzen Tag gefahren und am Abend waren wir an der jugoslawischen Grenze. Da haben wir lange gewartet, und dann sind wir weiter durch Österreich gefahren, und so die ganze Nacht. Das war das erste Mal, daß ich so weit fuhr, und für mich war es ein großes Erlebnis. In Österreich haben wir eine lange Pause gehabt und sind in eine Kneipe gegangen. Ich habe zum ersten Mal Pulverkaffee mit Milch getrunken. Das war ein ganz anderer Geschmack als unser Kaffee. Ich habe dabei gedacht, daß ich niemals lernen werde, diesen Kaffee zu trinken. Ich weiß noch, daß dieser Kaffee teuer war. Wir haben nicht gedacht, daß in einem anderen Land Kaffee und Essen mehr kosten als bei uns. Wir haben immer nach unseren Preisen gerechnet, danach war dieser Kaffee doppelt so teuer wie bei uns.

Von hier sind wir weitergefahren und haben nochmal Pause gemacht, das war um sechs Uhr morgens an einer Tankstelle vor München. Da habe ich Coca gekauft aus einem Automaten, und ich habe das erste Mal eine Toilette gesehen mit automatischen Türen, wo du eine Münze reinwerfen mußt, dann kannst du reingehen. Eine Frau hat nicht gewußt, wie das geht und ist drin geblieben und hat Hilfe gerufen. Natürlich haben wir sie nicht dagelassen, sondern ihr erklärt, was sie machen soll. Dann sind wir nach München gefahren und am Bahnhof haben Busse gestanden. Sie haben auf uns gewartet mit warmem Kaffee und mit dem Essen. Manche Leute sind da geblieben, weil viele hier einen Arbeitsvertrag hatten. Nachdem sie uns empfangen haben, haben sie gesagt, wir müßten mit dem Flugzeug fliegen. Wir mußten bis nachmittags warten und (sie) haben uns frei gegeben, daß wir spazierengehen können und die Stadt angucken. Aber wir mußten bis 17 Uhr zurück sein. So haben wir's gemacht.

Ich bin mit dem Dolmetscher und seiner Frau zusammen geblieben. Wir sind in ein Kaufhaus nicht weit vom Bahnhof gegangen und haben da ein bißchen geguckt. Da war ein Restaurant, und wir haben uns hingesetzt. Da habe ich das erste Mal Bier getrunken. Ich brauchte nichts zu zahlen, das hat alles der Dolmetscher gemacht. Ich war nicht allein, sondern noch zwei, drei Frauen waren mit uns. Wir wollten nicht, daß wir uns verlieren, so waren wir sicher, weil der Dolmetscher das schon alles kannte. Ich war sehr erstaunt über alles, weil bei uns ist es nicht so wie hier. Meine Stadt ist groß, aber München ist sehr groß. Ich habe nicht gewußt, daß es noch größere Städte gibt als unser Belgrad.

Nachmittags sind wir zum Bahnhof zurückgegangen, der Bus ist um 17 Uhr gekommen und hat uns zum Flughafen gebracht. Da mußten wir auf unser Flugzeug warten und haben die Nachricht bekommen, daß unser Flug verschoben ist auf 21 Uhr. Wir sind dann in das Restaurant vom Flughafen gegangen und haben da getrunken und ein bißchen gegessen. Alle Kosten zahlte unsere Fabrik. Ich war aufgeregt, weil ich das erste Mal ein Flugzeug

Männer aus Mazedonien   Macedonian men

der **Abschied**   farewell

das **Wohnheim**   dormitory
die **Fabrikkantine**   factory cafeteria   das **Abendbrot**   dinner

sich entschließen   to decide

der **Schrank**   chest of drawers
der **Teppich**   carpet   **neu für uns eingerichtet**   newly furnished for us
Bettdecken   bedspreads   die **Bettwäsche**   bed linens

die **Schwierigkeit**   difficulty

sich verlieren   to get lost
sie hat uns verhört und geschimpft   she interrogated and scolded us

jeder Situation gewachsen sein   to cope with any situation

sehe und noch fliegen werde. Ich habe viel Angst gehabt, aber habe das nicht gezeigt. Um 21 Uhr war das Flugzeug bereit, und wir sind eingestiegen. Das war ein sehr großes Flugzeug, und viele jugoslawische Menschen waren da, wir zwanzig waren für Berlin bestimmt. Ich habe Platz bekommen bei Männern aus Mazedonien. Ich habe ihre Sprache nicht verstanden, aber diese 50 Männer waren sehr nett zu mir. Beim Fliegen haben wir was zum Essen und Trinken bekommen. Die mazedonischen Männer haben mir ihr Essen gegeben. Ich habe es halb gegessen und halb in die Tasche gesteckt. Wir sind schnell in Berlin gelandet. Da habe ich Abschied von den anderen genommen und bin mit meiner Gruppe in den Bus gestiegen. Es war schon 22 Uhr. 55

Wir sind zum Wohnheim gekommen, da hat uns der Direktor der Fabrik empfangen und in die Fabrikkantine geführt und da haben wir Abendbrot bekommen. Ich war nicht mehr hungrig, aber ich konnte noch essen. Nach dem Essen haben sie uns ins Wohnheim, das neben der Fabrik war, geführt und uns gezeigt, wo wir schlafen werden. Ich habe ein Zimmer 60 bekommen mit noch zwei Frauen, die sind mit mir zusammen gekommen. Wir haben uns noch vorher entschlossen, zusammen zu sein, und so haben wir drei ein Zimmer bekommen. Im Wohnheim waren wenige Zimmer mit drei Betten.

Wir haben Glück gehabt, zusammen zu bleiben. Das Zimmer war sehr 65 groß mit drei Betten und drei Stühlen, drei Schränken und einem Tisch. Teppich haben wir nicht gehabt. Das alles war neu für uns eingerichtet. Bettdecken haben wir auch neu gekriegt. Bettwäsche haben wir nicht gewaschen, die haben wir sauber bekommen einmal im Monat zum Wechseln. Wir sind glücklich gewesen, daß wir so ohne Schwierigkeiten ange- 70 kommen sind. Nächster Tag war freier Tag für uns, und wir konnten machen, was wir wollten. Wir sind später aufgestanden und ohne jemanden zu fragen spazierengegangen. Unterwegs haben wir einen jugoslawischen Mann gesehen, den wir kannten, er ist auch mit uns von Jugoslawien gekommen, und er hat uns ins Männerheim geführt. Das Männerheim war weit weg von 75 unserem, aber er kannte den Weg und hat uns später auch zurückgeführt. So haben wir keine Angst gehabt, uns zu verlieren. Unsere Dolmetscherin hat uns gesucht, und als wir zurückgekommen sind, hat sie uns verhört und dann geschimpft. Sie hat viel von Moral gesprochen und was wir können und was wir nicht tun können. Sie hat Angst bekommen, daß wir uns 80 verlaufen werden, aber sie hat vergessen, daß wir keine kleinen Kinder mehr sind. Und ich denke, sie brauchte keine Angst zu haben, wir sind nicht dumm, und wir sind jeder Situation gewachsen. Wir sind nicht gekommen, um von Moral zu hören, sondern um zu arbeiten und Geld zu verdienen.

SOURCE: From Vera Kamenko, *Unter uns war Krieg. Autobiographie einer jugoslawischen Gastarbeiterin* (Berlin: Rotbuch, 1978). © Rotbuch Verlag, Berlin.

ÜBUNGEN

A. Grammatik   Fill in the correct forms of the relative pronouns **der, die,** and **das.**

1. Der Kaffee, _____ wir tranken, hatte einen ganz anderen Geschmack.
2. Viele Menschen, _____ am Bahnhof standen, fuhren weiter mit dem Zug.
3. Die Busse, _____ auf uns warteten, standen beim Bahnhof.
4. Die Frau, _____ in der Toilette war, hat Hilfe gerufen.
5. Wir flogen mit dem Flugzeug, _____ uns nach Berlin brachte.

B. Comparative and Superlative of Adverbs   Fill in the missing forms.

base	comparative	superlative
schön	schöner	am schönsten
glücklich	_____	_____
_____	_____	am längsten
weit	_____	_____
_____	_____	am meisten
hungrig	_____	_____
sauber	_____	_____
spät	_____	_____

C. Konversation

1. Durch welche Städte kam Kamenko auf ihrer Reise?
2. Welche Begleiter hatte Kamenko auf ihrer Reise in die BRD?
3. Was war neu und überraschend für die jugoslawischen Gastarbeiter?
4. Wo wohnte Kamenko nach ihrer Ankunft in Berlin?
5. Warum wollte Kamenko in der BRD arbeiten?
6. Worüber sprach die Dolmetscherin mit Kamenko?
7. Woran erinnert sich Kamenko gern, woran ungern?
8. Gibt es Gastarbeiter in Ihrer Heimatstadt, in Ihrem Heimatland? Erzählen Sie.

D. Komposition

1. Beschreiben Sie eine Reise, an die Sie sich gern erinnern.
2. Synopse: Schreiben Sie eine kurze Zusammenfassung des Berichts von Vera Kamenko.

Oben links *Die Spur führt nach Berlin.* Werbung für den schwarz-weiß Film von Franz Cap, 1952. Verrat, Abenteuer und Intrigen bestimmen den Unterhaltungswert vieler früher Nachkriegsfilme. **Oben rechts** *Der Arzt von Stalingrad.* Vera Tschechova und O. E. Hasse spielen in der Verfilmung von Heinz G. Konsaliks beliebtem Kriegsroman, 1954. **Unten links** *Der letzte Sommer.* Film mit Hardy Krüger, Lieselotte Pulver und Nadja Tiller, 1957. Drehbuch von Harald Braun nach Motiven einer Novelle von Ricarda Huch, 1957. **Unten rechts** *Es wird alles wieder gut.* Unterhaltungsfilm mit Chansons, 1959.

Kapitel 28

Florian Seidl *(1948–)*

Beatmusik-Begeisterung

The author of the following sketch was born in Munich, where he grew up in a middle-class family during the decade of Germany's "economic miracle." After enrolling at the local university to study political science, Seidl became involved with the student movement of the 1960s and its politics based on civil rights, personal liberation, and collective activism. Seidl remembers the restlessness of his teenage years, the profound impact of rock and roll music, and his generation's enthusiastic experiments with new forms of social activism.

es blühten die Träume   dreams were blooming   **wuchern**   to grow luxuriously

die **Bewußtseinserweiterung**   consciousness raising   der **Drogenrausch**   drug intoxication

alles Bestehende schien veränderbar   everything existing seemed ready for change

brav   good, well-behaved
die **Angelegenheiten der Erwachsenen**   adult affairs

spannend   tense, exciting

strahlend   shining   **aussehen**   to look, appear   **neue Grenzen verheißend**   promising new limits

das Spiel wurde abgebrochen   the game was cancelled   **verstummen**   to turn silent
bedrücken   to depress
der **Nachruf**   obituary notice

unterstützen   to back up

die **Begeisterung**   enthusiasm   **zur Langeweile kam die Trauer**   boredom was joined by sadness
die **Identifikationssehnsucht**   search for role models   **es gab viel Idolsehnsucht**   there was much longing for
      idols   **ein Objekt der obskuren Begierde**   an object of obscure desire

nach vorn gekämmte Haare   hair combed forward   **der Pilz**   mushroom

der **Mistkäfer**   dung beetle

die gemütlichen Jazzonkels   the cozy jazz uncles   **lästern**   to ridicule   **bis ihnen das Lachen verging**
      until they stopped laughing   **man konnte ja umschalten**   one could simply switch (channels)

1964–69 blühten die Träume, und der Humus, auf dem sie wucherten, war die Musik. Schneller Erfolg, Reichtum, Ekstase, freie Liebe, Satanismus, verrückte Kleider, Bewußtseinserweiterung, Drogenräusche, Utopien, Flower-Power, Meditation, Anarchismus, Revolution, Nostalgie—alles schien möglich, alles Bestehende schien veränderbar, alles in Bewegung, alles 5
machte Spaß—sechs Jahre lang.

1963 wurde ich fünfzehn und in der Schule immer schlechter. Doch noch blieb ich braver Sohn meiner Eltern und interessierte mich für Politik, Kunst, Film, Theater und all die anderen Angelegenheiten der Erwachsenen, über die man in der Zeitung lesen konnte. Wenn ich von der Schule nach Hause 10
kam, hörte ich nach dem Essen Jazz...

Dafür begann die Politik zuweilen spannend zu werden für den, der sich dafür interessierte: Spiegelaffaire,[1] Profumoskandal,[2] Kubakrise[3] und ein Idol: J. F. Kennedy strahlend jung, gut aussehend, intelligent, neue Grenzen verheißend. Am 22. November 1963 war ich im Prinzregentenstadion 15
bei einem Eishockeyspiel Deutschland-Schweiz. Das Spiel wurde wegen der Ermordung Kennedys abgebrochen. Alle verstummten plötzlich und gingen bedrückt nach Hause. Ich war vollkommen schockiert. Als wir im Radio den Nachruf Willy Brandts hörten, mußte ich weinen.

Ich war nie mehr bei einem Eishockeyspiel, doch etwa fünfzehn Jahre 20
später war ich in einem Traum wieder im Prinzregentenstadion: es spielten die Beatles, unterstützt unter anderem von Muhammed Ali, gegen die Rolling Stones. Das Traumszenario markierte exakt den Beginn meiner Beatles- und Beatmusik-Begeisterung; hier im Prinzregentenstadion war es, als zur Langeweile die Trauer dazukam, und es viel Identifikations- und Idolsehn- 25
sucht gab, doch nirgendwo ein Objekt der obskuren Begierde. In dieser Trauer und Leere hörten viele Jugendliche auf dem Kontinent oder in den USA genauer hin auf das, worüber seit einigen Monaten aus England berichtet wurde. Da gab es eine Gruppe, die schockierend lange, nach vorn gekämmte Haare hatte, „Pilzköpfe", bei deren Konzerten die Mädchen zu 30
Tausenden hysterisch schrien und die sich „Beatles" (Käfer) nannten. Schlimmes las man zunächst über diese „Mistkäfer" oder „Mädchen". Es dauerte eine Weile, bis man auch im Radio von ihnen hörte; die gemütlichen Jazzonkels im Bayrischen Rundfunk lästerten bis ihnen das Lachen verging, aber man konnte ja auf den AFN[4] oder Radio Luxemburg umschalten. 35

[1] Spiegelaffaire. Zensurskandal um das Nachrichtenmagazin *Der Spiegel.*
[2] Profumoskandal. Spionage- und Sexskandal in Großbritannien, 1963.
[3] Kubakrise. Politische Krise um die Stationierung russischer Raketen in Kuba.
[4] AFN. American Forces Network, Rundfunkstation der U.S. Streitkräfte in der BRD.

SOURCE: From Florian Seidl, ''Beatmusik-Begeisterung,'' *L'80 Zeitschrift für Literatur und Politik*, ed. Heinrich Böll, no. 38 (June 1986), p. 58–60.

ÜBUNGEN

A. Konversation

1. Welche Themen behandelte die neue Musik (*rock and roll*)?
2. Was für Leben führte der Autor, als er 15 Jahre alt war?
3. Warum begann die Politik 1963 spannend zu werden?
4. Wie reagierten die Leute im Stadion auf den Tod Kennedys?
5. Warum schaltete der Autor oft das Radio auf AFN oder Radio Luxemburg um?
6. Wie denken Sie über die 60er Jahre und die Ideale der damaligen Jugend?

B. Kurzreferate   Sehen Sie nach in der Bibliothek und berichten Sie über eines der folgenden Themen. (*Die Zeit, Der Spiegel, Frankfurter Allgemeine Zeitung, Neues Deutschland*, usw.)

1. Bericht über die BRD (Kultur, Geschichte) im Jahr Ihrer Geburt.
2. Bericht über die DDR (Kultur, Geschichte) im Jahr Ihrer Geburt.

Mitglieder eines „Clubs für Amateursport" tanzen Twist, 1962.

Links Ein Volksarmist der DDR beim Sprung über die Berliner Mauer aus Stacheldraht, August 1961. **Rechts** Juni 1963. U.S. Präsident John F. Kennedy bei seinem Besuch in Berlin mit BRD Bundeskanzler Adenauer und Bürgermeister Willy Brandt.

Übungen zu den Abbildungen

A. Reportage Stellen Sie sich vor, Sie wären als Radioreporter dabei und berichteten über die Vorgänge in den zwei Bildern. Was sehen Sie?

B. Kurzreferate Schlagen Sie nach im Lexikon und berichten Sie über

1. Willy Brandt (BRD Politiker)
2. Studentenrevolten 1968
3. Walter Ulbricht (DDR Politiker)
4. Bau der Berliner Mauer 1961
5. Öffnung der Berliner Mauer 1989

Demonstrierende Studenten mit anti-autoritärem Spruch-Transparent „Unter den Talaren Muff von 1000 Jahren" (*under the gowns, 1000 years of mold*). Die beiden Jurastudenten entfalteten das Transparent 1967 vor dem Einzug (*inauguration*) des neuen Rektors der Universität Hamburg.

Demonstration gegen Notstandsgesetze (*emergency laws*), BRD 1967.

Kapitel 29

Christa Wolf *(1929–   )*

Nachdenken

Christa Wolf grew up during the 1930s in Landsberg, today's Gorzów Wielkopolski in Poland. Her adolescence was
marked by the rise of National Socialism, World War II, and
her family's flight to Mecklenburg in 1945. After the war,
Wolf joined the *Sozialistische Einheitspartei* (SED) of the
GDR, studied German literature at Jena and Leipzig University, married Gerhard Wolf, and settled in Berlin in 1963.

Wolf's career as a writer began with the publication of
short stories and novels such as *Moskauer Novelle* (1961) and
Der geteilte Himmel (*Divided Heaven*, 1963). Much like an
archaeologist in search of hidden histories, Wolf often juxta-
poses factual events, episodal evidence, and authentic memories within her novels and stories. This recurring preoc-
cupation with reminiscence, reflection, and self-analysis
characterizes all of Wolf's writing.

The chapter quoted below formed the introduction to
Christa Wolf's biographical novel *Nachdenken über Christa
T.* (*The Quest for Christa T.*) published in 1968. The biogra-
phy reconstructs the life of her friend Christa T., who did
what she was told and lived a seemingly unexceptional life
before she died at age thirty-five. Between the lines, through
a montage of colorful images and memories, Wolf tells the
story of an individual crushed by the pressures of uniformity.
Sorting through old diaries, letters, and home movies of
her friend T., Wolf articulates her own sense of loss, remembrance, fear and rebellion.

das **Nachdenken** reflection, meditation   der **Versuch** attempt
die losen Blätter der Manuskripte loose leaves of the manuscript

die Farbe der Erinnerung trügt the color of memory is deceptive

schwinden to disappear   der **Dorffriedhof** village graveyard
der **Sanddornstrauch** buckthorn bush
Mecklenburg Prussian province   **die Lerchenschreie im Frühjahr** larks calling in springtime
der **Herbststurm** autumn storm
die **Klage** complaint, mourning die **Träne** tear   der **Vorwurf** reproach, accusation **erwidern** to reply to   **nutzlos** useless   **endgültig** final   **abgewiesen** rejected   der **Trost** comfort, consolation
das **Vergessen** oblivion

beteuern to affirm, to assure
die **Ausrede** excuse, evasion
das **Vergessenwerden** being forgotten

ich verfüge über sie I am in control over her   **herbeizitieren** to summon   **kaum** hardly
die **Lebenden** the living   **bewegen** to move   **mühelos** effortless
der **Schritt** stride, step   **ihr schlenkriger Gang** her gangling walk
der **Beweis** proof   der **Strand** beach

der **Verdacht** suspicion   **betäuben** to lull   **sogar** even
ein Schattenfilm spult ab a silent film is playing

belichten to expose   **verdächtig** suspicious

etwas Wichtiges versäumen to miss something important

ihr dunkles, fußliges Haar her dark, frizzy hair

der **Abschied** departure   **das Ding dreht sich noch** the projector is still running   **schnurren** to hum
dienstbeflissen zealous, assiduous   der **Ruck** jerk
schartig notched

nachlässige Trauer careless mourning

sich selbst überlassen left to oneself
sich besinnen to reflect, to call to mind   **wenden** to devote

Nachdenken, ihr nach—denken. Dem *Versuch, man selbst zu sein.* So
steht es in ihren Tagebüchern, die uns geblieben sind, auf den losen Blättern
der Manuskripte, die man aufgefunden hat, zwischen den Zeilen der Briefe,
die ich kenne. Die mich gelehrt haben, daß ich meine Erinnerung an sie,
Christa T., vergessen muß. Die Farbe der Erinnerung trügt.   5

So müssen wir sie verloren geben?

Denn ich fühle, sie schwindet. Auf ihrem Dorffriedhof liegt sie unter
den beiden Sanddornsträuchern, tot neben Toten. Was hat sie da zu suchen?
Ein Meter Erde über sich, dann der mecklenburgische Himmel, die Lerchenschreie im Frühjahr, Sommergewitter, Herbststürme, der Schnee. Sie   10
schwindet. Kein Ohr mehr, Klagen zu hören, kein Auge, Tränen zu sehen,
kein Mund, Vorwürfen zu erwidern. Klagen, Tränen, Vorwürfe bleiben
nutzlos zurück. Endgültig abgewiesen, suchen wir Trost im Vergessen, das
man Erinnerung nennt.

Vor dem Vergessen, beteuern wir aber doch, müsse man sie nicht   15
schützen. Da beginnen die Ausreden: Vor dem Vergessenwerden, sollte es
heißen. Denn sie selbst, natürlich, vergißt oder hat vergessen, sich, uns,
Himmel und Erde, Regen und Schnee. Ich aber sehe sie noch. Schlimmer:
Ich verfüge über sie. Ganz leicht kann ich sie herbeizitieren wie kaum einen
Lebenden. Sie bewegt sich, wenn ich will. Mühelos läuft sie vor mir her, ja, 20
das sind ihre langen Schritte, ja, das ist ihr schlenkriger Gang, und das ist,
Beweis genug, auch der große rotweiße Ball, dem sie am Strand nachläuft.
Was ich höre, ist keine Geisterstimme: Kein Zweifel, sie ist es, Christa T.
Beschwörend, meinen Verdacht betäubend, nenne ich sogar ihren Namen
und bin ihrer nun ganz sicher. Weiß aber die ganze Zeit: Ein Schattenfilm   25
spult ab, einst durch das wirkliche Licht der Städte, Landschaften, Wohn-
räume belichtet. Verdächtig, verdächtig, was macht mir diese Angst?

Denn die Angst ist neu. Als sollte sie noch einmal sterben, oder als
sollte ich etwas Wichtiges versäumen. Zum erstenmal fällt mir auf, daß sie
sich seit Jahr und Tag in meinem Innern nicht verändert hat und daß da keine 30
Veränderung mehr zu hoffen ist. Nichts auf der Welt und niemand wird ihr
dunkles, fußliges Haar grau machen, wie das meine. Keine neuen Falten
werden in ihren Augenwinkeln hervortreten. Sie, die Ältere, nun schon
jünger: Fünfunddreißig, schrecklich jung.

Da weiß ich: Das ist der Abschied. Das Ding dreht sich noch, schnurrt 35
dienstbeflissen, aber zu belichten ist da nichts mehr, mit einem Ruck springt
das schartige Ende heraus, dreht mit, einmal, noch einmal, stoppt den
Apparat, hängt herab, bewegt sich wenig in dem leichten Wind, der da immer
geht. Die Angst, ja doch.

Fast wäre sie wirklich gestorben. Aber sie soll bleiben. Dies ist der   40
Augenblick, sie weiterzudenken, sie leben und altern zu lassen, wie es jeder-
mann zukommt. Nachlässige Trauer und ungenaue Erinnerung und un-
gefähre Kenntnis haben sie zum Schwinden gebracht, das ist verständlich.
Sich selbst überlassen, ging sie eben, das hat sie an sich gehabt. In letzter
Minute besinnt man sich darauf, Arbeit an sie zu wenden.   45

der **Zwang** compulsion   **unleugbar** undeniable

vorgeben to pretend

vorwerfen to reproach, to accuse   **ein Mittel gegen ihre Entfernung** a method against forgetting her

die **Begegnung** meeting

Die DDR-Schriftstellerin Christa Wolf.

Etwas von Zwang ist unleugbar dabei. Zwingen, wen? Sie? Und wozu? Zu bleiben?- Aber die Ausreden wollten wir hinter uns lassen.

Nein: daß sie sich zu erkennen gibt.

Und bloß nicht vorgeben, wir täten es ihretwegen. Ein für allemal: Sie braucht uns nicht. Halten wir also fest, es ist unseretwegen, denn es scheint, wir brauchen sie.   50

In meinem letzten Brief an sie—ich wußte, es war der letzte, und ich hatte nicht gelernt, letzte Briefe zu schreiben—fiel mir nichts anderes ein, als ihr vorzuwerfen, daß sie gehen wollte, oder mußte. Ich suchte wohl ein Mittel gegen ihre Entfernung. Da hielt ich ihr jenen Augenblick vor, den ich immer   55 für den Beginn unserer Bekanntschaft genommen habe. Für unsere erste Begegnung. Ob sie ihn bemerkt hat, diesen Augenblick, oder wann ich sonst in ihr Leben gekommen bin—ich weiß es nicht. Wir haben niemals darüber gesprochen.

SOURCE: From Christa Wolf, *Nachdenken über Christa T.* (Berlin: Aufbau Verlag, 1968). © 1968, Aufbau Verlag, Berlin und Weimar, DDR.

ÜBUNGEN

A. Fragen

1. Wie alt war Christa T., als sie starb?
2. Wie beschreibt Wolf ihre Erinnerung an den Dorffriedhof?
3. Was macht Christa T. auf dem alten Film, den Wolf beschreibt?
4. Wovor hat Wolf Angst? Erklären Sie kurz Ihre Antwort.
5. Wie denkt die Autorin über sich selbst? Warum macht sie sich Vorwürfe?
6. Was sagt Wolf über das Alter Christa T.'s? Wer ist alt oder „jung"? Stimmen Sie mit ihr überein?

B. Konversation und Komposition

1. Wie beschreibt Wolf ihre Erinnerung an die tote Freundin?
2. Wie finden Sie die Sprache des Textes? Erklären Sie Ihre Meinung anhand einiger Beispiele.
3. Beschreiben Sie eine oder einen Ihrer eigenen Freunde oder Freundinnen.
4. Essay: „Gedanken zum Thema Freundschaft"

C. Kurzreferate

1. Christa Wolf (geb. 1929)
2. Geographie: Die Stadt Leipzig
3. Geographie: Die Stadt Jena

Teil VI

Autobiographisches aus Ost und West

Gudrun Brüne, *Selbstporträt mit Helden.* Öl auf Holz, Leipzig, 1980. Das Selbstporträt zeigt die Künstlerin im Umkreis ihrer Helden, der Malerin Paula Modersohn-Becker und der Politikerin Rosa Luxemburg.

CHRONOLOGY 1969–1990

SCIENCE AND TECHNOLOGY	POLITICS
1969 American astronauts Neil Armstrong and Edwin Aldrin became first men to walk on the moon. • American Edward Hoff developed the microchip for computers.	**1969** Willy Brandt elected Federal Chancellor. • Beginning of inter-German (FRG/GDR) negotiations. • Recognition of the inviolability of postwar European borders (*Ostpolitik*). • Legal reforms.
1970 Establishment of the Max Planck Institute • First successful nerve transplant took place at a Munich neurosurgical clinic. • First complete synthesis of a gene.	**1970** United States invaded Cambodia. • Recognition of all European borders by FRG and USSR.
1971 Max Planck Institute for Molecular Genetics founded in West Berlin. • Video discs, video cassettes, and quadrophonics were presented at the Berlin Radio Show.	**1971** Ulbricht removed as First Secretary of SED, replaced by Erich Honecker in GDR.
1972 Club of Rome published ecological report, *The Limits of Growth*.	**1972** The *Radikalenerlaß* decree passed against members of terrorist organizations. • FRG and GDR signed Basic Treaty.
1973 Ernst Fischer awarded the Nobel Prize for Chemistry. World's largest superconductor magnet installed in Karlsruhe. • First GDR nuclear power plant opened.	**1974** Federal Chancellor Willy Brandt resigned because of Guillaume spy affair. • Helmut Schmidt (SPD) became new German Chancellor. • U.S. President Nixon resigned.
1974 Psychoanalyst and founder of the Institute for Social Research, Erich Fromm, published the *Anatomy of Human Destructiveness* in German.	**1975** Communist forces took over South Vietnam. • Helsinki Conference held on human rights.
1975 Digital quartz watches introduced.	**1978** New restrictions imposed by the GDR on inter-German travel and tourism.
1977 International Congress on Solar Energy held in Hamburg. • Introduction of microcomputers.	**1980** Foundation of the Green Party.
1978 First test-tube baby born. • First German (GDR) in space.	**1982** Election of Helmut Kohl as FRG Chancellor. • Installation of new nuclear missiles in the FRG.
1981 Construction of the first space shuttle *Columbia* in the United States.	**1983** Passing of new environmental protection laws.
1984 USSR launched Vega 1 to greet Halley's comet.	**1986** Reagan and Gorbachev started disarmament negotiations in Reykjavik, Iceland.
1980–1989 Introduction of cellular telephones, home video games, voice mail, image scanners, and wireless remote controls. • Introduction of cable television in the FRG.	**1989** Bush became U.S. president. • Chinese student demonstrations crushed at Tiananmen Square in Bejing. • Popular revolutions in Hungary, Rumania, Czechoslovakia, Bulgaria, and the GDR. Opening of "Iron Curtain" borders.
1990 Launch of the Hubble space telescope.	**1990** GDR elections and reforms.

SOCIAL HISTORY	ARTS
1970 Détente began between East and West. ● U.S. student protest at Kent State; four students shot by the National Guard. ● Increase of terrorism in Germany. ● Voting age in Germany lowered to 18 years. ● First airline hijacking. **1971** Chancellor Willy Brandt awarded the Nobel Peace Prize. ● Environmental legislation passed; DDT banned. **1972** Olympic Summer Games held in Munich; Palestinian terrorists kidnapped members of the Israeli team. **1973** Arab oil embargo led to international energy crisis and the accelerated construction of nuclear power plants. ● FRG and GDR joined the United Nations. **1974** The last 5,000 private firms socialized in GDR. **1975** Large scale antinuclear protests against nuclear power plants at Wyhl and Brokdorf. ● A period of economic crisis, rising unemployment and inflation began (continued until 1980). **1976** Dissident movement began in GDR. **1979** Post office introduced tele-fax machines. **1981** Solidarity movement in Poland. First AIDS case in FRG. **1982** Massive antinuclear protests in Europe and U.S. **1985** Geraldine Ferraro became the first female vice presidential candidate in the U.S. **1985** Second postwar baby boom. **1986** Nuclear accident at Chernobyl in the Soviet Union. **1989** Mass exodus from GDR to FRG. Opening of the Berlin Wall. **1990** First steps toward German unification.	**1969** Fassbinder released film *Katzelmacher*. **1970** Heiner Müller published his play *Mauser*. **1971** Publication of Heinrich Böll's novel *Group Picture with Lady*. **1972** Emergence of feminist bookstores and galleries. ● Joseph Beuys and Heinrich Böll founded the Free University for Creativity and Interdisciplinary Research. ● Ulrich Plenzdorf published *The New Sorrows of Young Werther*. **1974** Peter Stein's Berlin theater group Schaubühne produced Maxim Gorki's *Summer Guests*. **1975** Publication of the first volume of Peter Weiss's novel *Aesthetics of Resistance*. ● Werner Herzog's film *Kaspar Hauser* won the Critic's Prize at the Cannes Film Festival. ● Emergence of "New Subjectivity" and "New Authenticity" in literature. ● New German Film. **1977** Publication of Günther Grass's novel *The Flounder*. ● In Kassel, documenta VI focused on Art and Media; the GDR represented for the first time. **1979** Joseph Beuys retrospective held at the Guggenheim Museum, New York. ● Stephan Hermlin published his memoirs, *Abendlicht*. **1981** Wolfgang Petersen's film *Das Boot* released. ● German neoexpressionist painters dominated the international art exhibition at the Venice Biennale. **1982** Release of Wim Wenders' film, *The State of Things*. ● Resurgence of German dialect and guest workers' literature. **1983** *Zeitgeist*, contemporary German art exhibition presented in Berlin. ● Emergence of new German *Liedermacher* and popular music. **1989** GDR artists and writers engaged in revolutionary rallies.

Kapitel 30

Verena Stefan *(1947–   )*

Häutungen

This short passage from Verena Stefan's autobiography *Häutungen* (Sheddings, 1975), records the thoughts of a young Swiss woman who remembers an incident of public ridicule and sexual harassment. In minute detail, Stefan's text reveals the many layers of objectification and embarrassment she faced at school, at work, and in public. Determined to protect her rights and dignity, Stefan joined the women's organization "Bread & Roses" and began to speak up for feminist causes with a voice of her own. The format of Verena Stefan's written testimony consciously defies patriarchal traditions by inverting common spelling conventions— all nouns appear decapitalized.

die **Kneipe** bar

unmittelbar am Gehsteig right on the sidewalk

einer der Männer stutzt one of the men stops short

sie drehen sich um they turn around

der **Rock** skirt

er starrt mich unverwandt an he stares at me openly

gaffen to gape, to stare   **lüstern** lewd

ein empörtes Gesicht a furious face   **aufbringen** to provoke, to irritate

die **Brust** breast

die **Wirbelsäule** spine   **breit** broad, wide

sie haben beifällig gelacht they laughed approvingly

es pfeift an meinem Ohr vorbei they whistle right past my ear   **im Augenwinkel** out of the corner of my
      eye   **ich nehme Männerbeine wahr** I notice male legs

sich zum Sprung ducken to crouch down ready to jump

ich hole zum Schlage aus I get ready to swing

durch den Hinterhof through the back court

der **Kühlschrank** refrigerator

sorgfältig carefully

die glättende Innenwelt the soothing inner world   die **Trennung** separation

sie haben so viel zu tun they have so much to do

Auf dem nachhauseweg komme ich an einer kneipe vorbei. an einem tisch unmittelbar am gehsteig, sitzen zwei männer und zwei frauen. einer der männer stutzt, wie er mich sieht. er macht zu den anderen eine bemerkung; sie drehen sich nach mir um.

Ich trage einen langen rock, darüber ein ärmelloses unterhemd. in einer hand halte ich eine tasche mit drei flaschen wein. der mann lehnt sich über die balustrade und starrt mich unverwandt an. ich starre unverwandt zurück, während ich näherkomme. etwas alarmiert mich an dieser situation mehr als sonst. der mann gafft nicht lüstern oder genüßlich, sondern er macht ein eindeutig empörtes gesicht. wie ich an ihm vorbeigehe, sagt er aufgebracht: also, sag mal, mädchen, wo hast du denn deine brust hängen?

Meine wirbelsäule spannt sich. der mann ist doppelt so groß und so breit wie ich, außerdem angetrunken. die anderen haben beifällig gelacht. zwei schritte später pfeift es scharf an meinem ohr vorbei. im augenwinkel nehme ich vier männerbeine wahr und höre, nachdem der pfiff ausgestoßen ist: donnerwetter, die hängen ja!

Ich ducke mich zum sprung. und dann? ich hole zum schlag aus. wie schlage ich zu? noch fünf schritte, und ich kann die schwere haustür aufstoßen, setze beim briefkasten die tasche ab, nehme die post heraus, gehe durch den hinterhof zum seiteneingang, steige die zwei treppen hoch, schließe die wohnungstüre auf, begebe mich in die küche, öffne den kühlschrank, lege die drei flaschen wein sorgfältig hinein, lasse die tür zufallen und sehe mich mit hängenden armen in der küche um. . . .

Eine welt für sich, die glättende innenwelt. die trennung zwischen innen und außen wird täglich neu hergestellt. . . .

Frauen und Männer

Frauen sind bessere menschen
als männer, behauptete Dave, sie sind
demokratischer, humaner, diplomatischer
alle frauen sind schön! er sagte auch:
ihr müßt anfangen mit der revolution
männer werden von selbst nichts
verändern. sie haben so viel zu tun.

SOURCE: From Verena Stefan, *Häutungen* (Munich: Verlag Frauenoffensive, 1975). [Courtesy of Verlag Frauenoffensive, Munich.]

ÜBUNGEN

A. Verben   Fill in the principal parts.

Infinitive	3rd. Person Singular	Simple Past	Past Participle
_____	bringt	_____	_____
sitzen	_____	_____	_____
_____	_____	drehte sich um	_____
_____	_____	_____	sich gelehnt
_____	_____	_____	zurückgestarrt
_____	_____	veränderte	_____

B. Grammatik   Rewrite the sentences as indicated.

1. Meine Wirbelsäule hat sich gespannt. (*present*)
2. Ich trage einen langen Rock. (*simple past*)
3. Ich starre unverwandt zurück. (*present perfect*)
4. Sie drehen sich nach mir um. (*future*)
5. Ich ging an ihm vorbei. (*present perfect*)
6. Männer werden von selbst nichts verändern. (*simple past*)

C. Fragen

1. Wer saß am Tisch unmittelbar am Gehsteig?
2. Was trug Stefan in der Hand?
3. Was machten die Männer in der Straßenkneipe, als Stefan vorbeiging?
4. Was fühlte Stefan beim Vorbeigehen an der Kneipe?
5. Was machte Stefan beim Postkasten?
6. Woran dachte Stefan in der Küche?

D. Konversation und Komposition

1. Warum pfiffen und lachten die Männer in der Kneipe?
2. Warum wollte Stefan zum Schlag ausholen?
3. Was meint Stefan mit dem Ausdruck „die Trennung zwischen Innen- und Außenwelt"?
4. Was sagt Dave im Gedicht über die Frauen?
5. Warum können Dave und andere Männer nicht an der Emanzipation der Frauen teilnehmen?
6. Wie interpretieren Sie das Gedicht? Finden Sie es provokativ, ironisch, usw.?
7. Essay: „Gedanken zum Thema Feminismus"

Postkarten gegen den Sexismus, 1989. Kampagne des BRD Ministeriums für Jugend, Familie, Frauen und Gesundheit zu Artikel 3, Absatz 2 des Grundgesetzes (*constitution*): „Männer und Frauen sind gleichberechtigt". **Oben** „Mein lieber Mann, bist Du stark genug für die Gleichberechtigung? Als Partner kann Man(n) nur gewinnen." **Unten** Postkarte mit der Inschrift „Warten sie nicht auf den Prinzen, denn 100 Jahre sind genug, Frau Röschen!"

Konversation zu den Abbildungen

1. Was wollen diese Postkarten Ihrer Meinung nach zum Ausdruck bringen? Erklären Sie kurz.
2. Finden Sie die Postkarten wirkungsvoll, humorvoll, ironisch, sarkastisch? Warum? Warum nicht?

Kapitel 31

Norbert Klugmann (*1951–*)

Heimat ist schwer zu finden

Growing up during the turbulent 1960s, Norbert Klugmann witnessed rapid political and cultural changes in the Federal Republic of Germany. The author remembers his childhood experiences in Westerweyhe, near Hamburg, and his quest to escape from the confines of his small town to a large urban center with solid social, educational, and professional opportunities. In an autobiographical sketch, dated 1980, Klugmann describes the popular beliefs of his generation and its attitudes towards modern city life. The subtle irony of his report reflects Klugmann's own search for alternatives. His utopian city is defined as a suburban social network located somewhere in between big cities and small towns.

mein Abitur schaffen   to get my high school diploma

ziehen   to move

zweierlei   of two kinds

die **Möglichkeit**   opportunity   **Verzweiflungen und Enttäuschungen**   despairs and disappointments

erleiden   to suffer   **überwinden**   to overcome

der **Endzustand**   Utopia

nötig   necessary

es war ja klar   it was absolutely clear

Fortschritt rundum   progress all around

unterhand   meanwhile

kein zärtliches Gefühl   no tender feeling

die **Unzulänglichkeit**   insufficiency

bummeln   to stroll

das **Schaufenster**   store windows

das **Eigenheim**   family home   der **Betrieb**   shop

die **Verbindung**   connection

eine streßfreie Lebensweise   a stress-free lifestyle

das **Landei**   country egg

saftig   juicy   der **Dotter**   egg yolk   die **Legebatterie**   egg farms

verkümmert   stunted

die **Landwirtschaft**   agriculture

das **Angebot**   supply

es reichte als Begründung aus   it sufficed as an explanation

es mangelte an Luft   there was a lack of air

atmen   to breathe

der **Treffpunkt**   meeting place

begründen   to explain

der **Eifer**   ambition

die **Schullaufbahn**   school career

zeitweise   occasional

Ich wollte weg. Ich wollte mein Abitur schaffen und dann in die große Stadt ziehen; nicht nur, um zu studieren, vor allen Dingen, um zu leben. Denn daß das zweierlei ist, das war mir klar. Danach dachte ich, daß mir die große Stadt alle Möglichkeiten bietet, um die Verzweiflungen und Enttäuschungen, die ich in der kleinen Stadt erlitten hatte, zu überwinden. Die große 5 Stadt war für mich damals quasi ein Endzustand. Großstadt, das war perfekt, nach Großstadt kam nichts mehr. Darüber ging nichts. Dabei kannte ich Großstädte kaum, Hamburg ganz gut, Frankfurt kaum weniger, ein bißchen Hannover, das war's. Ich fand es gar nicht nötig, große Städte persönlich zu kennen. Es war ja klar, wie sie waren. Sie mußten so sein, wie das Bild in 10 meinem Kopf es forderte. . . .

Die große Stadt, das war Fortschritt, Fortschritt rundum. Wie mir erging es 98 Prozent aller Klassenkameraden und 98 Prozent aller Mitschüler. Nur raus aus der kleinen Stadt. Unterhand war sie auch nicht mehr meine kleine Stadt. Ich hatte kein zärtliches Gefühl mehr für sie. Ich hatte 15 gelernt/erlebt, sie für ihre Unzulänglichkeiten zu hassen. Man konnte in ihr ja noch nicht einmal mit Heidrun durch die Straßen bummeln; nach zwanzig Minuten hatten wir alle Schaufenster angeguckt. Sonst gab es nur noch Straßen mit Eigenheimen und ein, zwei Viertel mit Betrieben und die Zuckerfabrik. 20

Womit wir Dorf und Stadt damals überhaupt nicht in Verbindung brachten, waren: streßfreie Lebensweise, funktionierende Nachbarschaft, kurze Wege, frische Luft, Nähe zu Land, und gesunde Produkte. Ein frisches Landei fanden wir damals zwar besser als eins aus dem Supermarkt. Die Eier vom Land hatten ein saftig-gelbes Dotter, die aus den Legebatterien 25 schauten bläßlich aus. Aber das war ein verkümmerter Rest von Instinkt. Unsere Fortschrittsidole standen fest: eine breite Straße ist besser als eine schmale Straße. Maschinen sind gut: für die Landwirtschaft, damit es die Bauern besser haben; für den Haushalt, damit es die Hausfrauen leichter haben. Neu zu bauen ist besser, als alte Häuser zu renovieren. Kleine 30 Läden und Geschäfte sind schlecht, weil sie eng und teuer sind; ihr Angebot läßt zu wünschen übrig, usw.

Damals wollte, wer etwas auf sich hielt, weg aus der kleinen Stadt und rein in die große Stadt. „Weg" war gut und reichte als Begründung aus. Unausgesprochen stand dahinter, daß es in der großen Stadt nur besser 35 werden konnte. Wir fühlten uns alle eingeengt. Es mangelte an Luft zum Atmen. . . . In der kleinen Stadt ging auch alles zu langsam. . . . Wir fühlten uns zu groß für die Kleinstadt. In unseren Treffpunkten—ein, zwei Kneipen sowie bei Tschibo und Eduscho[1]—begründeten wir uns zwischen Bieren und Kaffees jeden Tag nach der Schule mit täglich neuem Eifer, warum wir nur 40 noch das Ende unserer Schullaufbahn abwarteten und dann aber nichts wie weg.

Wer seine kleine Stadt oder sein Dorf verläßt und in die große Stadt geht, der hat zeitweise gar nichts mehr, an das er sich halten kann. Er hat sein Dorf nicht mehr, und er hat die große Stadt noch nicht. 45

stattfinden   to take place

in die Quere kommen   to cross (someone's) path

verteilt   distributed
der **Abschluß**   graduation   **anstreben**   to strive for

der **Verein**   association, club   **anschließen**   to join

bleiern   leaden   die **Müdigkeit**   tiredness

überlegen   to consider
der **Gewinn**   profit
die **Muße**   leisure
natürlich aus Notwehr   in self-defense, to be sure

die **Gardine**   curtain

wenn Leben stattgefunden hätte   if it had come to life
der **Schreck**   fright, horror   der **Schritt**   step

das **Dorf**   village

vernünftig   reasonable

die **Heimat**   homeland

bisher   until now

Ich fing an zu studieren, und bevor ich die Räume gefunden hatte, in denen meine Seminare stattfanden, war das erste Semester vorbei. Es waren nicht meine Seminare. Das Studium nahm seinen Gang, ich nahm meinen Gang, wir kamen uns selten in die Quere. Meine Freunde und Klassenkameraden sah ich niemals wieder. Manchmal—nicht oft—dachte ich daran, wie 50 wir alle über die Republik[2] verteilt in Universitätsstädten sitzen und unsere— unsere?—Abschlüsse anstreben. Ich hatte 50 Kinos zur Auswahl, über 3.000 Kneipen, konnte U-Bahn fahren, Tausende von Frauen treffen—das war nicht unwichtig—mich Dutzenden von politischen Vereinen anschließen, in Millionen von Büchern blättern, sogar lesen. Aber schon im zweiten 55 Semester (1971) befiel mich bleierne Müdigkeit, wenn ich eine Bibliothek betrat. . . .

Ich habe erst in der großen Stadt angefangen, mir zu überlegen, was ich will. Wenn die große Stadt für mich einen Gewinn gebracht hat, dann den, daß sie mich dermaßen alleingelassen hat, daß ich Muße hatte, nachzudenken. 60 Natürlich aus Notwehr. Ich habe mich von der großen Stadt weggedacht, bevor ich richtig in ihr drinsteckte. Einsam war ich auch in der kleinen Stadt, als sie noch meine kleine Stadt war. Sonntags habe ich oft am Fenster gestanden, habe auf die Straße geguckt und darauf geachtet, daß die Gardine vorgezogen war, damit mich von draußen niemand sehen konnte. 65 Auf dieser Straße passierte nichts. Ich bin sicher, wenn auf ihr plötzlich Leben stattgefunden hätte, einfach nur Bewegung, ich hätte einen großen Schreck gekriegt und wäre einen Schritt in mein Jugendzimmer hinein zurückgetreten: zurück vom Fenster. Aber es war ja nicht das Fenster zur Welt, es war nur das Fenster, das auf die Straße vor meinem Elternhaus 70 führte.

Das also weiß ich: Die große Stadt will ich nicht, die kleine Stadt will ich nicht, das Dorf will ich nicht; stimmt nicht: Das Dorf will ich doch, aber es soll ein Dorf sein, an dessen Aufbau ich meinen Teil trage. Ich glaube, ich habe ganz schön viel Kraft, die nur darauf wartet, sich auf ein vernünftiges 75 Projekt einlassen zu dürfen. Es gibt ja nicht nur Dörfer und Städte. . . .

Vielleicht sind große und mittlere Städte zur Gründung von Dörfern, wie ich sie mir vorstelle, besser geeignet als die Dörfer, wie wir sie heute um uns herum in diesem Land haben. . . .

Noch ist die Heimat nicht in Sicht. Ich sehe sie nicht, fühle sie nicht, 80 kann kaum von ihr sprechen. Aber ich suche sie mit allen Sinnen, und ich werde sie finden—irgendwo zwischen der großen Stadt und dem Dorf und der kleinen Stadt, die ich kennengelernt habe. Bisher.

---

[1] Tschibo, Eduscho. Deutsche Imbiß- und Kaffeefilialen (*German coffee and snack bar chains*).
[2] Republik. Bundesrepublik Deutschland.

SOURCE: From Norbert Klugmann, "Heimat ist schwer zu finden," *Dörfer wachsen in der Stadt*. ed. Klaas Jarchow. (Alpen: Zero, 1980) pp. 22–24. [Courtesy of Zero Verlag, Rheinberg.]

ÜBUNGEN

A. Fragen

1. Warum wollte Klugmann nach dem Abitur in die große Stadt ziehen?
2. Welche Großstädte kannte Klugmann als Student?
3. Warum hatte Klugmann kein zärtliches Gefühl für seine Kleinstadt?
4. Was machte Klugmann jeden Tag nach der Schule?
5. Warum fühlte der Autor nach einem Semester auf der Universität eine bleierne Müdigkeit?
6. Welche Erfahrungen machte Klugmann in der großen Stadt?
7. Was tat Klugmann oft am Fenster im Haus seiner Eltern?

B. Konversation und Komposition

1. Wie beschreibt Klugmann die Vorteile des Lebens in der Großstadt? In der Kleinstadt?
2. Wie stellt sich der Autor die Stadt der Zukunft vor? Was will er, was will er nicht?
3. In was für einer Stadt oder in was für einem Dorf wuchsen Sie auf?
4. Was für Treffpunkte waren bei Studenten beliebt?
5. Fanden Sie das Leben in Ihrer Stadt oder Ihrem Dorf einsam, interessant, langweilig, monoton, oder abwechslungsreich? Erzählen Sie!
6. Wohin ging man in Ihrer Umgebung ins Konzert, ins Theater, oder zum Einkaufen?
7. Was war Ihnen in Ihrer Jugend lieber? Das Leben auf dem Land oder in der Großstadt, im Vorort oder im Stadtzentrum? Erzählen Sie!
8. Was denken Sie über das Studium auf Ihrer Universität oder auf Ihrem College? Gehen Sie gern in die Bibliothek?
9. Essay: Beschreiben Sie Ihre eigenen Gedanken zum Thema „Heimat." Wo fühlen Sie sich zu Hause?

Kompositionen zu den Abbildungen

1. Essay: „Gang durchs Museum"
2. Essay: „Gang durch die Galerie"
3. Essay: „Besuch in der Oper"
4. Essay: „Besuch im Konzert"
5. Essay: „Besuch im Theater"
6. Essay: „Besuch in der Bibliothek"

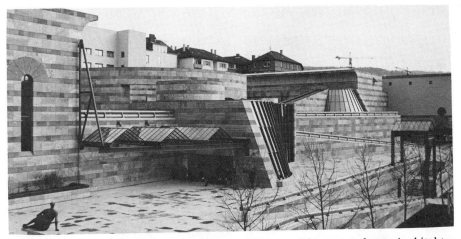

Oben James Sterling, Neue Staatsgalerie in Stuttgart. Die postmoderne Architektur haust Museum, Theater, Auditorien, Galerien und Geschäfte in einem Komplex. Vom Hi-Tech Taxistandplatz aus Stahl und Glas neben der Straße führen breite massive Rampen zu den historisch geordneten Galerien. Die pianoförmige Struktur des Bauwerks verweist zugleich auf die musikalische und künstlerische Funktion der Anlage im Zentrum der Stadt. **Unten** Prospekt einer Ausstellung in der Schirn Kunsthalle am Römerberg in Frankfurt am Main 1989 mit Arbeiten von Wassily Kandinsky, Oskar Schlemmer und Igor Strawinsky. Architekt: James Sterling.

Links Neue Deutsche Filme der frühen achtziger Jahre. Plakat für Wolfgang Petersens Film *Das Boot. Eine Reise ans Ende des Verstandes*, 1981. Der Film zeigt eine U-Boot Operation im Kriegsjahr 1941. Wolfgang Petersen, der Regisseur, kommentierte dazu: „Natürlich bin ich nicht ohne Bedenken an diesen Stoff herangegangen, doch waren sie nach dem Lesen von L. G. Buchheims Roman zerstreut. Ich hatte das Gefühl, daß ich hier emotional am stärksten erlebe, was Krieg ist. Wie bei dem Buch *Im Westen nichts Neues* (*All Quiet on the Western Front*) empfand ich, daß *Das Boot* der radikalste, beste und möglicherweise auch schwierigste Stoff ist, der mit Krieg zu tun hat . . .“ **Rechts** *Fitzcarraldo*. Plakat für Werner Herzogs Film mit Klaus Kinski und Claudia Cardinale, 1982. Über das Abenteuer des fanatischen Träumers Fitzcarraldo erklärte der Regisseur: „Der Film müßte enden, daß man so leicht wird, daß sich ein Gefühl der Schwerelosigkeit einstellt, daß man mit der Musik wie Laub zum Kino hinausgeweht wird.“

Konversation und Komposition zu den Abbildungen

1. Interessieren Sie sich für Kriegs- und Katastrophenfilme wie *Das Boot*? Warum? Warum nicht?
2. Was für deutsche Filme kennen Sie? Erzählen Sie kurz.
3. Essay: „Filmkritik.“ Besprechen Sie einen ausländischen Film Ihrer Wahl.

Kurzreferate zu den Abbildungen

1. Rainer Werner Fassbinder (Filmemacher)
2. Margarethe von Trotta (Filmemacherin)
3. Werner Herzog (Filmemacher)
4. Wim Wenders (Filmemacher)

Kapitel 32

Ulrike M. Meinhof

(1934–1976)

Brief einer Gefangenen aus dem toten Trakt

Ulrike Meinhof joined a group of left-wing terrorists in West Germany during the early 1970s. She and her partner, Andreas Baader, were responsible for the formation of the *Rote Armee Fraktion*, an underground squad that specialized in violence against state institutions. The Baader-Meinhof gang was responsible for many bombings, gunfights, robberies, and other criminal acts involving the bombing of U.S. Army bases, including the European Command headquarters in Heidelberg. Meinhof was eventually arrested in an apartment near Hannover. The text below was written in jail after she had been sentenced to life in prison. The autobiographical letter reflects her mental disillusionment and deterioration during her solitary confinement in a maximum security cell.

toter Trakt maximum security section (of a prison)   die **Schädeldecke** scalp

zerreißen to tear up   **abplatzen** to blow off

das **Rückenmark** spinal cord   das **Gehirn** brain   **pressen** to press

das Gehirn schrumpelt zusammen the brain is shrinking   **allmählich** gradually

das **Backobst** dried fruit

ununterbrochen constantly

fernsteuern to steer by remote control

Assoziationen wurden weggehackt associations were cut off

die **Zelle** jail cell   **reinscheinen** to shine in

man kann das Gefühl nicht absetzen one can't stop the feeling

klären to decide   **vor Kälte zittern** to shiver with cold

frieren to freeze

die **Lautstärke** loudness   die **Anstrengung** effort

das **Brüllen** shouting

verstummen to fall silent

der **Gebrauch von Zischlauten** the use of sibilants   **unerträglich** unbearable

der **Wärter** guard   der **Hof** courtyard   **erscheinen** to appear

flashs flashes

der **Satzbau** sentence construction

innerlich inside   **abbrennen** to burn up

wenn man rausgelassen würde if one were free to go outside

kochend boiling

zischen to hiss   **lebenslänglich verbrüht, entstellt** scalded for life, disfigured

rasend raging   das **Ventil** vent, outlet

die **Überlebenschancen** chances for survival   **völlig** total

das **Scheitern** failure   **vermitteln** to mediate

hinterlassen to leave behind

vorige Woche last week

auftauchen to emerge, to surface

erholen to recuperate

Zeit und Raum sind ineinander verschachtelt time and space are intertwined

Juni 1972 bis Februar 1973

Das Gefühl, es explodiert einem der Kopf (das Gefühl, die Schädeldecke müßte eigentlich zerreißen, abplatzen) —

das Gefühl, es würde einem das Rückenmark ins Gehirn gepreßt —

das Gefühl, das Gehirn schrumpelte einem allmählich zusammen wie Backobst z.B. — 5

das Gefühl, man stünde ununterbrochen, unmerklich, unter Strom, man würde ferngesteuert —

das Gefühl, die Assoziationen würden einem weggehackt —

das Gefühl, man pißte sich die Seele aus dem Leib, als wenn man das Wasser nicht halten kann — 10

das Gefühl, die Zelle fährt. Man wacht auf, macht die Augen auf: die Zelle fährt; nachmittags, wenn die Sonne reinscheint, bleibt sie plötzlich stehen. Man kann das Gefühl des Fahrens nicht absetzen.

Man kann nicht klären, ob man vor Fieber oder vor Kälte zittert —

man kann nicht klären, warum man zittert — man friert. 15

Um in normaler Lautstärke zu sprechen, Anstrengungen, wie für lautes Sprechen, fast Brüllen —

das Gefühl, man verstummt —

man kann die Bedeutung von Worten nicht mehr identifizieren, nur noch raten — 20

der Gebrauch von Zischlauten — s, ß, tz, sch — ist absolut unerträglich —

Wärter, Besuch, Hof erscheint einem wie aus Zelluloid —

Kopfschmerzen —

flashs — 25

Satzbau, Grammatik, Syntax — nicht mehr zu kontrollieren.

Beim Schreiben: zwei Zeilen — man kann am Ende der zweiten Zeile den Anfang der ersten nicht behalten —

das Gefühl, innerlich abzubrennen —

das Gefühl, wenn man sagen würde, was los ist, wenn man rausgelassen würde, das wäre, wie dem anderen kochendes Wasser ins Gesicht zischen, wie z.B. kochendes Trinkwasser, das einen lebenslänglich verbrüht, entstellt — 30

Rasende Aggressivität, für die es kein Ventil gibt. Das ist das Schlimmste. Klares Bewußtsein, daß man keine Überlebenschancen hat; völliges 35 Scheitern, das zu vermitteln.

Besuche hinterlassen nichts. Eine halbe Stunde danach kann man nur noch mechanisch rekonstruieren, ob der Besuch heute oder vorige Woche war —

Einmal in der Woche baden dagegen bedeutet: einen Moment auftauchen, erholen — hält auch für ein paar Stunden an — 40

Das Gefühl, Zeit und Raum sind ineinander verschachtelt —

der **Verzerrspiegelraum** room with distorting mirrors   **sich befinden** to be present   **torkeln** to stagger

die **Euphorie** euphoria   **akustisch** acoustic

der **Unterschied** difference

abfließen to flow off, to drain

ausdehnen to expand   **runtersacken** to drop

die **Haut** skin

das **Ohrendröhnen** ringing ears   **verprügeln** to thrash

sich bewegen to move   die **Zeitlupe** slow motion

als sei man in Blei eingeschlossen as if one were surrounded by lead

der **Schock** shock   die **Eisenplatte** iron plate

der **Vergleich** comparison   der **Begriff** conception, idea, notion

drin inside   der **Zerreißwolf** electric blender   die **Raumfahrsimuliertrommel** spaceflight simulator

die **Beschleunigung** acceleration   **die Haut wird platt gedrückt** the skin is pushed down flat

die **Strafkolonie** *Penal Colony* (book by Kafka)   das **Nagelbrett** bed of nails   **pausenlos** unending

die **Achterbahn** roller coaster

verschaffen to provide   die **Entspannung** relaxation

von Tempo 240 auf 190 runtergehen to slow down from 240 to 190 km/h

das Gefühl, sich in einem Verzerrspiegelraum zu befinden—torkeln—
Hinterher: fürchterliche Euphorie, daß man was hört—über den aku-
stischen Tag—und Nacht—Unterschied—   45
    Das Gefühl, daß jetzt die Zeit abfließt, das Gehirn sich wieder
ausdehnt, das Rückenmark wieder runtersackt über Wochen.
    Das Gefühl, als sei einem die Haut abgezogen worden.

DEZEMBER 1973

Ohrendröhnen, Aufwachen, als würde man verprügelt.
    Das Gefühl, man bewege sich in Zeitlupe.   50
    Das Gefühl, sich in einem Vakuum zu befinden, als sei man in Blei
eingeschlossen.
    Hinterher: Schock. Als sei einem eine Eisenplatte auf den Kopf
gefallen.
    Vergleiche, Begriffe, die einem da drin einfallen: 55
(Psycho) Zerreißwolf—Raumfahrsimuliertrommel, wo den Typen
durch die Beschleunigung die Haut platt gedrückt wird—
    Kafkas Strafkolonie—der Typ auf dem Nagelbrett—pausenloses
Achterbahnfahren.
    Zum Radio: Es verschafft minimale Entspannung, als wenn man z.B. 60
von Tempo 240 auf 190 runtergeht.

SOURCE: From Ulrike M. Meinhof, "Brief einer Gefangenen aus dem toten Trakt," *Diese Alltage überleben.*
Lesebuch 1945–1984, ed. Monika Walther (Münster: Tende, 1982). [Courtesy of Tende Verlag.]

ÜBUNGEN

A. Fragen

1. Welche Gefühle beschreibt Meinhof am Anfang ihres Briefes?
2. Zu welcher Tageszeit konnte Meinhof von ihrer Zelle aus die Sonne
   sehen?
3. Wie beschreibt Meinhof ihr Gefühl für Grammatik und Satzbau?
4. Warum fällt Meinhof das Schreiben schwer?
5. Wie beschreibt Meinhof ihre Gedanken an Freiheit?
6. Was sagt Meinhof über ihre Überlebenschancen?
7. Wie oft in der Woche darf sie sich baden?

B. Konversation

1. Beschreiben Sie das Vokabular und den Satzbau des Briefes.
2. Finden Sie die Sprache der Verfasserin krankhaft, traurig, fantas-
   tisch, gefühllos, unklar? Geben Sie Beispiele aus dem Text.

3. Womit vergleicht Meinhof ihre Lage im Gefängnis? Welche Symptome beschreibt sie in ihrem Brief?
4. Liest sich dieser Text Ihrer Meinung nach wie ein autobiographischer Brief, ein Krankenbericht, ein Gedicht, ein Tagebuch? Erklären Sie Ihre Antwort.

C. Komposition

1. Stellen Sie sich vor, Sie wären Journalist und besuchten Ulrike Meinhof im Gefängnis. Schreiben Sie einen imaginären Bericht Ihres Besuchs oder ein Interview.
2. Essay: „Gedanken zum Thema Terrorismus"

D. Kurzreferate

1. Terrorismus in der Bundesrepublik Deutschland 1970–80
2. Ulrike Meinhof (1934–1976)

Hermann-Joseph Keyenburg, *Ende einer Korrespondenz*. Strichätzung, 1982.

Konversation zur Abbildung

1. Beschreiben Sie kurz die Gegenstände auf dem Bild.
2. Wie interpretieren Sie die Gegenstände auf dem Bild *Ende einer Korrespondenz?*

Kapitel 33

Christraut Peters (*1950–*)

Ein halbes Jahr „Grün"

The "Green" movement first surfaced on the West German political scene during the 1970s, when rapid industrial expansion and the energy crisis brought nuclear power to the forefront of economic and ecological debate. The movement quickly formed into a parliamentary party and mustered support from diverse social groups that included rural as well as urban voters. Equipped with technical expertise based on ecological impact studies and meticulous research, the "Grünen" began a grass-roots environmental campaign to halt the construction of nuclear power plants near Germany's population centers, waterways, and borders. Christraut Peters, a 29-year-old teacher from Baden-Württemberg, joined the "Grünen" in 1980, and campaigned as a party candidate in Tübingen with the following stump speech.

die **Landtagswahl**   state election

der **Wahlkreis Tübingen**   voting district of Tübingen   das **Parteimitglied**   party member

bis vor kurzem   until recently

sich beschäftigen mit   to occupy oneself with

ablehnen   to reject

die **Studentenunruhe**   student uprising

die **außerparlamentarische Opposition**   extra parliamentary opposition   **die linke Bewegung**   the leftist movement   die **Versammlung**   meeting

hinsichtlich   concerning

die **Veränderung**   change   der **Denkanstoß**   food for thought

die **Erkenntnis**   recognition   **Gottes Schöpfung**   God's creation

höchstens   at most, at best   **jedoch**   however   **auswirken**   to have impact

Ausbildung, Berufstätigkeit, Heirat, Kind   education, profession, marriage, child

die **Veranstaltung**   rally   **es hat sich viel geändert**   much has changed

der **Stil**   style   die **Offenheit**   openness

der **Grundsatz**   principle   **ökologisch**   ecological   die **Basisdemokratie**   grass roots democracy

gewaltfrei   pacifist   **unterstützen**   to support   die **Erfahrung**   experience   **sogleich**   immediately

zur Mitarbeit herangezogen   involved in collective projects   die **Kreiswahl**   local election

aufstellen   to nominate

ich wurde gewählt   I was elected   **mittlerweile**   in the meantime

organisatorische Fähigkeiten   organizational abilities

herkömmlich   usual, traditional

von jeher   always

das **Pflegen**   nurture, maintenance   das **Bewahren**   conservation   **es ist nicht verwunderlich**   it is not surprising

der **Wirtschaftswachstumswahn**   illusion of unlimited economic growth

die **Zerstörung**   destruction   die **Lebensgrundlagen**   essentials of life

fördern   to support

lebenswert   worthy of living

gering   small   der **Einfluß**   influence

der **Sicherheitsgrund**   security reason

zubetonieren   to cover with cement   das **Nahrungsmittel**   food

verseuchen   to contaminate   **derzeitig**   as of now, current

überlegt   thoughtful, responsible   **trennen**   to separate   der **Abfall**   garbage

Mein Name ist Christraut Peters, ich bin 29 Jahre alt, verheiratet. Unsere Tochter Eva ist gerade ein Jahr alt. Von Beruf bin ich Lehrerin. Für die Landtagswahl in Baden-Württemberg am 16. März 1980 bin ich Zweitkandidatin der Grünen im Wahlkreis Tübingen.

Mir geht es wie vielen grünen Parteimitgliedern: Bis vor kurzem habe ich 5 mich nicht sehr viel mit Politik beschäftigt. Ich habe Zeitungen gelesen, Nachrichten gehört, gewußt, welche Partei ich am meisten ablehne, an Wahlen teilgenommen—aber sonst? Die Studentenunruhe der sechziger Jahre, die APO (Außerparlamentarische Opposition), die linke Bewegung habe ich beobachtet, ich habe an Versammlungen teilgenommen—den Opti- 10 mismus hinsichtlich einer Veränderung unseres Staates habe ich kaum geteilt. Die linke Bewegung hat mir Denkanstöße gegeben, mehr nicht. Als ich Schülerin und Studentin war, habe ich mich in der evangelischen Jugendarbeit engagiert; die Erkenntnis meiner Verantwortung für Gottes Schöpfung wirkte sich aber höchstens privat, nicht jedoch politisch aus. So ist denn 15 bis jetzt mein Leben „normal-bürgerlich" verlaufen: Schule, Ausbildung, Berufstätigkeit, Heirat, Kind.

Im September letzten Jahres lud mich eine Bekannte zu einer grünen Veranstaltung ein—seitdem hat sich viel geändert. Ich wurde von dem unkonventionellen Stil, von der Offenheit der Mitglieder angezogen. Die 20 Grundsätze der Grünen (ökologisch, basisdemokratisch, sozial, gewaltfrei) konnte ich unterstützen. Wichtig war die Erfahrung, daß ich sogleich zur Mitarbeit herangezogen wurde; ich wurde als Kandidatin zur Kreiswahl aufgestellt.

Drei Monate nach meinem Eintritt in die Partei wurde ich in den 25 Tübinger Kreisvorstand der Grünen gewählt; mittlerweile merke ich, daß ich dort meine organisatorischen Fähigkeiten gut einbringen kann.

Die Grünen stellen für mich die Alternative zu den herkömmlichen Parteien dar, deshalb arbeite ich dort mit. Uns Frauen war von jeher die Rolle des Pflegens und Bewahrens zugeteilt, und so ist es nicht verwunder- 30 lich, daß auch gerade viele Frauen die Grünen unterstützen, eine Partei, die sich dem Wirtschaftswachstumswahn unserer Gesellschaft entgegenstellt, die einer Zerstörung unserer Lebensgrundlagen entgegenwirken will, die Alternativen zu entwickeln versucht, um zu fördern, was dem Leben dient.

Als Mutter wünsche ich mir eine lebenswerte, friedliche Zukunft für 35 meine kleine Tochter; heute bin ich mit dafür verantwortlich, wie sie morgen leben wird. Vielleicht kann ich—wenn auch noch so geringen—Einfluß darauf nehmen, ob unsere Kinder morgen in einem Atomstaat leben (in dem sie allein schon aus Sicherheitsgründen total überwacht werden), ob für sie das Land schon zubetoniert ist und die Nahrungsmittel durch und durch 40 verseucht sind. Im Einsatz für die Grünen muß ich der derzeitigen Entwicklung nicht resigniert und machtlos gegenüberstehen.

Persönliche Konsequenzen? Ich lerne, weniger Energie im Haushalt zu verbrauchen, kaufe viel überlegter ein, trenne den Abfall, und mein Mann fährt jetzt mit dem Bus zur Arbeit. 45

der **Schritt** step   **notwendig** necessary   **bewirken** to effect

grundsätzlich from grounds up

der **Lebenszusammenhang** life's context

der **Bürger** citizen

überschaubar limited, manageable   die **Entscheidung** decision   **beteiligen** to participate

schließlich finally

die **Durchsetzung** implementation   das **Ziel** goal

die **Verwirklichung** realization

überlebensnotwendig necessary for survival

überzeugen convince

zunächst for the time being

bieten to offer   der **Lösungsvorschlag** proposal for a solution   **in der Öffentlichkeit** publicly

die **Hoffnung** hope

Alf Welski, *Das Kind mit der Blume.* Radierung (*etching*) auf Papier, 1975.

Kleine eigene Schritte sind notwendig, aber sie bewirken letztlich nicht viel, wenn sich die Politik nicht grundsätzlich ändert. Menschliches, somit auch politisches Handeln muß eingebettet werden in die natürlichen Lebenszusammenhänge (ökologisches Prinzip), der Bürger muß frühzeitig innerhalb kleiner überschaubarer Einheiten an politischen Entscheidungen beteiligt 50 werden (Dezentralisation); schließlich sind soziale Gerechtigkeit bei uns und weltweit, sowie die gewaltfreie Durchsetzung der Ziele, Prinzipien grüner Politik. Weil wir die Verwirklichung dieser Grundsätze in der politischen Praxis für (über)lebensnotwendig halten, suchen wir andere Menschen zu überzeugen. Die parlamentarische Arbeit wird uns vorerst–wir werden 55 zunächst ganz sicher eine kleine Partei sein—eine weitere gute Möglichkeit bieten, alternative Ideen und Lösungsvorschläge in der Öffentlichkeit vorzustellen.

Ein halbes Jahr >grün<. Vielleicht noch zu grün. Aber immerhin: Hoffnung.   60

SOURCE: From Christraut Peters, "Ein halbes Jahr >Grün<. Als Frau in der Ökologiebewegung. Entwurf zu einer Wahlrede," *Trau keinem über dreißig. Eine Generation zwischen besetzten Stühlen*, ed. Peter Roos (Cologne: Kiepenheuer & Witsch, 1986). [Courtesy of Kiepenheuer & Witsch, Cologne.]

ÜBUNGEN

A. Grammatik   Fill in the correct genitive endings.

1. die Studentenunruhen d___ sechziger Jahre
2. Ich hatte keinen Optimismus hinsichtlich ein___ Veränderung unser___ Staat___.
3. die Erkenntnis mein___ Verantwortung für Gott___ Schöpfung ...
4. Uns Frauen war von jeher die Rolle d___ Pflegen___ und Bewahren___ zugeteilt.

B. Fragen

1. Wie beschreibt Peters sich selbst und ihre Familie?
2. Wann begann sich Peters für Politik zu interessieren?
3. Welche politischen Vorgänge beobachtete Peters distanziert?
4. Wofür engagierte sich Peters als Schülerin und Studentin?
5. Welche politischen Grundsätze konnte Peters unterstützen?
6. Was bietet gute Möglichkeiten, alternative Ideen vorzustellen?

C. Konversation

1. Wie definiert die Kandidatin ein „normal-bürgerliches" Leben?
2. Wie kam Peters in Kontakt mit den „Grünen"?
3. Warum arbeitet Peters gern für die Partei?
4. Was für eine Welt wünscht sich Peters als Mutter?
5. Warum sagte Peters am Ende ihrer Rede, daß sie Hoffnung hätte?

D. Komposition

1. Synopse. Schreiben Sie einen kurzen Bericht über die wichtigsten Punkte in der Rede von Christraut Peters.
2. Was würden Sie als deutscher Wähler oder deutsche Wählerin der Kandidatin sagen? Beschreiben Sie Ihre Gedanken.

Nikolaj Ossenjew, *Weimar, Marktplatz*. Zeichnung, 1980.

Kapitel 34

Ihsan Ataçan *(1951–)*
Tahsin Pekbas *(1949–)*

Türken deutscher Sprache

The first text, a diary entry by the immigrant Ihsan Ataçan, reflects on the historical and cultural differences between German and Turkish social values. Ataçan was born in Sekiörenköyü, Turkey, and came to the Federal Republic when he was 24 years old to complete his education in mechanical engineering. After his studies, Ataçan started to work for the city administration in Hamburg and began to write short stories for newspapers and magazines. The following autobiographical report, which was first published in 1984 in the German magazine *In zwei Sprachen leben*, describes one of his home visits in Turkey.

The second text, a poem entitled "I Can't Be Like You," was written by Tahsin Pekbas. The author emigrated from Turkey to the FRG in 1976 and attended the University of Heidelberg as a student of classical and Christian archeology. The poem reflects on the spiritual contrast between the two cultures and points to the difficulties of his adjustment.

die **Nichte**   niece   **in einem verschlafenen Dorf**   in a sleepy village

eine zierliche Hausfrau   a petite housewife

der **Besucher**   visitor   **Rosenwasser in die Hände schütten**   to pour rose water into the hands

Süßigkeiten anbieten   to offer sweets

verblüfft   baffled

heben   to lift

die **Augenbrauen**   eyebrows   **einzig**   only

der **Spielplatz**   playground

sie rast schnell   she runs quickly

die **Puppe**   doll

mit bayrischer Kleidung   with Bavarian clothes

sich umdrehen   to turn around

kaum verständlich   hardly audible

hüpfen   to hop

das **Heft**   paperback book   **ebenfalls**   also

das ich ihr geschenkt haben muß   which I must have given her as a present

aus Holz   made of wood   **stimmt das**   is that true?

ungeduldig   impatient

drücken   to press, to push

eigentlich   actually   das **Spielzeug**   toy

der **Unterschied**   difference

warum sind sie denn dann Deutsche?   then why are they Germans?

jenes traurige Bild   this sad picture   **pechschwarz**   pitch-black

die **Mauer**   wall

stützen   to support, to rest   **funkeln**   to sparkle

betrachten   to observe

Meine Nichte Kismet

Juni 1979. Meine kleine Nichte Kismet ist sechs. Sie lebt in meinem verschlafenen Dorf. Sie ist bereits eine kleine zierliche Hausfrau. Sie weiß, wann sie den Besuchern Rosenwasser in die Hände schütten, ihnen Süßigkeiten anbieten und den schwarzen Tee servieren muß.

Ob es in meiner Stadt, in Deutschland, auch Kinder gäbe, will sie eines 5 Tages von mir wissen . . . ? Ich lache verblüfft. Natürlich, sage ich. Natürlich gibt es Kinder, wie überall auf der Welt. Bei dem Wort „die Welt" hebt sie die Augenbrauen hoch. Ihre Welt ist einzig das Dorf. Aber, sagt sie, die Nase hochziehend, du hast gesagt, daß man in deiner Stadt keine Kinder auf der Straße spielen sieht. Das stimmt schon, sage ich, aber Kinder gibt es 10 trotzdem, nur nicht auf der Straße, wie hier im Dorf.

Wo spielen die dann, will sie wissen.

Es gibt Spielplätze dafür, erwidere ich. Natürlich kann meine kleine Nichte sich nicht denken, was ein Spielplatz ist. Sie rast schnell in eines der Zimmer hinein, und kommt mit einer Puppe in der Hand zurück. Ich erkenne 15 die Puppe mit der bayrischen Kleidung, die ich ihr vor ein paar Jahren geschenkt hatte. Sehen die Kinder so aus, fragt sie.

Ich drehe mich verlegen um. Ja, so, aber auch anders, gebe ich kaum verständlich zur Antwort.

Sie hüpft wieder in das Zimmer, aus dem sie die Puppe geholt hatte. 20 Diesmal bringt sie ein Pinocchioheft mit, welches ich ihr ebenfalls irgendwann geschenkt haben muß. Hatice, sagt sie, hat gesagt (Hatice ist die ältere Schwester von ihr), daß das Kind auf den Bildern aus Holz sei. Stimmt das, Onkel? Ja, sage ich.

Sind die Kinder in Deutschland auch aus Holz, Onkel? 25

Nein, sagte ich ungeduldig. Natürlich nicht.

Ihre kleinen Finger fest auf Pinocchios Bild drückend, sagte sie, aber das hier ist doch ein deutsches Kind, Onkel.

Ich versuchte ihr zu erklären, daß das eigentlich auch nur ein Spielzeug ist, wie die Puppe von vorhin, und daß Kinder wie sie mit beiden spielen. 30

Wieso wie ich, wollte sie diesmal wissen. Ich sagte, daß die deutschen Kinder genau so sind wie sie und genauso aussehen wie sie. Da ist gar kein Unterschied, glaub mir . . .

Aber Onkel, sagt sie nachdenklich, warum sind sie denn dann Deutsche? 35

Da erinnerte ich mich an jenes traurige Bild eines Kindes mit pechschwarzen Haaren und schwarzen Augen, das Murat hieß. Ich hatte Murat auf den Mauern jenes Kinderspielplatzes in Hamburg-Altona gesehen. Seinen kleinen Kopf auf beide Hände gestützt, mit funkelnden Augen, betrachtete er die spielenden Kinder. 40

ich bin ein Anatolier   I am an Anatolian

prägen   to mark, to impress

verbrennen   to burn
jenseits   on the other side

sich treiben lassen   to let oneself drift
der **Fortschritt**   progress
ermüden   to tire

ich kann nicht dorthin gelangen   I cannot reach there

mich an dir festhalten   to cling to you

du kehrst nicht um   you do not turn around

der **Klang**   sound   **Saz**   Turkish musical instrument
schweigen   to be silent

verlieren   to lose

Auf meine Frage, wie er hieße, hatte er „Muraaaaat" geschrien. Und zu der Frage, warum er nicht mitspiele, sagte er erregt: Die deutschen Kinder wollen mich nicht haben ... Die haben gesagt, daß ich anders sei als sie.

SOURCE: From *Türken deutscher Sprache. Berichte, Erzählungen, Gedichte*, ed. Irmgard Ackermann (Munich: Deutscher Taschenbuch Verlag, 1984), pp. 25–26. [Courtesy of Deutscher Taschenbuch Verlag.]

Ich kann nicht sein wie Du

Ich kann nicht sein wie Du
denn Du verstehst mich nicht
Ich bin ein Anatolier
    durch und durch
die Sonne meines Landes   5
    hat mich geprägt
und meine Liebe zu Dir
    verbrennt mich
Deine Heimat liegt jenseits
    des Wassers   10
zwischen uns ein Meer
Dich zu erreichen
    fällt mir schwer
Du läßt Dich treiben
im Strome des Fortschritts   15
Meine Arme ermüden
    werden schwer
Ich kann nicht dorthin gelangen
    wo Du bist
Mich an Dir festhalten   20
und mit Dir gehen
    kann ich nicht
Du kehrst nicht um
    wenn ich Dich rufe
Ich kann nicht sein wie Du   25
denn Du verstehst mich nicht
Beim Klang des Saz
    schweige ich
beim Rhythmus der Trommeln
    verlierst Du Dich   30
Ich lebe meine Liebe
    verschwiegen

du vergißt das Leben   you forget life

das **Vergnügen**   pleasure

sich anpassen   to adapt

rufen   to call

Türkische Arbeiter im BMW-Werk in München.

Du vergißt das Leben
    im Vergnügen
Mich Dir anpassen   35
so sein wie Du
    kann ich nicht
Du kehrst nicht um
    wenn ich Dich rufe
ich kann nicht sein wie Du   40
denn Du verstehst mich nicht.

SOURCE: From *Türken deutscher Sprache. Berichte, Erzählungen, Gedichte*, ed. Irmgard Ackermann (Munich: Deutscher Taschenbuch Verlag, 1984), pp. 71–72. [Courtesy of Deutscher Taschenbuch Verlag.]

ÜBUNGEN

A. Fragen („Meine Nichte Kismet")

1. Wo wohnt Kismet?
2. Was macht Kismet, wenn Besucher kommen?
3. Was will Kismet über das Leben deutscher Kinder wissen?
4. Wo spielen die Kinder in einem türkischen Dorf?
5. Warum holt das Kind die bayrische Puppe?
6. Warum fragt Kismet, ob die Kinder in Deutschland aus Holz sind?
7. Woran erinnert sich der Autor in Hamburg-Altona?
8. Warum weinte der kleine türkische Junge in Deutschland?

B. Konversation („Ich kann nicht sein wie Du")

1. Was fühlt der Dichter, wenn er an Deutschland denkt?
2. Welche Unterschiede sieht Pekbas zwischen Deutschen und Türken?
3. Warum denkt Pekbas, daß er nicht so sein kann wie die Deutschen?

C. Komposition   Vergleichen Sie das Deutschlandbild in den beiden Texten. Wie denken die Autoren über Deutschland? Wo sehen Sie Gemeinsamkeiten, Ähnlichkeiten und Unterschiede?

Kapitel 35

Kathrin Rüegg (*1930–*)

Tessiner Tagebuch

Kathrin Rüegg was born in Arosa, Switzerland. After graduating with a degree in foreign languages and economics, Rüegg worked as a corporate secretary during the postwar years. Her interest in antique furniture, however, prompted Rüegg to quit her job, move to Basel, and start her own business in 1961. Ten years later, she moved once again, this time to the Canton of Tessin on the Italian side of the Swiss Alps, founded a cooperative farm in Froda, and began to write about her new life in the mountains.

In an autobiographical report, entitled *Ein Dach überm Kopf* (*A Roof Over One's Head*, 1988), Rüegg remembers some of the difficulties, surprises, and rewards during her first year on the farm. Despite a collapsed roof, mold on the wall, and tedious Swiss building codes, Rüegg, and her friend Susi managed to restore the place and earn a living. The chapter below describes the arrival of "Bubu," the newest member on the farming coop. At the end of the report, Rüegg shares a few proven recipes of her success, including the ingredients for "Strübli," a popular dish she served to hungry construction crews.

irgendwo somewhere   **Tessin** Canton in southern Switzerland   der **Urlaub** vacation   **eine Ferienwohnung** vacation apartment   **zur Erbauung der Mieter** for the inspiration of the tenants   **falls** in case
ausgiebig plentiful

schauen to look   der **Titel** title   **er rümpfte die Nase** he turned up his nose
das **Heimatromanzeug** stuff from local novels

es war der Entschluß gereift the decision had been reached
einen Film drehen to shoot a film
der **Fernsehmann** television man
entstehen to form, to develop

hübsches krauses Haar beautiful curly hair   das **Stupsnäschen** little snub-nose
die **Brille** glasses
flicken to mend   **zusammenstoppeln** to patch together

das **Abitur** high school diploma
die **Berufswahl** choice of profession

auffordern to invite

die **Bewilligung** permit
das **Formular** form   **sich irren** to be mistaken
der **Wohnort** city of residence   **vereinbaren** to agree
der **Lohn** salary   **Prüfungsgebühren bezahlen** to pay examination fees
die **Fremdenpolizei** imigration police   das **Arbeitsamt** employment office
ein Landwirtschaftsbetrieb an agricultural firm
der **Saisonier** seasonal worker
behördlich institutional
betrachten to (have a) look at, to examine   **bezüglich** concerning
die **Baubewilligung** construction permit   die **Arbeitsbewilligung** work permit
straucheln to stumble   **verurteilen** to condemn   das **Bewilligungsbüro** permit office
der **Versuch** attempt   der **Hintergrund** background
das **Gesuch** petition   der **Nervenzusammenbruch** nervous breakdown
erleiden to suffer

TESSIN, 1980–82

Lustig, wie das Leben so spielt: Da war vor einigen Jahren eine deutsche Familie irgendwo im Tessin im Urlaub. In einer Ferienwohnung.

In jener Wohnung waren auch ein paar Bücher zur Erbauung der Mieter—falls es regnen sollte. Und das tut es manchmal im Tessin. Manchmal sogar sehr ausgiebig.

Die Mutter las eines dieser Bücher. Mein erstes.

„Lies das mal," sagte sie zu ihrem Mann.

Der schaute den Titel an: „Kleine Welt im Tessin", rümpfte die Nase: „Ach, das wird so irgend ein Heimatromanzeug sein. Hast du nichts Besseres?"

„Nein," sagte seine Frau.

Der Mann las. Dann lasen die Kinder. Dann beschloß die ganze Familie, mich zu suchen. Sie fanden mich, sie besuchten mich aber nicht. Das taten sie erst zwei Jahre später, weil in jenem Mann der Entschluß gereift war, einen Film über unser Leben zu drehen.

Der Mann ist Fernsehmann.

So entstand schließlich ein Film—und eine Freundschaft. Der Mann schaut aus wie der Jogibär und wird von seinen Töchtern auch so gerufen. Und eine der Töchter schaut aus wie der kleine Bubu—und wird auch so gerufen. Der kleine Bubu ist größer geworden, ist aber immer noch der Bubu, hat hübsches krauses Haar, ein Stupsnäschen wie der Bubu vom Trickfilm, eine intellektuelle Brille—und läuft in den komischsten Blue Jeans herum. Bloß Susi hat ein Paar, das noch geflickter und zusammengestoppelter ist—und das sie ihre «heiligen Hosen» nennt.

Bubu hat letztes Jahr ihr Abitur gemacht. Sie ist sich über ihre Berufswahl noch nicht klar und wollte deshalb zu uns kommen. Hier kann sie ihre Nase in etliche Berufe hineinstecken.

Ich habe mir gar nicht viel gedacht, als ich sie aufforderte, zu uns zu kommen, bei uns zu arbeiten. Aber dadurch lernte ich wieder Neues:

Ausländer, die in der Schweiz arbeiten, brauchen eine Bewilligung. Wir füllten also Formulare aus. Vier verschiedene, wenn ich mich nicht irre. Die Fragen nach Name, Wohnort, Name des Vaters, Geburtsdatum, vereinbartem Lohn waren überall dieselben. Man mußte Prüfungsgebühren bezahlen bei der Fremdenpolizei, beim Arbeitsamt. Schließlich traf die Bewilligung ein. Wir sind eine *tenuta agricola*, ein Landwirtschaftsbetrieb—und Bubu darf als landwirtschaftlicher Saisonier während neun Monate bei uns bleiben. Dann muß sie wieder heim. Wenn ich die behördliche Administration betrachte, sei es nun diejenige bezüglich einer Bau- oder diejenige bezüglich einer Arbeitsbewilligung, dann komme ich ins Straucheln. Wäre ich dazu verurteilt, als staatlicher Beamter in einem Bewilligungsbüro zu arbeiten, so würde ich wohl beim Versuch, die menschlichen Hintergründe der Gesuche herauszufinden, nach kurzer Zeit einen Nervenzusammenbruch erleiden. Besser also, ich bleibe da, wo ich bin—und versuche, mich so

sich benehmen to behave

vorschreiben to prescribe, to order

die **Landwirtschaft** agriculture

die **Fischzucht** fish hatching

züchten to breed das **Abenteuer** adventure die **Sorge** sorrow **deswegen** for that reason

liefern to deliver die **Regenbogenforelle** rainbow trout die **Forellenseuche** trout epidemic

rosarot getönt pink colored **weit mehr begehrt** much more in demand

dänische Fischzuchten Danish fish farms

stammen to come from **allerdings** to be sure

Susis Tessiner Kundschaft Susi's customers in Tessin **etlich** somewhat **erhalten** to receive

der **Eisenschieber** iron gate **hartnäckig** relentless

auf ihre Art in her way

der **Rückschlag** setback der **Großteil** majority der **Verdienst** profit

verschlingen to gobble up, to devour **den Verleider bekommen** to give up in disgust

beschämt embarrassed

das **Apfelküchlein** small applecake

die **Beilage** side dish

der **Zimt** cinnamon die **Besonderheit** peculiarity

der **Teig** dough

eine Prise Salz pinch of salt **rühren** to stir

die **Blase** bubble, blister **ruhen** to rest

das **Frituröl** cooking oil **erhitzen** to heat up der **Trichter** funnel

gießen to pour der **Kreis** circle

der **Durchmesser** diameter **ringsum** in a circle

die **Hefeschnecke** yeast pastry (in snail shape)

tönen to sound

menschlich zu benehmen wie ich es nur kann und wie es mir mein Herz vorschreibt. 45

Bubu arbeitet also in der Landwirtschaft. Sie hilft auch Susi bei ihrer Fischzucht.

Fische züchten ist ein Abenteuer. Wie viele Sorgen haben wir deswegen schon gehabt—und wieviel Spaß! Die Sorgen waren im ersten Jahr jene, als die frisch gelieferten Regenbogenforellen alle die Forellenseuche bekamen. 50 Susi stellte darauf um auf Bachforellen, die robuster sind—und zudem besser schmecken. Sie haben leicht rosarot getöntes Fleisch und sind weit mehr begehrt als die weißfleischigen Regenbogenforellen, die meist aus dänischen Fischzuchten stammen. Allerdings sind Bachforellen ein bißchen teurer. Sie wachsen nämlich langsamer. Susis Tessiner Kundschaft ist aber um etliches 55 größer geworden, seit es sich herumgesprochen hat, daß sie Bachforellen liefern kann. Letztes Jahr—sie hatte kurz vorher eine neue Lieferung dieser Fische erhalten—öffnete irgend jemand den Eisenschieber eines Bassins— und dreihundert Kilogramm junge Forellen wurden in den Fluß geschwemmt. Gut, daß Susi hartnäckig, auf ihre Art sogar stur ist. Manch eine könnte nach 60 solchen Rückschlägen, die einen Großteil des Verdienstes verschlingen, den Verleider bekommen.

Der Spaß ist der Kontakt mit ihren Kunden. Das gäbe ein Buch, das Susi schreiben müßte.

STRÜBLI

Letzthin lernte ich Strübli kennen. 65

Wie—Sie kennen Strübli nicht? Kein Grund, beschämt zu sein. Strübli kennen bloß die älteren Hausfrauen aus dem Schwarzwald—und aus dem Bernbiet.[1] Strübli sind, so lassen sie sich am einfachsten definieren, eine Art Apfelküchlein—aber ohne Äpfel. Sie werden anstelle von Kartoffeln als Beilage zu Gemüsen mit weißer Sauce serviert—oder aber, mit Zucker und 70 Zimt bestreut, zu Früchtekompott. Ihre Besonderheit besteht in ihrer Form:

Man macht einen Teig aus 300 g Mehl, 3 Eiern, $2\frac{1}{2}$ Dezilitern Milch, einer Prise Salz und 60 g geschmolzener Butter. Rühren, bis es Blasen gibt (im Teig, nicht an den Händen!), dann eine halbe Stunde ruhen lassen.

5 Deziliter Fritureöl erhitzen, den Teig durch einen Trichter ins 75 Öl gießen, indem man erst einen Kreis von zirka zwölf Zentimetern Durchmesser macht und diesen immer ringsum fahrend mit Teig ausfüllt. Zuletzt soll das Ganze ähnlich wie eine Hefeschnecke ausschauen. Die Menge reicht für sieben Strübli, die man auf Küchenpapier abtropfen läßt und warm ißt. 80

Tönt doch ganz einfach, nicht?

---

[1] Bernbiet. Landschaft im Kanton Bern in der Schweiz.
SOURCE: From Kathrin Rüegg, *Ein Dach überm Kopf. Tessiner Tagebuch* (Berlin: Ullstein, 1988). [Courtesy of Müller-Rüschlikon, Switzerland.]

ÜBUNGEN

A. Fragen

1. Wer war vor einigen Jahren im Tessin auf Urlaub?
2. Wie hieß der erste Roman von Kathrin Rüegg?
3. Warum besuchte die deutsche Familie Rüegg in der Schweiz?
4. Wie beschreibt Rüegg die Mitglieder der Familie?
5. Warum wollte Bubu, die Tochter, bei Rüegg im Tessin arbeiten?
6. Warum mußten Rüegg und Bubu viele Formulare ausfüllen?
7. Wie lange hatte Bubu eine Arbeitserlaubnis in der Schweiz?
8. Welche Sorge hatte Rüegg mit den Regenbogenforellen?
9. Warum wollte Susi auf Bachforellenzucht umstellen?
10. Was geschah im letzten Jahr mit 300 kg Forellen?
11. Woher stammte das Rezept für Strübli?

B. Konversation

1. Wie beschreibt Rüegg ihre Freundin Susi? Welche Kleidung trägt sie? Wo arbeitet sie? Welche Charaktereigenschaften hat sie?
2. Wie beschreibt Rüegg die Schweizer Regeln für eine Arbeitsbewilligung?
3. Hätten Sie Appetit auf Strübli? Wie schmeckt Ihrer Meinung nach diese Art Apfelküchlein ohne Äpfel?

C. Kurzreferat

1. Kanton Tessin in der Schweiz
2. Kochrezept: Strübli

Joseph Beuys in seinem Düsseldorfer Atelier. Hinter ihm steht ein Baumkuchen, Geschenk zum 60. Geburtstag des Künstlers.

Joseph Beuys, *Ende des 20. Jahrhunderts*. Gemeißelter Stein, 1983.

DDR Arbeiter beim Durchbruch der Berliner
Mauer in der Bernauer Straße am 11. November
1989.

ZEITTAFEL: 1989-90

7. Oktober 1989 40 Jahr-Feier der DDR.

11. Oktober Demonstrationen in Leipzig, Dresden,
Berlin. Parolen: „Wir sind das Volk", „Demo-
kratie jetzt" und „Freiheit". ● Mehr als 300 000
„Übersiedler" aus der DDR.

18-30. Oktober Krenz ersetzt Honecker als Partei-
und Regierungschef.

1. November Krenz trifft Gorbatschow in Moskau,
sagt: „DDR hat viel zu lernen!"

7. November Regierung resigniert ● Bildung neuer
Parteien.

9. November Öffnung der Berliner Mauer.

3. Dezember Modrow wird Ministerpräsident.

18. Dezember Erstes Treffen zwischen Kohl (BRD)
und Modrow (DDR) zum Thema „deutsche
Einheit".

März 1990 ● Wahlen in der DDR. „Allianz für Deutschland" gewinnt.

April ● De Maiziére (CDU) wird Ministerpräsident.

Kapitel 36

Die große Wende in der DDR

Peaceful demonstrations and mass protests in the fall of 1989 pressured the government of the German Democratic Republic to lift all former travel restrictions to Western European countries. The GDR's decision to open the "iron curtain" came after a mass exodus of young citizens whose defiant emigration had left the country in political and economic turmoil. In October, the head of state, Erich Honecker, was forced to resign, and a new government was formed that included both communist reformers and representatives of opposition groups including the *Neues Forum*.

The autobiographical accounts in this chapter are grouped into two sections to indicate different perspectives from East and West. This section presents an eye witness' account of events following the sudden opening of the Wall on November 9, 1989. The text is entitled *Mauertanz* (Dance on the Wall) and was written by Bettina Girrbach, a twenty-four year old student at the Freie Universität in Berlin (West). She remembers the exuberant political atmosphere on the day when GDR authorities opened the wall around the western part of the city.

The last three texts in this chapter reflect thoughts and concerns of writers and artists whose comments on the course of the GDR's revolution were published in German newspapers in the winter of 1989–1990.

das **Tor**   gate
die **Mauer**   wall   **der Kalte Krieg**   Cold War

trennen   to seperate
unmenschlich   inhuman   das **Bauwerk**   building   **verschwinden**   to disappear
den Kopf schütteln   to shake one's head

passieren   to happen   der **Zeitpunkt**   moment in history   **wagen**   to dare
friedlich   peaceful
der **Druck**   pressure
nachgeben   to yield   **gewähren**   to grant   die **Reisefreiheit**   freedom to travel   **unblutig**   unbloody
buchstäblich   literal   **das Loch**   hole
strömen   to stream
ganz Berlin war auf den Beinen   all of Berlin was on its feet
sich in die Arme fallen   to embrace

bewaffnet   armed

das Schicksal   fate

neu aufbauen   to restructure   **nötig**   necessary

erkämpfen   to fight for, to struggle
verschlucken   to swallow

BETTINA GIRRBACH, *MAUERTANZ*

Noch im Sommer des Jahres 1989 stand ich vor dem Brandenburger Tor und habe Freunden die Mauer gezeigt, das Symbol des Kalten Krieges, das 28 Jahre lang nicht nur die Stadt Berlin sondern ein ganzes Volk voneinander getrennt hat. Damals konnte ich auf die Frage „Glaubst Du, daß dieses unmenschliche Bauwerk irgendwann verschwinden wird?" nur mit   5
einem resignierten Kopfschütteln antworten.

Doch nur wenige Monate später, in der Nacht vom 9. November 1989, passierte das, was zu diesem Zeitpunkt kein Deutscher zu hoffen gewagt hatte. Nach wochenlangen Protesten und friedlichen Massendemonstrationen in allen Teilen der DDR mußte die Regierung in Berlin dem Druck ihrer   10
Bürger nachgeben, und gewährte ihnen Reisefreiheit. Die unblutige Revolution in der DDR brach buchstäblich Löcher in die Mauer, und in dieser Nacht strömten Hunderttausende zum ersten Mal in den Westteil ihrer Stadt.

Ganz Berlin war auf den Beinen und feierte in den Straßen. Menschen aus Ost und West fielen sich in die Arme und weinten Freudentränen über die   15
Öffnung der Mauer nach 28 Jahren Trennung. Auch ich bin mit einer Flasche Sekt bewaffnet sofort zum Brandenburger Tor gefahren, um meine Nachbarn „aus dem Osten" zu begrüßen. Diesmal stand ich nicht vor der Mauer, sondern habe mit mehreren tausend Berlinern auf ihr getanzt. Über Nacht hatte sie ihre Funktion verloren und ist zum Symbol der Freiheit geworden.   20

Die Menschen in der DDR haben ihr Schicksal selbst in die Hand genommen. Nun stehen sie vor der Aufgabe, ihr Land politisch und ökonomisch neu aufzubauen, wozu die Hilfe der Nachbarn nötig sein wird. Wie die Zukunft Deutschlands aussehen wird, kann zu diesem Zeitpunkt noch keiner sagen. Wichtig ist jetzt, daß wir in der Bundesrepublik aber auch in der DDR   25
wissen, daß sich die Bürger der DDR nicht ihre Freiheit erkämpft haben, um nun vom Westteil des Landes verschluckt zu werden.

SOURCE: Bettina Girrbach, „Mauertanz", manuscript 1990. [Courtesy of Bettina Girrbach, Berlin.]

ÜBUNGEN

A. Fragen zum Text *Mauertanz*

1. Welche Frage beantwortete Bettina Girrbach noch im Sommer 1989 nur mit einem resignierten Kopfschütteln?
2. Was gewährte die DDR Regierung allen Bürgern im November 1989?
3. Warum fuhr Bettina mit einer Flasche Sekt zum Brandenburger Tor?
4. Wie veränderte sich über Nacht die Funktion der Mauer?

B. Kurzreferat   Geographie: Berlin Ost und West

der **Stich** etching   die **Ruine** ruin   die **Bastille** old prison tower in Paris, demolished by the
    French Revolution in 1789   der **Symbolgehalt** symbolic value   das **Verließ** jail, dungeon
der **Feudalismus** feudalism   **scheußlich** awful   das **Sinnbild** emblem, symbol
die **Spaltung** separation   der **Kalte Krieg** Cold War   der **Verbündete** partner, ally
die **Reisefreiheit** freedom of movement, travel   das **Wahrzeichen** landmark, sign
feudalistisch feudalistic, aristocratic, exclusive

verlaufen to proceed
gelingen to succeed   **schaffen** to create, produce   **sanft** gentle
vollbringen to accomplish   **überzeugen** to convince   **dauern** to last

wir haben etwas gutzumachen an ihnen we have to make up to them (GDR)
schließlich finally   die **Landsleute** fellow citizens   **sich einrichten** to furnish (one's home)

verbunden connected

The following three texts are excerpts from commentaries and *Leserbriefe* (letters to the editor) sent to German newspapers and television networks shortly after revolutionary mass-movements in Leipzig, Dresden, Berlin and many other GDR cities had swept away the power monopoly of the communist party (*Sozialistische Einheitspartei Deutschlands*) under Erich Honecker. The "gentle revolution" culminated with the opening of the Berlin Wall, constitutional reforms, multi-party elections, and joint political and economic ventures to prepare the way for Germany's unification. The following texts reflect the magnitude of the changes brought on by the peaceful November revolution, and express the movement's sense of enthusiasm, caution, and commitment.

WLADIMIR OSTROGORSKI, *DAS SÜßE WORT FREIHEIT*

Die Freudentänze junger Deutscher am Brandenburger Tor lassen an alte Stiche denken, die auf den Ruinen der Bastille tanzende Pariser zeigen. Das war vor 200 Jahren. In ihrem Symbolgehalt stand die Mauer dem Verließ des Feudalismus in nichts nach. Sie ist das scheußliche Sinnbild der Spaltung Europas und der Welt, der Konfrontation, des Kalten Krieges, vor allem aber unserer und unserer Verbündeten Angst vor der Reisefreiheit von Menschen und Gedanken, der Freiheit schlechthin. Ein Wahrzeichen des „feudalistischen" Sozialismus. . . .   Leserbrief aus Moskau, *Der Tagesspiegel*, (Jan. 1990)

MARTIN WALSER, *DIE SANFTE REVOLUTION*

Zum erstenmal in diesem Jahrhundert, daß deutsche Geschichte gut verläuft. Zum erstenmal, daß eine deutsche Revolution gelingt. Die Deutschen in der DDR haben eine Revolution geschaffen, die in der Geschichte der Revolutionen wirklich neu ist: die sanfte Revolution. Das ist eine Revolution, die die Leute selbst vollbringen, ohne importierte Theorie. Diese sanfte Revolution 5 wird die Welt davon überzeugen, daß die Deutschen eine neue politische Form brauchen. Nachkriegszeit und Kalter Krieg haben gedauert bis zum 9. November 1989. Wir sind jetzt friedfertig. Und Kämen alle Deutschen herüber, sie wären willkommen. Wir haben etwas gutzumachen an ihnen. Wo jeder schließlich bleibt, wird sich finden. Jetzt ist es wichtig, daß wir mit 10 unseren Landsleuten vollkommen solidarisch sind. Zuerst richten wir uns jetzt das deutsche Zimmer ein, bevor wir vom europäischen Haus reden. Und wenn es zwei Zimmer werden sollten, so müßten sie doch enger miteinander verbunden sein als die anderen Zimmer dieses Hauses. Jetzt ist die Zeit, glücklich zu sein, sich zu freuen, daß Deutschen auch einmal Geschichte 15 gelingt.   *Frankfurter Allgemeine Zeitung*, BRD

Der BRD Schriftsteller Martin Walser veröffentlichte 1987 den Roman *Dorle und Wolf*, der sich mit der Teilung Deutschlands befaßt.

Konversation

1. Warum braucht Deutschland nach dem 9. November 1989 eine neue politische Form?
2. Was meint Walser Ihrer Meinung nach mit dem Satz: „Zum erstenmal in diesem Jahrhundert, daß deutsche Geschichte gut verläuft."
3. Was denken Sie über Walsers Wunschbild eines „europäischen Hauses" mit einem oder zwei „deutschen Zimmern"?

tief beunruhigt deeply worried   **verfehlte Politik** failed policy   der **Mißtrauen** distrust

das **Gemeinwesen** community, society   die **Ohnmacht** powerlessness
die **Massenbewegung** mass-movement   **kein anderes Mittel** no other means
mindern to reduce

versprechen to promise   der **Wohlstand** prosperity
die **Mitwirkung** participation   die **Wahl** election   die **Rechtssicherheit** legal protection
die **Freizügigkeit** generosity   **unübersehbar** unmistakable   die **Verkrustung** scars
der **Wandel** change

Demonstranten auf der Berliner Mauer vor dem Brandenberger Tor am 10. November 1989. [Fotografie von Angelika von Wahl.]

CHRISTA WOLF, *BLEIBEN SIE BEI UNS*

(Die DDR Schriftstellerin Christa Wolf verlas am 10. November im DDR-Fernsehen folgenden Appell von DDR Künstlern und Oppositionsgruppen.)

Liebe Mitbürgerinnen, Liebe Mitbürger, wir alle sind tief beunruhigt. Wir sehen die Tausende, die täglich unser Land verlassen. Wir wissen, daß eine verfehlte Politik bis in die letzten Tage hinein ihr Mißtrauen in die Erneuerung dieses Gemeinwesens bestärkt hat. Wir sind uns der Ohnmacht der Worte gegenüber Massenbewegungen bewußt, aber wir haben kein anderes Mittel als unsere Worte. Die jetzt noch weggehen, mindern unsere Hoffnung. Wir bitten Sie, bleiben Sie doch in Ihrer Heimat, bleiben Sie bei uns!

Was können wir Ihnen versprechen? Kein leichtes, aber ein nützliches Leben. Keinen schnellen Wohlstand, aber Mitwirkung an großen Veränderungen. Wir wollen einstehen für Demokratisierung, freie Wahlen, Rechtssicherheit und Freizügigkeit. Unübersehbar ist: Jahrzehntealte Verkrustungen sind in den letzten Wochen aufgebrochen worden. Wir stehen erst am Anfang des grundlegenden Wandels in unserem Land....

DDR-Fernsehen

(Dieser Appell wurde von folgenden Parteien und Gruppen unterschrieben: „Neues Forum", „Demokratischer Aufbruch", Sozialdemokratische Partei", „Demokratie jetzt" etc., sowie von Christa Wolf, Stefan Heym, Volker Braun, Ruth Berghaus, Christoph Hein, Kurt Masur und Ulrich Plenzdorf.)

Junge Berliner aus Ost und West treffen sich am 10. November 1989. Rechts unten ein neues Reklameschild auf der Westseite der Mauer mit der Aufschrift „Betondemontagetechnik".

Tanz auf der Berliner Mauer. Im Hintergrund steht das Reichstagsgebäude.

Fragen und Kurzreferate *Bleiben Sie bei uns*

1. Worüber waren Christa Wolf und andere DDR Künstler tief beunruhigt?
2. Was für ein Leben versprach Wolf denen, die in der Heimat blieben?
3. Für welche Veränderungen setzte sich Wolf in der DDR ein?
4. Kurzreferat: Massenemigration aus der DDR 1989–1990
5. Kurzreferat: DDR Reformen seit 1990

Selected Bibliography

This bibliography covers the period 1888–1990, and is divided into three parts, listing primary autobiographical works, illustrated catalogs, and cultural reference works. The three parts are organized in the following manner: (A) Selected German Autobiographies since 1888. (B) Catalogs and Illustrations (C) German Cultural History.

For a comprehensive bibliography of German autobiographies consult: Jessen, Jens. *Bibliographie der Autobiographien*. Vol. 1. *Selbstzeugnisse, Erinnerungen, Tagebücher und Briefe deutscher Schriftsteller und Künstler*. Munich; London; New York; K. G. Saur, 1987.

A. Selected German Autobiographies since 1888

Ackermann, Irmgard (ed.). *Türken deutscher Sprache*. München. Deutscher Taschenbuch Verlag, 1984.

Altmann-Loos, Elsie. *Mein Leben mit Adolf Loos*. Frankfurt: Ullstein, 1986.

Barlach, Ernst. *Ein selbsterzähltes Leben*. Munich: Piper, 1988.

Becker-Modersohn, Paula. *Eine Künstlerin, Briefe und Tagebuchblätter*. Ed. by S. Gallwitz. Hannover, 1917.

Beckermann, Thomas (ed.). *Reise durch die Gegenwart*. Frankfurt: Fischer, 1987.

Benjamin, Walter. *Einbahnstraße*. Berlin: Rowohlt, 1928.

Bierbaum, Otto Julius (ed.). *Moderner Musenalmanach auf das Jahr 1893*. Munich: Albert, 1893.

Blaukopf, Herta (ed.). *Gustav Mahler Briefe*. Vienna; Hamburg: Zsolnay, 1982.

Braun, Lily. *Memoiren einer Sozialistin*. Munich: Langen, 1909/1911.

Brecht, Bertolt. *Bertolt Brecht in Selbstzeugnissen und Bilddokumenten*. Reinbek: Rowohlt, 1979.

Canetti, Elias, *Die Gerettete Zunge. Geschichte einer Jugend*. Frankfurt: Fischer, 1977.

Casdorff, Claus Heinrich (ed.). *Weihnachten 1945*. Frankfurt: Athenäum, 1981.

Clotofski-Avgerinos (ed.). *Ich steh' auf und geh' raus. Frauen erzählen*. Frankfurt: Fischer, 1984.

Drewitz, Ingeborg. *Schrittweise Erkundung der Welt*. Vienna: Europaverlag, 1982.

Eisner, Lotte H. *Ich hatte einst ein schönes Vaterland. Memoiren*. Heidelberg: Wunderhorn, 1984.

Emmerich, Wolfgang (ed.). *Proletarische Lebensläufe. Autobiographische Dokumente zur Entstehung der Zweiten Kultur in Deutschland*. 2 vol. Reinbek: Rowohlt, 1974.

Enzensberger, Hans Magnus (ed.). *Klassenbuch*. Darmstadt: Luchterhand, 1977.

Fischer, Joschka. *Regieren geht über Studieren. Ein politisches Tagebuch*. Frankfurt: Athenäum, 1987.

Frankenthal, Käte. *Der dreifache Fluch: Jüdin, Intellektuelle, Sozialistin, Lebenserinnerungen einer Ärztin in Deutschland und im Exil*. Frankfurt: Campus, 1981.

Grosz, George. *Ein kleines Ja und eine großes Nein*. Reinbek: Rowohlt, 1955.

Hagen, Nina. *Ich bin ein Berliner. Mein sinnliches und übersinnliches Leben*. Munich: Goldmann, 1988.

Handke, Peter. *Als das Wünschen noch geholfen hat*. Frankfurt: Suhrkamp Taschenbuch, 1974.

Heger, Heinz. *Die Männer mit dem Rosa Winkel*. Hamburg: Merlin Verlag, 1972.

Hermlin, Stephan. *Abendlicht*. Berlin: Wagenbach, 1987.

Herzl, Theodor. *Tagebücher 1895–1904*. Berlin, 1922/23.

Hofmannsthal, Christiane von. *Tagebuch 1918–1919*. Ed. by Wolfgang Mertz. Frankfurt: Fischer, 1990.

Huch, Ricarda. *Erinnerungen an das eigene Leben*. Köln, 1980.

Italiander, Rolf (ed.). *Wir erlebten das Ende der Weimarer Republik. Zeitgenossen berichten*. Düsseldorf: Droste Verlag, 1982.

Jarchow, Klaas (ed.). *Dörfer wachsen in der Stadt*. Alpen: Zero, 1980.

Jenk, Gabriele (ed.). *Steine gegen Brot. Trümmerfrauen schildern den Wiederaufbau in der Nachkriegszeit*. Bergisch Gladbach: Lübbe, 1988.

Jung, Jochen (ed.). *Deutschland, Deutschland. 47 Schriftsteller aus der BRD und der DDR schreiben über ihr Land*. Reinbek: Rowohlt, 1981.

Kafka, Franz. *Tagebücher 1910–1923*. Frankfurt: Fischer, 1983.

Kamenko, Vera. *Unter uns war Krieg*. Frankfurt: Rotbuch, 1983.

Ketman, Per (ed.). *Geh doch rüber! Begegnungen von Menschen aus Ost und West*. Darmstadt: Luchterhand, 1986.

Kirsch, Sarah. *Die Pantherfrau*. Hamburg: Rowohlt, 1986.

Kollwitz, Käthe. *Bekenntnisse*. Leipzig: Reclam, 1981.

Köhler, Jochen (ed.). *Klettern in der Großstadt. Geschichten vom Überleben zwischen 1933–1945*. Berlin: Wagenbach, 1981.

Königsdorf, Helga. *Der Lauf der Dinge*. Berlin: Aufbau, 1982.

Kürbisch, Friedrich and Richard Klucsarits (eds.). *Arbeiterinnen kämpfen um ihr Recht. Autobiographische Texte*. Wuppertal: Hammer, 1981.

Le Fort, Gertrud. "Gedanken zur Atombombe", 1958. Manuscript. Marbach: Deutsches Literaturarchiv.

Lepsius, Sabine. *Ein Berliner Künstlerleben um die Jahrhundertwende. Erinnerungen.* Munich: Langen Müller; 1972.

Loewy, Ernst (ed.). *Exil. Literarische und politische Texte aus dem deutschen Exil 1933–1945.* Vol 1. *Mit dem Gesicht nach Deutschland.* Frankfurt: Fischer, 1981.

Mahler-Werfel, Alma. *Mein Leben.* Frankfurt: Fischer, 1960.

Mann, Katia. *Meine ungeschriebenen Memoiren.* Frankfurt: Fischer, 1974.

Mann, Klaus. *Der Wendepunkt. Ein Lebensbericht.* Frankfurt: Fischer, 1952.

Mann, Thomas. *Autobiographisches.* (ed. by Erika Mann). Frankfurt: Fischer, 1968.

Mendes-Flohr (ed.). *Ekstatische Konfessionen. Gesammelt von Martin Buber. Frankfurt: Athenäum,* 1986.

Özkan, Hülya and Andrea Wörle (eds.) *Eine Fremde wie ich. Berichte, Erzählungen, Gedichte von Ausländerinnen.* Munich: Deutscher Taschenbuch Verlag, 1985.

Popp, Adelheid. *Jugend einer Arbeiterin.* Berlin; Bonn: Dietz, 1977.

Reventlow, Franziska Gräfin zu. *Autobiographisches.* Munich: Langen Müller, 1980.

Richarz, Monika (ed.). *Jüdisches Leben in Deutschland.* Stuttgart: Deutsche Verlags-Anstalt, 1979.

Rinser, Luise. *Gefängnistagebuch.* Munich: Desch, 1946.

Roos, Peter (ed.). *Trau keinem über dreißig. Eine Generation zwischen besetzten Stühlen, 25 Wortmeldungen.* Cologne: Kiepenheuer & Witsch, 1980.

Rothenberger, Anneliese. *Melodie meines Lebens.* Munich: Goldmann, 1974.

Rüegg, Kathrin. *Ein Dach überm Kopf. Tessiner Tagebuch.* Frankfurt: Ullstein, 1988.

Salomon, Charlotte. *Life or Theater? An Autobiographical Play.* New York: Viking, 1981.

Scholl, Inge. *Die Weiße Rose.* Frankfurt: Fischer, 1985.

Schwitters, Kurt. *Das literarische Werk*, vol. 5, *Manifeste und kritische Prosa.* Cologne: DuMont, 1981.

Seghers, Anna. *Die Macht der Worte.* Leipzig; Weimar, 1979.

Seidl, Florian. "Die verträumte Revolution". In: *L'80. Zeitschrift für Literatur und Politik*, vol. 38 (June 1986). Ed. by Heinrich Böll and Günther Grass.

Siemens, Werner von. *Lebenserinnerungen.* Berlin, 1892.

Stefan, Verena. *Häutungen. Autobiographische Aufzeichnungen, Gedichte, Träume, Analysen.* Münich: Frauenoffensive, 1977.

Strobl, Ingrid (ed.). *Das kleine Mädchen, das ich war. Schriftstellerinnen erzählen ihre Kindheit.* Hamburg: Emma, 1982.

Tergit, Gabriele. *Etwas Seltenes überhaupt. Erinnerungen.* Frankfurt; Berlin; Vienna: Ullstein, 1983.

Toller, Ernst. *Eine Jugend in Deutschland.* Hamburg: Rowohlt, 1963.

Walther, Monika (ed.). *Diese Alltage überleben. Lesebuch 1945–1984.* Münster: Tende, 1982.

Weber, Therese (ed.). *Häuslerkindheit.* Wien: Böhlau, 1984.

Wegener, Paul. "Die Zukunft des Films." Manuscript. Marbach: Deutsches Literaturarchiv.

Weiss, Peter. *Abschied von den Eltern.* Frankfurt: Suhrkamp, 1977.

Wilhelm II., Kaiser. *Aus meinem Leben 1859–1888.* Berlin, n.p., 1927.

Wolf, Christa. *Kindheitsmuster.* Darmstadt; Neuwied: Luchterhand, 1976.

———. *Nachdenken über Christa T.* Halle (Saale): Mitteldeutscher Verlag, 1968.

Zadek, Walter (ed.). *Sie flohen vor dem Hakenkreuz. Selbstzeugnisse der Emigranten. Ein Lesebuch für Deutsche.* Hamburg: Rowohlt, 1981.

Zweig, Stefan. *Die Welt von gestern. Erinnerungen eines Europäers.* Stockholm, n.p., 1943.

B. Catalogs and Illustrations

Aktuell. Das Lexikon der Gegenwart. Dortmund: Chronik, 1984.

Albrecht, Norbert. *Deutschland. Die illustrierte Chronik der Bundesrepublik.* Bindlach: Gondrom, 1987.

Anne Frank in the World 1929–1945. Exhibition catalog of the Anne Frank Museum. Amsterdam: Anne Frank Foundation, 1985.

Aspekte der Gründerzeit 1870–1890. Exhibition catalog. Berlin: Akademie der Künste, 1974.

Benevolo, Leonardo. *History of Modern Architecture.* Cambridge: MIT Press, 1985.

Brauneck, Manfred. *Theater im 20. Jahrhundert. Programmschriften, Stilperioden, Reformmodelle.* Reinbek: Rowohlt, 1982.

Daval, Jean-Luc. *Modern Art. The Decisive Years 1884–1914.* New York: Rizzoli, 1979.

Denscher, Bernhard (ed.). *Tagebuch der Straße. Wiener Plakate.* Vienna: Bundesverlag, 1981.

Deutsche Radierer der Gegenwart. Exhibition catalog. Königstein/Ts.: Athenäum, 1982.

Drewitz, Ingeborg (ed.). *Die deutsche Frauenbewegung.* Bonn: Hohwacht, 1983.

Eisele, Petra (ed.). *Humor aus zwei Jahrhunderten. Das Beste aus illustrierten Blättern für Satire, Witz und Humor.* Bern; Munich: Scherz, n.d.

Ferber, Christian (ed.). *Berliner Illustrirte Zeitung. Zeitbild, Chronik, Moritat für Jedermann 1892–1945.* Berlin: Ullstein, 1985.

Ferber, Christian (ed.). *Bilder vom Tage 1842–1982. Der Ullstein Bilderdienst.* Berlin: Ullstein, 1983.

Fischer, Robert (ed.). *Kino 1982–83. Bundesdeutsche Filme auf der Leinwand.* Munich: Nüchtern, 1983.

Fragen an die deutsche Geschichte. Ideen, Kräfte, Entscheidungen von 1800 bis zur Gegenwart. Exhibition catalog. Bonn: Deutscher Bundestag, 1980.

Franck, Dieter (ed.). *Die fünfziger Jahre. Als das Leben wieder anfing.* Munich: Piper, 1981.

Geisel, Eike. *Im Scheunenviertel (Berlin). Bilder, Texte und Dokumente.* Berlin: Severin und Siedler, 1987.

Gilbert, Martin. *Atlas of the Holocaust.* Jerusalem: Steimatsky, 1982.

Gilman, Sander. *Bertolt Brecht's Berlin. A Scrapbook of the Twenties.* New York: Anchor, 1974.

Glatzer, Dieter; Ruth (eds.). *Berliner Leben 1914–1918. Eine historische Reportage aus Erinnerungen und Berichten.* Berlin: Rütten, 1983.

Goldberg, RoseLee. *Performance: Live Art 1909 to the Present.* New York: Abrams, 1979.

Gropius, Walter (ed.). *Bauhaus 1919–1928.* Exhibition catalog. New York: The Museum of Modern Art, 1984.

Hirschfeld, Magnus and Andreas Gaspar. *Sittengeschichte des Ersten Weltkrieges.* Hanau: Müller & Kiepenheuer, 1929.

Kuhirt, Ullrich (ed.). *Kunst der DDR 1960–1980.* Leipzig: Seemann, 1983.

Kultur-Chronik. Nachrichten und Berichte aus der Bundesrepublik Deutschland, no. 3, (1989). Bonn.

Kunst im Dritten Reich. Dokumente der Unterwerfung. Exhibition catalog of the Frankfurter Kunstverein. Frankfurt: Zweitausendeins, 1979.

Lebeck, Robert. *Chronik des 20. Jahrhunderts. Eine Darstellung in Postkarten.* Dortmund: Harenberg, 1983.

Marbacher Katalog, no. 7 (1986). *Expressionismus. Literatur und Kunst 1910–1923.* Exhibition catalog. Deutsches Literaturarchiv, Marbach.

Marbacher Katalog, no. 27 (1976). *Hätte ich das Kino.* Exhibition catalog. Deutsches Literaturarchiv, Marbach.

Marbacher Katalog, no. 43 (1988), *Harry Graf Kessler. Tagebuch eines Weltmannes.* Exhibition catalog. Deutsches Literaturarchiv, Marbach.

Mayer, Wolfgang Franz Metzger. *Schwarz-Weiß-Rot in Afrika. Die deutschen Kolonien 1883–1918.* Puchheim: Idea, 1985.

McShine, Kynaston (ed.). *BerlinArt 1961–1987.* New York: Museum of Modern Art, 1987.

Milton, Sybil. *Art of the Holocaust.* New York: Rutledge, 1981.

Nationalsozialismus und 'Entartete Kunst'. Exhibition catalog. Munich: Prestel, 1987.

Preußen, Versuch einer Bilanz. Vol. 2. *Preußen, Beiträge zu einer politischen Kultur.* Exhibition catalog: Reinbek: Rowohlt, 1981.

Richter, Hans. *Dada. Art and Anti-Art.* New York; Toronto: Oxford University Press, 1965.

Schulz-Hoffmann (ed.). *Deutsche Kunst seit 1960.* Munich: Prestel, 1985.

The Busch-Reisinger Museum. Havard University exhibition catalog. New York. Abbeville, 1980.

Tradition and Renewal: Contemporary Art in the German Democratic Republic. Exhibition catalog. Oxford: Museum of Modern Art, 1984.

Traum und Wirklichkeit. Wien 1870–1930. Exhibition catalog. Vienna: Historisches Museum, 1985.

Tühne, Anna (ed.). *FrauenBilder LeseBuch.* Munich: Elefanten Press, 1981.

Willett, John. *Expressionism.* New York: McGraw-Hill, 1978.

C. German Cultural History

Bronner, Stephen Eric and Douglas Kellner. *Passion and Rebellion: The Expressionist Heritage.* South Hadley, Massachusetts: J. F. Bergen, 1983.

Conti, Christoph. *Abschied vom Bürgertum. Alternative Bewegungen in Deutschland von 1890 bis heute.* Reinbek: Rowohlt, 1984.

Craig, Gordon A. *The Germans.* New York: New American Library, 1982.

Dahn, Daniela. *Prenzlauer Berg-Tour.* Berlin: Mitteldeutscher Verlag, 1986.

Evans, Richard. *The Feminist Movement in Germany 1894-1933.* Beverly Hills: Sage, 1976.

Faderman, Lilian and Brigitte Erikson. *Lesbian-Feminism in Turn-of-the-Century Germany.* Weatherby: Naiad, 1980.

Friedlander, Saul. "A conflict of Memories? The New German Debates about the 'Final Solution.'" In *The Leo Baeck Memorial Lecture,* no. 31. New York: Leo Baeck Institute, 1987.

German Cultural History from 1860 to the Present Day. Inter-Nationes. München: Nymphenburger Verlagsbuchhandlung, 1983.

Hauser, Arnold. *The Social History of Art.* Vol. 4. *Naturalism, Impressionism, The Film Age.* New York: Vintage Books, 1980.

Hermand, Jost und Frank Trommler. *Die Kultur der Weimarer Republik.* München: Nymphenburger, 1978.

———. *Kultur im Wiederaufbau. Die Bundesrepublik Deutschland 1945-1965.* Munich: Nymphenburger, 1986.

Hermand, Jost. *Konkretes Hören. Zum Inhalt der Instrumentalmusik.* Berlin: Argument, 1981.

Horkheimer, Max. *Gesellschaft im Übergang. Aufsätze, Reden und Vorträge 1942–1970.* Frankfurt: Fischer Athenäum, 1972.

Hoffmeister, Gerhart and Frederic C. Tubach. *Germany: 2000 Years*. Vol. 3 *From the Nazi Era to the Present*. New York: Ungar, 1986.

Hilberg, Raul. *The Destruction of the European Jews*. New York: Harper and Row, 1961.

Kaier, Eugen (ed.). *Grundzüge der Geschichte*. Vol. 4. *Von 1890 bis zur Gegenwart*. Frankfurt: Diesterweg, 1977.

Konz, Claudia. *Mothers in the Fatherland*. New York: St. Martin's Press, 1987.

Krakauer, Siegfried. *From Caligari to Hitler: A Psychological History of German Film*. Princeton: Princeton Press, 1947.

Laqueur, Walter. *Weimar: A Cultural History*. New York: Perigee, 1980.

Lixl-Purcell, Andreas. *Women of Exile: German-Jewish Autobiographies since 1933*. New York: Greenwood, 1988.

Mosse, George L. *Nazi Culture: Intellectual, Cultural and Social Life in the Third Reich*. New York: Grosset, 1968.

Pasley, Malcolm (ed.). *Germany: A Companion to German Studies*. London: Methuen, 1972.

Piscator, Erwin. *Das politische Theater 1914–1929*. Reinbek: Rowohlt, 1963.

Pollman, Bernhard (ed.). *Lesebuch zur deutschen Geschichte*. Vol. 3. *Vom deutschen Reich bis zur Gegenwart*. Dortmund: Chronik, 1984.

Reinhardt, Stephan (ed.). *Lesebuch. Weimarer Republik. Deutsche Schriftsteller und ihr Staat von 1918 bis 1933*. Berlin: Wagenbach, 1982.

Rosenberg, Arthur. *Imperial Germany 1871–1918*. Boston: Beacon Press, 1964.

Schorske, Carl E. *Fin-De-Siècle Vienna: Politics and Culture*. New York: Vintage Books, 1961.

Steakley, James. *The Homosexual Emancipation Movement in Germany*. New York: Arno, 1976.

Valentin, Veit. *Knaurs Deutsche Geschichte*. Munich; Zurich: Droemer, 1960.

Wall, Renate. *Verbrannt, Verboten, Vergessen. Kleines Lexikon deutschsprachiger Schriftstellerinnen 1933–1945*. Cologne: Pahl-Rugenstein, 1989.

Willett, John. *Art and Politics in the Weimar Period: The New Sobriety, 1917–1933*. New York: Pantheon Books, 1978.

Photo Credits

1 Amy Lixl-Purcell.   4 Picasso, Pablo. *Les Demoiselles d'Avignon*. (1907). Oil on canvas, 8' × 7', 8". Collection, The Museum of Modern Art, New York. Acquired through the Lillie P. Bliss Bequest.   5 Ernst Ludwig Kirchner, Signet Künstlergruppe Brücke 1906, Holzschnitt auf brauner Klappkarte 15,2 × 10,9 cm, Brücke-Museum, Berlin.   10 Ullstein Bilderdienst, Berlin.   11 Ullstein Bilderdienst, Berlin.   14 Chagall, Marc. *I and the Village*. 1911. Oil on canvas, 6'3 5/8" × 59 5/8". Collection, The Museum of Modern Art, New York. Mrs. Simon Guggenheim Fund.   15 "Drei Generationen" from *Aspekte der Grunderzeit 1870–90*, Akademie der Künste, 1974, p. 143. Reprinted by permission of Akademie der Künste.   20, 21 Bildarchiv, Öst Nationalbibliothek. 23 Modersohn-Becker, Paula. *Sitzender Mädchenakt mit Blumen, 1907*. Foto Studio van Santvoort, Wuppertal.   25 Ullstein Bilderdienst, Berlin.   29 Ullstein Bilderdienst, Berlin; (lower), Smithsonian Institution.   35 Gustav Klimt, *The Kiss*, Osterreichisches Museum, Vienna. Bridgeman/Art Resource. 41 Franz Marc, *Little Blue Horse*, 1912. Saarbruck, Saarland Museum. Giraudon/Art Resource.   48 Ullstein Bilderdienst, Berlin; (lower), Ullstein Bilderdienst, Berlin.   53 Archiv fur Kunst und Geschichte.   54 Bildarchiv Preussischer Kulturbesitz.   55 Akademie der Künste, Berlin.   57 Atelier Jacobi, Schiller-Nationalmuseum, Marbach.   61 (left) German Information Center; (right) Collection Prof. Dr. Rudolf Leopold, Vienna, Austria.   63 J. M. Spalek, State University of New York at Albany.   74 Prof. Dr. Arne A. Kollwitz, Berlin.   75 Prof. Dr. Arne A. Kollwitz, Berlin.   80 The Bettmann Archive. 82 Imperial War Museum, London.   84 (upper), Bildarchiv Preussischer Kulturbesitz; (lower), Private collection of Robert Lebeck, Hamburg. 86 (upper) Ullstein Bilderdienst; (lower) Ullstein Bilderdienst.   95 (upper), Ullstein Bilderdienst, Berlin.   96 Ullstein Bilderdienst.   100 Archiv für Kunst und Geschichte, Berlin.   102 George Grosz, black ink on grey wove paper, *Cafe*, 1919. The Harvard University Art Museums.   103 (upper left), Bildarchiv Preussischer Kulturbesitz, Berlin; (upper right) DuMont Buchverlag, Köln; (lower), Kunsthaus Zurich.   105 (upper), Kunstsammlung Nordrhein-Westfalen Düsseldorf; (lower), Ullstein Bilderdienst, Berlin.   106 Bildarchiv Preussischer Kulturbesitz, Berlin.   107 Ullstein Bilderdienst, Berlin.   111 Mary Wigman, *Dance of The Dark Queen*, Private Collection Walter Sorell, Zürich. 113 Bildarchiv Preussischer Kulturbesitz, Berlin.   123 (upper and lower), The Museum of Modern Art Film Stills Archive.   124 (upper), Cinémathèque

Française, Paris; (lower), Theatermuseum der Universität zu Köln.
125 (upper left, right and lower), Schiller-Nationalmuseums, Marbach. **130** The Bettmann Archive. **132** (upper), *Der Querschnitt*; (lower), Otto Dix Stiftung, Lichtenstein. **138** Bauhaus-Archiv, Museum für Gestaltung, Berlin.
140 Walter Gropius/A. Meyer, Bauhaus Dessau, Bauhaus-Archiv, Museum für Gestaltung. **141** Lette-Haus. **142** (upper), Schlemmer, Oskar, *Bauhaus Stairway*. (1932). Oil on canvas, 63 7/8 × 45″ (162.3 × 114.3 cm). Collection, The Museum of Modern Art, New York. Gift of Philip Johnson; (lower), Gebrüder König Poskartenverlag. **149** (upper left and right), Bayrische Staatsgemäldesammlungen, Stadtarchiv München, Munich. **151** Steimatzky House, Israel. **158** Schiller-Nationalmuseums, Marbach. **159** (upper), Netherlands State Institute for War Documentation, Amsterdam; (lower) Scherz Verlag. **160** Akademie der Künste der DDR, Berlin. **166** Yad Vashem Archives, Jerusalem/Greenwood Press. **167** (upper, lower right and left), Akademie der Künste der DDR, Berlin. **168** Akademie der Künste der DDR, Berlin. **178** Steimatzki, Ltd./Michael Joseph Ltd. **189** (upper and lower), Erhard Frommhold, Dresden, DDR/Auschwitz Museum. **190** Rutledge Press/W.H. Smith Publishers, Inc., New York. **194** Archiv für Kunst und Geschichte, Berlin. **196** Deutscher Bundestag, Bonn. **201** Amy Lixl-Purcell, Greensboro, NC. **208** (upper), Bundesbildstelle Bonn; (lower), Eleanor Garner, San Diego. **210** Seemann Verlag, Leipzig, GDR. **223** Helmut Müller-Jim, Schiller-Nationalmuseum, Marbach. **227** Otto Pankok, *Christus zerbricht das Gewehr*, Holzschnitt, 1950. Walter Klein, Düsseldorf. **235** Dr. Andreas Lixl-Purcell. **240** Keystone Pressedienst, Hamburg. **241** (left), Ullstein Bilderdienst, Berlin—Peter Leibing; (right), Ullstein Bilderdienst, Berlin—Heinz O. Jurisch. **242** (upper), Keystone Pressedienst, Hamburg; (lower), C. Klaus Rose/rose-Foto. **246** Peitsch/In-Press, Fot. Internationes, German Information Center. **249** Cultural Fund of the GDR, Berlin. **257** (upper), Die Bundesfrauenminsterin, Bonn, FRG; (lower), Die Bundesministerin für Jugend, Familie, Frauen und Gesundheit. **265** (upper), Neue Staatsgalerie, Stuttgart/Harry N. Abrams Press; (lower), Inter- Nationes, Bonn, FRG. **266** (left and right), Verlag Monika Nüchtern. **272** Athenäum Verlag, Frankfurt, FRG. **278** Sowjetskaja Rossija Verlag, USSR. **284** Uta Hoffmann. **293** (upper), German Information Center/IN-Press; (lower), Joseph Beuys, *Ende des 20. Jahrhunderts*, Bayerische Staatsgemäldesammlungen, München. **294** Arne Dedert/Associated Press, Inc. **300** Angelika von Wahl. **299** Angelika von Wahl. **301** Angelika von Wahl. **302** Angelika von Wahl.